上海地情普及系列·《上海滩》丛书

海上潮涌
——纪念上海改革开放40周年

上海通志馆
《上海滩》杂志编辑部 编

上海大学出版社
·上海·

图书在版编目(CIP)数据

海上潮涌:纪念上海改革开放40周年/上海通志馆,《上海滩》杂志编辑部编.—上海:上海大学出版社,2018.5

(上海地情普及系列.《上海滩》丛书)

ISBN 978-7-5671-3102-6

Ⅰ.①海… Ⅱ.①上… ②上… Ⅲ.①改革开放-上海-文集 Ⅳ.① D619.51-53

中国版本图书馆CIP数据核字(2018)第072956号

责任编辑　陈　强
装帧设计　缪炎栩
技术编辑　章　斐

海上潮涌
——纪念上海改革开放40周年

上海通志馆　　　编
《上海滩》杂志编辑部

上海大学出版社出版发行
(上海市上大路99号　邮政编码200444)
(http://www.press.shu.edu.cn　发行热线021-66135112)
出版人　戴骏豪

*

南京展望文化发展有限公司排版
上海华业装潢印刷厂印刷　　各地新华书店经销
开本710mm×960mm　1/16　印张18　字数254千
2018年5月第1版　2018年5月第1次印刷
ISBN 978-7-5671-3102-6/D·207　定价　42.00元

《上海滩》丛书前言

1987年,《上海滩》杂志由上海市地方志办公室创办以来,始终坚持正确的政治导向,坚持"以介绍上海地方知识和各方面建设成就为己任"的办刊宗旨,坚持用说古道今的方式、生动具体的内容,为"讲好上海故事,传播上海精彩",为"让世界了解上海,让全国了解上海,让阿拉了解上海",做出了艰苦的努力,取得了一定的成果。自创刊31年来,《上海滩》已持续出版了380多期,发表文章近3 000万字,图片2万多张。其中不乏名家名作、鲜活史料,还有大量珍贵历史图片,在海内外产生了广泛而深远的影响。

《上海滩》杂志出版丛书,一直是广大读者对我们的要求,也是我们常年工作计划中的一项重要内容。早在2000年,我们就应广大读者要求,出版了一套六册的丛书(约120万字,汉语大词典出版社出版),颇受读者欢迎,短短几年就销售一空;2004年,我们又应读者要求,编辑出版了一套《上海滩》精选本,同样受到读者青睐,纷纷前来购买;2017年1月,我们在庆祝《上海滩》杂志创办30周年之际,决定根据广大读者的要求,继续出版《上海滩》丛书,当年就出版了一册《文化名人笔下的上海风情》(2017年10月,学林出版社出版)。今年将再推出一套四册《上海滩》丛书,分别为《申江赤魂——中国共产党诞生地纪事》《海上潮涌——纪念上海改革开放40周年》《楼藏风云——上海老洋房往事》《年味乡愁——上海滩民俗记趣》。

上海是近代中国的缩影,是中国工人阶级的摇篮,更是中国共产党的诞生地。习近平总书记曾经深情地指出,我们党的全部历史都是从中共一大开启的，我们走得再远都不能忘记来时的路，这里也是中国共产党人的精神家园。的确，中国共产党成立初期，上海曾经是党中央的所在地，党的一大、二大、四大都在上海召开，并且领导了上海乃至全国工人阶级和人民群众的反帝反封建的民主革命斗争，之后，上海依然是中国革命斗争的一个重要战场，上演了一幕幕威武雄壮的活剧，留下了许多可歌可泣的人物故事。31年来，《上海滩》始终坚持发掘和宣传中国共产党在上海从事革命斗争的光辉事迹，弘扬优秀的中国共产党人为了民族独立和人民解放而英勇献身的革命精神，发表了大量的讲述优秀共产党员英勇事迹的文章，同时也刊登了许多寻找和讲述设在上海的党中央以及省市机关的经历和精彩故事。

今天，我们为了实施"开天辟地——党的诞生地发掘宣传工程"，在中国共产党人梦想起航的地方，发掘中国共产党最本源、最纯粹的文化基因、精神灵魂和历史根脉，我们从历年来发表的相关文章中，遴选出部分精品力作，编辑出版了《申江赤魂——中国共产党诞生地纪事》，以满足广大读者阅读和研究的需求。

上海又是一个具有海纳百川、追求卓越、开明睿智、大气谦和的城市精神的国际大都市。因此，上海在170多年前开埠之后，就以开放的胸怀，接受和融合各种外来文化，形成了有着鲜明色彩的海派文化。尤其是距今40年前的1978年，党的十一届三中全会作出了改革开放的英明决策后，上海更是成为全国改革开放的排头兵，创新发展的先行者。改革开放40年来，上海不仅在建设"四个中心"方面取得了巨大成就，而且在城市交通、苏州河污水治理、城市绿化等方面也取得了举世瞩目的成就，特别是上海市民在住房、教育、医疗、旅行等衣食住行方面都有了很大的"获得感"。

《上海滩》正是创刊于改革开放大潮呼啸奔腾之际，所以，《上海滩》创刊伊始就将及时报道和记录上海改革开放的成果，作为自己神圣的责任。31年来，上海几乎所有重大改革举措及其取得的重大成果，《上海滩》都及时作了报道，比如，建设第一条地铁、架起南浦大桥、苏州河治理工程、宝钢建设、桑塔纳轿车引进、股票上市乃至老城区与棚户区改造、一百万只马桶消失等一系列国计民生的重大改革都见诸《上海滩》。为此，有些读者赞誉《上海滩》是上海改革开放伟大成果的忠实记录者和热情宣传者。我们从中精选了一部分优秀文章编成了《海上潮涌——纪念上海改革开放40周年》，以纪念上海这波澜壮阔的40年。

上海自1843年开埠以来，尤其是设立租界之后，上海便逐步形成一个华洋交集、五方杂处的十里洋场。各国列强在侵略和掠夺我们的资源的同时，也将一些西方文明带入上海。比如，他们在建造纵横市区的宽阔马路的同时，还沿马路严格规划建造了一片片洋房区。这些洋楼风格多样，设施先进，花木繁盛，环境优美。为此，上海获得了"万国建筑博览"的赞誉。

值得一提的是，在这些洋楼里居住的不仅有各国的"冒险家"们，还有许多我国社会各界重要人物。比如孙中山曾在今香山路洋楼内会见了中国共产党代表李大钊和共产国际代表维金斯基，实现了第一次国共合作，从而取得了北伐革命的胜利，同时，他和夫人宋庆龄在这里度过了一段十分难得的温馨岁月；再比如京剧大师梅兰芳在抗日时期，在上海家中蓄须明志，誓死不为日寇演戏，表现了一位爱国者的民族气节和凛然正气；至于位于思南路上"周公馆"里的同志们在周恩来同志的领导下与国民党特务斗智斗勇的故事，则更是家喻户晓。这些洋楼里激荡着历史风云，蕴藏着许多可歌可泣的感人故事。多年来，《上海滩》既注意组织采写这些洋楼的建造史，更注意发掘居住在这些洋楼中的各界人物的精彩故事和革命精神。这些洋楼故事成了广大读者最喜欢阅读的内容之一。为了让更多的读者能读到这些精彩的洋楼故事，我们编辑出版了《楼藏风云——上海老洋房往事》。

上海又是一个有着悠久历史的地方。据考古发现，早在约6 000年前就有先民在上海地区生活、劳作。在之后的数千年历史中，上海人民不仅创造了许多物质财富，而且还创造了许多优秀的精神财富和灿烂的文化，民俗就是其中一个重要内容。

《上海滩》在注意发掘刊登西方文化给上海带来的重大变化的同时，也非常关注上海地区民俗文化对人们生活所产生的重大影响。于是，《上海滩》

从创刊初期就设立专栏,专门挖掘和刊登有关上海地区民俗文化方面的趣闻轶事。内容涉及年节习俗、婚丧嫁娶、清明祭祀、中秋团圆等方方面面。读了这些文章,广大读者可以了解上海悠久的、丰富多彩的民俗文化,尤其是那些常年在外奔走的游子常常会生出一丝淡淡的乡愁。为了让更多的读者读到这些满含乡愁的文章,我们专门编选了《年味乡愁——上海滩民俗记趣》。

上海是个"海",浩瀚无垠,深不可测,蕴藏着无数的宝藏。31年来,《上海滩》仅仅拾取了海滩上的一些贝壳,捧来了海面上的一些浪花,那些深藏在海中的宝藏还远未发掘。因此,随着《上海滩》杂志的继续出版,上海历史文化中的许多精彩内容不断被发掘,《上海滩》丛书的出版内容将越来越丰富。所以,目前这四本书仅仅是庞大的《上海滩》丛书计划中的一小部分,我们将继续努力,每年编选几本,积少成多,希望在若干年之后,能完成这个宏伟的计划,以满足广大读者的阅读和珍藏需求。

上海市地方志编纂委员会办公室副主任

王依群　上海市地方史志学会会长

《上海滩》杂志主编

目录

001/ 水水水

006/ 苏州河改造纪实

014/ 朱镕基市长应"考"记

020/ 话说上海的蔬菜供应

038/ 三十年地铁梦

046/ 地铁车站先睹记

052/ 百年梦唤过江龙

060/ 南浦腾飞神州第一桥

068/ 成都路高架工程轶闻

072/ 上海股票热:拥有百万大军

083/ 上海步入信息时代

096/ 浦东:崛起中的新上海

103/ 宝钢建设决策始末

116/ "桑塔纳"谈判风云

123/ "Z":私人轿车奔驰上海街头

130/ 邓小平南方谈话:十年上海巨变

136/ 大上海"下只角"正在消失

145/ 老城厢改造：崇古趋新

153/ 上海商品房大战

167/ 何时告别百万马桶

174/ 民间大使：曹杨新村的居民们

180/ 外来妹上海滩出人头地

185/ 上海百万下岗工人再就业

197/ 驻港部队中的上海兵

206/ 上海港百年巨变

217/ 东海明珠：洋山深水港

225/ 一箭三星发射成功秘闻

231/ 加入WTO，上海已做好准备

236/ 遗体捐献：上海人献出最后的爱

243/ 《中华创世神话》连环画创作纪实

255/ 小家巨变

264/ 申领护照：从一年五本到一年数十万本

276/ 后记

水水水

程培余　潘志豪

黄浦江的"黑水期"越来越长了。按各水厂的累计，70年代突破100天，1985年上升到150天；1986年已达192天。低劣的水质造成了严重的危害：刚刚漂好的坯布，会泛出斑斑黄渍；经水处理过的绢花，会像受过风霜的侵蚀；食用罐头达不到质量指标，不得不另找水源制作……

水，是生命的源泉。如今，这严重污染的水，却影响了市民的生活。

问题，尖锐地摆在上海面前。怎样去解决？什么时候能解决？每一个上海人急切地希望得到回答！

黄浦江"咏叹调"

上海水系的主动脉——黄浦江，汇集了天目山水系、太湖水系和淀山湖三股水源，以每秒360立方米的流速，流入长江口。她原是一支美丽的、整洁的河流。1883年，上海第一家自来水厂——杨树浦水厂建立的时候，水质也是好的。据《申报》记载，当时从该厂取水口取水化验的结果表明，水质无毒无重金属，高度洁净，是理想的饮用水。那时蓄水池中，还常常可以看见从江中吸上来的鱼虾，可见江水之清澈。

然而，好景不长，近百年来，随着工业勃兴，黄浦江沿岸缫丝厂、纺织厂、造纸厂、冶铁厂等纷纷建立，人口急剧增长，污水大量增加，黄浦江及其支流苏州河开始遭受污染。1924年，苏州河结束了它作为饮用水源的历史。到40年代后期，苏州河从曹家渡到外白渡桥河段，终于常年黑臭。

人们往往注重经济建设，而忽视了市政建设，结果是"旧账未了，新债

黄浦江上游

金泽水库

又添",污染日趋严重。自1963年起,黄浦江干流每逢夏季,江水便呈现黑臭现象。有的自来水厂取水口与工厂排污口、城市排水口比邻,刚从工厂里排放出来的废水尚未完全冷却,就被邻近的水厂一股脑儿地汲进。据测算,上海每年有10亿吨污水排入黄浦江,又从黄浦江抽出近11亿吨水做自来水。如此大量的吞吐,如此频繁的恶性循环,大大影响了黄浦江的自然净化能力。

黄浦江,成了被严重污染的河流,终于迫使人们不得不研究对策了。

1980年,上海市政府组织一批工程技术专家,借鉴世界各大城市的供水经验,多次到现场踏勘;经过历时四年的反复探讨、论证,最终提出了"从黄浦江上游水域排管道长距离引水到沿江各水厂"的设想。

黄浦江每日潮起潮落,河段水区的污染程度各不相同。据有关部门测定,上游水质尚未受到类似下游的严重污染,把取水口从下游移到水质较好的上游,工程周期较短,投资较省,受咸潮入侵和污水上溯的影响小,在短期内无法根治黄浦江污染的情况下,不失为提高居民用水水质的一个良策。1984年12月,这项为上海人民造福的计划由中央有关部门和上海市人民政府批准。

造福人民的宏伟工程

1985年2月27日,在杨树浦水厂工地上,黄浦江上游引水工程揭开序幕。

参加这项工程的有来自四川盆地、云贵高原的施工队伍。

从黄浦江上游的浦江大桥取水口到市区东北角的杨树浦水厂,经过松江、上海、川沙三县和南市、黄浦、杨浦三区,全长60多公里,沿途埋设的各种口径的引水管道长达70公里。修建大桥、张车村、临江、严桥四座大型增压泵站。引水管道三次穿越黄浦江底,南市水厂的过江管道直径有3米,长1 120米,在全国首屈一指。

这项引水工程被列为"七五"期间上海经济建设的重点工程之一。工程分为两期，第一期工程，把取水口从浦江大桥移到上海县三林乡浦江中游的临江口。从临江口取水，输送到市区的杨树浦水厂，全长17.4公里。预定在1987年7月1日通水投产。到那时候，上海千家万户的自来水龙头流出的水，质量将会好得多了。

奉献者无字丰碑

整个黄浦江引水工程征地400多亩，借地11 200亩，拆迁民房11.5万平方米。动迁民房、征借土地，工作之艰难完全可以想见。然而，沿线居民都以大局为重，为工程建设作出贡献。

川沙县严桥乡有一户农民，新盖了一幢两上两下的新楼。庆贺新居落成的鞭炮声犹在耳际回旋，他却接到了一张通知：引水工程将从宅基穿过，需立即拆除让路。他惊呆了。环顾着亮堂宽敞的房间，抚摸着澄黄闪光的地板，他流泪了。但为了全市人民喝上洁净的水，他能说些什么呢？他很快就动手拆除了凝聚着多年心血的新楼。

铁道部第五工程局二处的工人大都来自川、黔、湘，这支队伍曾修筑过举世闻名的硬骨头工程坦赞铁路和成昆铁路。他们直接从铁路施工现场奔赴上海引水工程工地，盖起了简陋的住房，树起响亮的标语："转战千里，为英雄城市引来甘露；洒汗万颗，给上海人民送去幸福"。许多人夜以继日地奋战在工地上，很少去繁华的南京路上领略一番都市风光。有的还在工程建设中献出了自己的生命。

引水工程有一支青年突击队，大都由大中专学生组成，引水工程为他们提供了广阔的用武之地。在实地勘测中，他们提出了一个截弯取直的修改意见，被规划设计部门采纳，节省投资200余万元。在施工中，他们提出了一系列修改建议，有的已付诸实施，有的已列入论证范围。

在南市水厂过江顶管开工之前，施工单位因为对江底的地下资料情况不明，一直无法开工。同济大学毕业的一位学生几次到航海学会联系，将专家请到施工现场，提供工程信息，终于帮助他们摸清了地下资料情况。航海学会支付给他个人600元工程咨询费，他分文不取，将这笔款子如数上缴。十一号井的井位定在交通不便的农田里，进入现场必须筑路架桥，这需要投入巨额资金，而且还将延误工期。为此他又连续几天到现场考查丈量，提出了借道运输的方案，既节约了数十万元投资，又保证了工期的进程。

巨大的引水工程凝聚着工人、农民以及许多知识分子的心血，它是全体工程参与者的一座丰碑。

目标：1990年

1987年7月1日，按动电钮，便可以从黄浦江上游吸取巨大水流，经临江泵站加压，沿着白色的"地下巨龙"，蜿蜒北上。巨龙从上海县进入川沙县境内，穿过川杨河，经严桥泵站再次加压，一路北上，穿越黄浦江底，进入杨树浦水厂及居家桥水厂、杨思水厂。第一期浦江引水工程将开始发挥它的效益。上海市民长期饮用浦江下游脏水的历史将一去不复返。等到1990年，第二期浦江引水工程将告完成，到那时，全市人民的生活用水水质将从根本上得到改善。

（原载1987年第6期）

苏州河改造纪实

龚柏顺

近80年来，苏州河的水颜色由清逐渐变黑，又由黑逐渐变清。河水颜色的变化，折射出上海这座城市的兴起、发展和走向现代化的进程。

"地下长龙"擒"乌龙"

发源于太湖的苏州河曾是上海的母亲河，原名吴淞江。近代以后，外国人乘船溯吴淞江而上赴苏州，故又把吴淞江叫作"苏州河"。今日的苏州河全长125公里，在上海境内有54公里，流经市区有17公里，河面最宽处约50米，最窄处30米左右。

史料记载：唐开元年间，吴淞江"阔达20余里"，接太湖之水滔滔东去，汇入东海。至宋代之后逐渐淤狭，河面"阔九里，后渐至五里、三里、一里"。到明永乐年间治理水系时，不得不让道于黄浦江，苏州河才成为黄浦江的一条支流。

20世纪初，苏州河还是上海市民的重要水源。随着上海工业快速发展，大量生活污水和工业废水都排入苏州河，河水受到污染。1928年，因苏州河无法再作饮用水源，建于恒丰路附近的闸北水厂不得不易地另建，改从黄浦江下游取水。此后，苏州河污染逐年加重，至1978年，上海境内河道全部遭受污染，进入苏州河黑臭最严重期。濒临苏州河岸的上海大厦，为隔离河水的臭味，不得不花了350万美元把整个大楼包上密封性良好的铝合金和茶色玻璃。

上海解放后，历届上海市委、市政府都十分重视治理污水。20世纪70

合流污水治理一期工程
（苏州河）

年代，上海分别建成了南区污水输送总管（南干线）和西区污水输送总管（西干线），但由于当时受到经费的限制，投入的设施未能满足运行要求，截流的污水量达不到设计标准，生活污水和工业污水仍大量未经处理直泄城市水体，以致苏州河终年黑臭，成了一条"乌龙"。直到改革开放之后，上马了全国第一个利用世界银行贷款的环保项目——合流污水治理一期工程，才为上海城市污水治理揭开了新的篇章。

1988年8月25日，合流污水治理一期工程举行开工典礼。闸北木材厂成为这项伟大工程的诞生地，不仅开工典礼在这里举行，而且第一标3.1标8号井工地也设在这里，举世瞩目的合流污水治理一期工程就是在这里打下了"第一桩"。先后担任过上海市市长的汪道涵、江泽民、朱镕基出席了开工典礼。江泽民欣然为工程题词："决心把苏州河治理好。"

合流污水治理一期工程总投资16亿元，规模宏大，气势磅礴。工程西起普陀区丹巴路，东至浦东竹园排放口，涉及普陀、长宁、静安、黄浦、闸北、虹口、杨浦、宝山、浦东新区等9个区。从1983年8月开始项目研究，经前期准备、设计、招标、施工到通水，历时10年，有7个国家、我国6个部和10多个省市的近百家单位、万名建设者参加了建设。在整个建设过程

中，共用钢筋10万余吨、水泥30万余吨，浇注混凝土70余万立方米，开挖土方330余万立方米，相当于修一道从上海到北京高3米、宽1米的千里长墙。整个一期工程共征借地2 583亩，拆迁居民和农民房1 686户、单位311家，保护加固各类房屋5万余平方米，修筑便道和各类道路5万余平方米，搬迁各类管线53万余米。1993年12月，合流污水治理一期工程主体工程通水，对消除苏州河黑臭现象、改善苏州河及黄浦江下游水质，发挥了积极的作用。时任上海市市长的黄菊在通水典礼上深情地说："合流污水治理工程是一条地下长龙，是一座看不见的丰碑，利在当代，功在千秋，它将永远载入上海城市建设的史册。"

据市环境监测部门提供的监测报告，自1994年底起，苏州河水色由黑转灰，有时灰黄。尤其是苏州河与黄浦江会合处的水色分界逐渐淡薄。到2000年年末，苏州河水基本消除了黑臭，上海大厦可以重新推窗览胜成为报纸头版新闻。

苏州河上赛舟忙

2000年11月17日，上海开埠以来苏州河上首次出现了赛艇竞速的热闹场面。这天下午2点，随着一声发令枪响，2 000只气球升空，由56艘赛艇和皮划艇组成的方队在摩托艇的开道下，缓缓驶在河面上。接着，是由100多名运动员和大学生参加的赛艇、皮划艇、帆船和帆板表演赛。来自复旦和交大的学生在上海水上运动队的协助下，展开竞舟较量。皮划艇像离弦之箭从苏州河的桥洞下穿过，纤巧的长桨劈波斩浪，划出一道道美丽的线条，吸引了数万群众在两岸观看，苏州河沿线的河南路、四川路和乍浦路桥上，也挤满了兴奋的人群。

2001年9月16日上午，秋阳高照。西康路桥段的苏州河两岸人头攒动，彩旗、腰鼓、鲜花和"加油"的呼喊声，组成了一个非常热闹的画面，原来又一场龙舟竞渡正在苏州河上举行。一位白须飘飘、手执拐杖的老人高兴地

逐渐变清的苏州河

对前来采访的记者说,他今年已经99岁了,但在苏州河上看赛龙舟还是头一遭呢。这天闻讯前来观赛的市民,有些还是老少举家出游,而住在沿岸高层的居民更是凭窗手持望远镜俯瞰龙舟赛事,成为新世纪苏州河一大胜景。

苏州河上节目丰富多彩。2001年11月10日,第三届中国上海国际艺术节系列活动之一"苏州河光明行"在此举行。在河南路桥至乍浦路桥段的苏州河水面上,搭起了将近200平方米的水上舞台,十余名市民随着音乐跳着欢乐的舞蹈,拉开了此次活动的大幕。50名来自上海高校的学生,骑着自行车出发了。他们沿河行进,一路宣传保护苏州河。接着,水上舞台的文艺演出正式开始。来自中福会少年宫的100名少年儿童率先出场,演出了小提琴合奏和男女声四重唱《地球是个美丽的花园》。随着赛艇对抗赛的鸣枪声响,在两岸观众的助威声中,赛艇在河面上轻舟飞渡,而水上舞台上有南洋模范中学的少女拉拉队整齐划一的表演,与水中的激烈竞赛交相辉映。最精彩的是一场水上婚典,有12对新人喜气洋洋地参加集体婚礼仪式,在万千观众祝福的目光中交换了戒指,发出了甜蜜的誓言:"我们永远真心相爱,就像苏州河水地久天长。"苏州河,成了这场水上婚礼的见证。

苏州河上还有了第一艘供观光考察的"大众号"专用游艇。本市首批16位中学生作为游客,登上"大众号"观光船,饱览苏州河两岸景观。

据专家介绍,继合流污水治理一期工程之后,于1999年底又开始启动苏州河环境综合整治一期工程。工程总投资86亿元,由苏州河支流截污工程、虹口港和杨浦港地区河流截污工程等10个子项目构成,已于2002年底竣工。根据市委、市政府的要求,苏州河整治工程要处理好治理与开发的关系、开发与保护的关系以及整体与局部的关系。

经过3年的环境综合治理,苏州河在水质改善的同时,干流的生态系统也在逐步恢复。2000年8月,苏州河市区段第一次发现有昆虫的踪迹,生物品种增加,水中出现久违的鱼儿。2001年7月,苏州河市区段发现了成群的食蚊鱼和高体鳑鲏鱼。不久,又发现两种新鱼(麦穗鱼、斗鱼)在苏州河市区段游弋。据悉,苏州河武宁路段的水生动物种类从1998年的4种增加到8种,还首次出现椭圆萝卜螺和中华海鲇。

随着苏州河生态环境的明显改善,沿岸的楼盘也被愈来愈多的市民购房者所看好。据有关部门不完全统计,从苏州河外白渡桥到北新泾的市区段,已建和在建的楼盘达40多个,房价最高的达到每平方米16 000元左右。沿苏州河而居,正在成为市民一种新的置业时尚。

此外,苏州河桥梁也将通过维修和重建,成为令人赏心悦目的景观桥。苏州河上共有23座桥,反映了不同年代的特征和风格。按照"桥梁造型要多样化的统一"的原则,通过整治达到在桥梁的总体风格、体重、尺度上有一定程度的统一,以及与相邻的桥梁保持桥型风格的一致。2001年7月,苏州河出现首座景观桥梁——昌化路桥,这是按规划改建的苏州河桥梁中的第一座。此后,苏州河上又新建了一座彩虹桥——乌镇路桥。随着一座座景观桥的建成，苏州河的景色将会更加迷人。

岸线景观美如画

跨入21世纪，市政府决定再实施三个"三年行动计划"，让苏州河水质稳定下来，造福于民。至2010年，实现苏州河与黄浦江、苏州河干流与小支流同步改善，基本实现水系环境的生态功能等目标。专家认为，苏州河的污水是80年来沉积造成的，因此，改善水环境不是三年五年的事情，而是长期工程。根据《上海市污水系统专业规划》制定的目标，"十五"期间上海市将投资180亿元，完成竹园第一污水处理厂、白龙港污水处理厂等20家污水处理厂建设，完善浦东、浦西污水收集系统工程，完成40座雨水泵污水截流工程，使全市污水处理率由目前的44%提高到70%，污泥无害化处理率达到50%。2005年至2020年，形成覆盖全市的污水处理系统，构成石洞口片区、竹园片区、杭州湾沿岸片区、嘉定及黄浦江上游片区、长江三岛片区等六大片区，通过"集中处理"和"分散处理"相结合，使污水处理率达到90%。届时，污水处理能力将大大提高，由现在的每天228万立方米上升

水清岸绿的苏州河

到每天600万立方米,即达到世界发达国家大城市的先进水平,苏州河、黄浦江可以和世界上任何著名旅游水景相媲美。

来自上海有关部门的信息,《上海市景观水系规划构想》已在2002年年内定局,一个描绘"东方水都"迷人风采的蓝图轮廓露出水面。

近期目标:至2005年,也即"十五"期间,上海市区将镶嵌起一条长42公里的"水晶项链"。这条"水晶项链"由三段串起:黄浦江——外环西河的苏州河市区段长21公里,尽显苏州河城市风貌;苏州河——淀浦河的14公里,是外环西河环城绿廊段;而新泾港——黄浦江的7公里内,则形成居住休闲娱乐段。其中最出彩的当数苏州河城市风貌段,它以苏州河自然流向为主轴,注重区域内蜿蜒曲折的自然走向带来的丰富空间效果,进一步挖掘两岸自然与人文景观,让两岸居民安居在水质清洁、环境优美的苏州河畔。中心水环的两侧通道则由外环西河、西郊公园北侧的北夏家浜和新泾港构成。结合区域调水、防汛、引清调水、两岸住宅和绿化建设,2005年前初步形成苏州河至淀浦河的游艇走廊,将呈现出别墅栋栋、清水潺潺、绿树盈盈、游艇穿梭的都市水系新景观。

远期目标:2020年,市民可以通过"水",即乘船去休闲、娱乐、看景、购物。通过水环、路环、绿环、商业环、文化旅游环五环联动,打造"东方水都"新景观。

苏州河,正把岸线上的风景还给上海市民。据悉,沿苏州河由东向西将依次规划建设六个重点景观区域,其中:吴淞路桥地区(河南中路桥——外白渡桥),通过环境整治与建筑功能置换,建设具有国际品位的滨河休闲区域;浙江路桥地区(西藏路桥——福建路桥),保护和延续该地区的石库门里弄建筑群的历史风貌,形成独特景观,拆除少量建筑,建设绿化、广场和社区中心;乌镇路桥地区(成都路桥——西藏路桥),对两岸集中的仓库建筑进行保护和再利用,结合水曲、码头、绿地、广场的布局对整体环境进行整治;恒丰路桥地区,配合北岸不夜城地区的建设,开辟南岸大型滨水公共绿地;昌化路桥地区(江宁路桥——长寿路桥),建设8.7万平方米的河心岛式的活水公园，结合啤酒厂和面粉厂的历史建筑保护，体现现代与历史的交融；曹杨路桥地区（曹杨路桥——武宁路桥），以大型开敞绿地为核心，提供公共休闲场所，结合印钞厂的开放，塑造连续而丰富的滨河景观空间。

苏州河的明天，真令人神往！

（摄影：张锁庆、虞建波、陆辉）

（原载2003年第3期）

朱镕基市长应"考"记

龙 年

有这么一张获奖照片：昔日蓬头垢面的垃圾码头，为迎接朱镕基市长光临视察，匆匆间变得使人耳目一新。当朱市长踏上这片经过"修饰"的土地时，人群中忽然响起一个声音："朱市长，这是假的！"……

让我们再看一看这段录像新闻：市领导视察某厂，礼堂外挤满了围观的工人，又是朱镕基，几步上前打开窗户，向工人们伸出热情的双手。

同样是这位市长，在电视讲话中深情地喊出："作为市长不能保境安民，我宁愿以身殉职。"不久前，当黄浦江面临70年未遇的高潮位、浦东几百户居民遭淹之时，踏着水走进居民家中，连道："对不起你们，我们工作没有做好"的汉子，正是朱镕基市长。

最近一次，朱市长在会见访美如期回沪的上海昆剧团演员时，握着岳美缇的手亲切地说："你的照片上了《上海滩》封面，很好。"

荧屏上时常出现的那张冷峻的脸，与市民之间的距离一下子拉得很近很近。

诚然，普通市民直接接触朱镕基的机会不多，然而，朱市长确确实实在用另一种方式，与素不相识的普通市民沟通、对话。

一年前，《上海滩》杂志曾发表过《上海市民寄语朱镕基市长》，对新官上任寄予厚望。那么，两年来，市长面对数以万计的"考卷"，又是如何"应考"的呢？为此，我们走访了市信访办公室。

据统计，在上海所有的人民来信中，给朱镕基的信超过一半。1989年1月至9月，市信访办共收到人民来信4.1万封，其中给朱镕基的便有2.1万封。屈指算来，他收到的信件累计已超过4万封！

封封信都要他本人处理自然是办不到的。为此，市信访办特地委派近10名工作极其认真负责的干部，专门处理给朱镕基的信。他们对来信逐一登记、筛选、摘报、查办、转处，有些则由市长本人直接回复。去年，他们为朱镕基摘取特别重要的来信900多封，这就是说，朱镕基平均每天得看三四封人民来信，最多的一天，那是6月17日，朱市长批阅了48封来信。随看随批，交代有关负责人去办，办得如何，过后还要查。这对于一个拥有1 200多万人口城市的市长，实在不是一件容易的事。

然而，情感的沟通正是从这里开始的。

"市长都看人民来信，区长、局长为何就不应该看呢？"

对于上访长达6年的L来说，这么一封信改变了他的一生。L是本市某县一所中学的语文教研组长，忽然有一天被莫名其妙地调离了工作多年的岗位。调离的原因据说是同校领导和有关教师"关系紧张"。L在朱镕基上任不久就提笔写信。根据朱市长的批示，有关方面组成联合调查组，最后上报的调查结论是：考虑到已经调离的现实，可不将L调回原来的中学，在征求L的意见后另外落实一个单位。朱镕基在报告上明确批道："我看把L调回原中学，问题可能好解决得多，这样也不去追究谁对谁错了（都作自我批评）。再调一个地方，还可能扯下去。"朱镕基在上报的调查报告上还加了不少"批点"，据笔者粗略计数，仅报告第7页就有6处"批语"。比如在报告认为"让L回原来的中学，就会被认为领导调动L的工作做错了，对稳定某中学不利。从县的大局考虑，在调出某中学的原则问题上不宜改变"这一段上，朱市长就批了"领导就不能有错？""何谓大局？"两句。结果，L终于回到了原来的岗位，6年中因调动问题未领的工资、副食品补贴原数领回。

一件本来并不难解决的问题，市长过问了才有结果，这种事情听说并不少。原因其实很简单，那就是官僚主义。

说起"官僚主义"，一位镇人民代表的来信"火药味"颇浓，直来直去举了几个例子：

"我在1955年买一幢房子，从签订合同、登记过户到去税务局纳税，一天时间，手续全部办完。效率之高，令人叹服。去年我想与人调房，去房屋交换所办手续，时过3月，杳无音讯。去催问次数多了，被骂了出来：'时间越长，对你们越负责，你懂吗？！'"

"我的两户老年邻居向水厂申请接水进屋，厂方同意接装。至今，一户申请已经3年，另一户申请也近1年，看来，归西前想接水进屋希望不大。"

"我住地自来水泄漏，向房管部门报修，他们闸门一关，了结此事。去房管所催促，初是敷衍，后是不理不睬，已经几个月了！你们看，是不坐豪华轿车问题大，还是无水用问题大？"

"我们这里买煤饼，至少要花半天时间，从半夜两三点钟去排队，已发展到现在要隔夜排队，还不一定买到……为什么人们解决问题老是喜欢往上跑，因为越到上面越好解决……所以加强对基层干部全心全意为人民服务的思想教育至关重要，这关系到党和政府在人民中间的形象。"

朱市长接信后立即批示："请将原信印发市委、市府领导并建委、财贸办。"他不止一次地说，廉政要抓大事，但是开门七件事也是大事，性命交关的大事，一定要管好。

有人曾经建议，一个人精力有限，市长有多忙，对来信不必管得这么具体。朱市长说："我就是要做个样子给下面干部看，市长都看人民来信，区长、局长为何就不应该看呢？"为此，朱镕基还特地让秘书向市信访办传达了四点意见，其中提到：对提出重要建议、揭发重大问题、反映特殊困难或带倾向性问题的来信，要作为重要来信处理。此外，对批转的来信如何摧办、如何复信都提了很具体的要求。

"这样的厂长能办好企业吗？"

其实，相当多的人民来信，并不是一味向市长诉苦鸣冤，它恰似一支晴雨表，敏锐地反映出市民所关心的热点。廉政风暴刮起之后，大批反映干部问题的来信转到了朱镕基手中。

有一位职工反映：该厂连续数年没有完成生产任务，但厂长竟向上虚报完成了生产任务，骗取承包奖金和"先进厂长"称号。信中说，企业欠债累累，工人拿不到奖金，厂长却名利双收，而且，这位厂长数次去美国、联邦德国，近期又要去美国等。朱镕基在信上批道："这样的厂长能办好企业吗？"经查，该厂长去年上半年虚报产值38%，查实后，厂长被撤职，同时取消"先进厂长"称号，追回承包奖，全局通报批评。

一位大概是怕打击报复的来信者写了一封匿名信，揭露上海某街道盛行的不正之风。街道"三整顿"、城建办等几个部门向个体户集资，每户先付几百元搭建活动房，然后出租给个体户经商，每户月租100元；有的居委会租进活动房每间月租70元，再转让给个体户，从中牟利，居委会还规定大小机动车进出里弄每次要给"养路费"10至20元。这些钱最后都变成了里弄干部的奖金。

这是一个带有普遍性的问题，朱市长从中感觉到事件的典型性，具有举一反三的意义，于是特批："请通知各区注意，不得任意搭建临时建筑牟利，这都是机关搞创收的恶果。"

从人民来信中汲取养分，从而增强对事件的判断能力，这便是朱市长阅信的收获，市行政事业性单位清理整顿收费办公室制订颁发的《上海市行政事业性收费管理规定》，就是针对上述来信者列举的现象而出台的。

大概是朱镕基始终带着一种真挚的感情对待市民反映的每一件事情，所以，类似下面这类的来信就越来越多。

署名"一位退休人员"（从书写的繁体字和笔迹可以推断大约是上了年纪的知识分子）的来信说：

"现在看来，你是真想做些工作的。作为一个市民，当然是高兴的。

"过去打仗，明明知道要死人，但大家争先恐后上前线，现在不少事，就是令不行，禁不止。为什么？我看重要原因，是有些当官的不说真话，或者当面说好话，背后又做一些不便公之于世的事，转过身来还训人。

"如果你喜欢听到一些不同声音，我愿意当一名义务的单向的送讯员，你收到后，不必告我处理情况，只要告我一声，何月何日信收到，我就心满意足了。"

对于这样一类表示关切而不涉及实际问题的来信，其情之真，常常令朱镕基提起笔："谢谢你的关心。欢迎你经常对我们的工作提出意见，并给予帮助。"

"悠悠岁月，控告不休，于国于己，何益之有？"

在众多的来信中，自然也并非件件来信都是"常有理"。有些多年上告的投诉者，尽管措辞恳切，与事实却难对上号，处理类似信件可叫人头疼，不留意便会不知不觉地上了当。

这或许是一个极端的例子。

上海某高校教师A，从1982年起，连续不断向中央和市有关部门写信并上访四五十次，其中去京上访五次，控告该校领导对他"打击报复"。各有关部门多次查核A反映的情况，一致认为不存在什么"打击报复"。一些市委、市府的领导亲自过问和接待A，并为他解决了住房等一些具体困难。但A仍然连续不断来信来访。为此，有关部门曾发出《关于A上访问题的处理决定》明确"不再受理A的申诉"。

1988年朱镕基任市长不久，A又频繁来信来电来访。朱镕基在了解了A信访活动的整个过程后，于去年8月12日，在A的原信上作了如下批语："A同志：要相信党，相信群众，并且，反求诸己。悠悠岁月，控告不休，于己于国，何益之有？"当市信访办领导向A转述朱镕基同志的批语后，A深为感动，说："这是市长对我的关心"，表示要"很好消化，认真思考"。连年不断的无端上访终于告一段落。

一阵阵发自内心的掌声

当好一个市民已不容易,当好一个市长就更难了。但是如果能够以真诚达到沟通与理解,事情的难度就会大大降低。朱镕基来上海时间虽然不很长,但从他所到之地,便会爆发出一阵阵发自内心的热烈掌声,也可以看出市民对他的信赖程度了。

最后,用一封两位医务人员写于1989年10月18日的信来作结束吧。

"尊敬的朱市长:您好!

"从电视里又一次看到您,亲临浦东,组织抢险救灾,并到居民家慰问,我们非常感动,联想起朱市长任职以来,大场面、小事情,几乎处处都有您的身影。……从荧屏上看,您很疲劳,您需要休息,请您务必特别重视这个问题,因为我们需要您这样没有大肚子的实干家……"

(原载1990年第1期)

话说上海的蔬菜供应

夏弘宁　马仲骥

上海从鸦片战争之后，逐渐发展成为一个国际大都市，数百上千万人的吃喝拉撒，是一个非常复杂的系统工程。就拿上海市民每天要吃的蔬菜来说吧，从种植生产到批发、销售，从农村到市场，再到市民的餐桌上，环环相扣不能脱节，否则，就会给这个城市带来不安，给市民的生活带来混乱。

笔者曾有幸多年从事上海蔬菜的组织供应工作，历经计划经济和市场经济两个截然不同的时期，亲眼目睹了上海蔬菜供应如何从市民持卡定量供应的紧缺状态，发展到如今数量充沛、品种繁多、质优价廉、随到随买的繁荣景象。"历史是一面镜子。"为了让我们更加珍惜今天来之不易的安定幸福的生活，不妨一起回溯一下鸦片战争以来上海蔬菜供应的历史。

150年前，上海就有了第一家蔬菜批发行

鸦片战争之前，上海的蔬菜供应，是由近郊菜农和小贩肩挑手提走街串巷叫卖兜售，或在集市设摊销售，还没有批发这一环节。

1840年鸦片战争后，上海老城厢商业发展，人口增加，随之出现了蔬菜地货行（即蔬菜批发行）的雏形——蔬菜地货牙行。当时，开设牙行须经官府批准，领有牙贴才能营业。牙行多为地区商界头面人物或地痞恶霸之流把持，通常带有过秤勒索的行为，故有"一杆大秤起家""牙口一开佣金来"之说。

清道光三十年（1850），在南市大东门南油车街，有一家唐恒泰号开业。它就是上海有史以来第一家蔬菜地货行，已由纯说合性的牙行，发展为兼有

上海开埠前走街串巷叫卖鸡鸭的小贩

20世纪30年代,上海四马路(今福州路)菜场

代营性质的行栈。此后，经咸丰、同治，到光绪年间，沿黄浦江十六铺一带，陆续开设起潘源盛、源裕、张恒大、张锦记等早期的地货行，作为菜农与菜贩中间的批发商，代客买卖，收取佣金。与此同时，上海县城四郊，也陆续开设出一批小型的地货行。其时，上海有些大型的地货行，经营设施已初具规模。如清光绪二十六年（1900）开设于南市大码头（后迁枫泾路11号）的潘源盛号，老板潘继钦，投资3 200银圆，有职工16人，后盘给王国生（青帮大亨黄金荣门徒），业务更趋兴盛，职工增加至50人。

20世纪初，由于地货行的逐年增设，在当时公共租界厦门路尊德里10号，建立了蔬菜地货行业的同业公所——广厚堂。蔬菜地货行的建立与发展，为蔬菜批量、快速集散提供了平台，是蔬菜产销史上一大进展。

抗日战争期间，日本侵略者为了控制货源、满足军需，在西藏路桥堍划地30多亩，把苏州河一带42家蔬菜地货行强行集中，成立"上海特别市中央市场"。而后，又在今东门路中山南路、会馆弄、外咸瓜街交汇处圈地20多亩。把小东门一带70户蔬菜地货行集中，建立中央市场南市分场。抗战胜利后，北市场所属88家地货行于1946年6月重组地货业同业公会，会址仍在厦门路广厚堂。同年8月，南市场所属53家地货行建立蔬菜同业公会，会址在成都路470号。至此，上海蔬菜地货业一北一南，分为两个同业公会，直至上海解放之后。这些地货行，一般资本不大，规模较小，大多是木棚建筑，上面住人，下面营业；郊区则是围圈一块荒地，芦席棚加竹篱笆。地货行均有行业中头面人物和一些流氓、菜霸操纵，行栈经理俗称"阿大先生"，大都由老板兼任，"卖场"主管销售与开价，坐庄系驻产地采购人员，栈司主管接货、装卸，还有少数学徒。

上海解放后，1950年6月，将蔬菜行业两个同业公会合并，改组为上海蔬菜地货商业同业公会，会址设在武胜路77号，当时有会员330余户。1956年1月，国营上海市蔬菜公司成立，蔬菜地货行业职工全部由国营蔬菜公司吸收。至此，同业公会宣告结束，而存在了整整100年的蔬菜地货行也从此退出了历史舞台。

144年前,上海出现了第一家小菜场

上海最早的小菜场名叫"中央菜场",是由外籍地产商人拉波尔德里和汉壁礼于清同治三年(1864)创办的。当时,他们只是在洋泾浜边(今宁海东路东端一带)空地上搭了几个大棚,便开始吸引菜农与摊贩入场交易,收取一定租金。同时,法租界公董局发出通告,规定从1865年元旦起,法租界内的摊贩都得集中进场营业。由于当时居民还没有到菜场买菜的习惯,不到一年,中央菜场就停业了。

清同治九年(1870)前后,在英美租界也出现了早期的菜场。当时,有个名叫杨子京的富商,因为经常见到蔬菜摊贩被巡捕拘罚,出于怜悯,捐资在一块空地上用芦席盖起了一个菜场,时称"东荒场菜场",生意倒也兴隆。同治十一年,租界当局又在荒地对面竖石柱、盖木棚,让菜农和摊贩设摊,习称"西荒场菜场"。五年后,西荒场菜场改建成铅皮棚,直到1930年,原址翻造里弄,迁往福州路浙江路营业,即是后来的"四马路菜场"前身。

上海早期的菜场,还有清光绪二十六年(1900)由英国天主教会出资建造的杨树浦太和街菜场,光绪二十九年(1903)老城区的唐家湾菜场,清宣统二年(1910)的松潘菜场、爱而近菜场(在今安庆路)、哈同菜场(在今安义路)以及民国六年(1917)造的西门菜场(在今顺昌路)。

20世纪20年代起,租界当局开始建造钢筋混凝土结构、比较现代化的大中型室内菜场,先后建有三

20世纪30年代,上海家庭主妇上街买菜

1865年上海中央（今宁海东路）菜场

角地、铁马路（今江西北路）、八仙桥（今金陵中路）、西摩路（今陕西北路）、白克路（今凤阳路）、八埭头（今平凉路）以及辽阳、唐家弄等10多个菜场。另外，上海银行和中央信托公司和陶桂记营造厂也分别建造了新闸路、西宝兴路和虬江路菜场。以上这些菜场都是钢筋水泥结构，二至三层，底层有柱无墙，四面架空，便于顾客从四面八方进出，交易购买。在建造室内菜场的同时，租界当局还将自然形成的露天菜场划定地段，规定摊贩申领执照。设摊营业，较著名的有"菜市街"（今宁海东路）、徐家汇及巨籁达路（今巨鹿路）等马路菜场。抗日战争爆发前夕，全市有49个菜场。至解放前夕，全市已有200多个室内和马路菜场。

1956年，蔬菜供应纳入了计划管理

直至新中国建立初期，上海的蔬菜批发，完全由私营蔬菜地货行所控制。地货行向菜农收取成交额的10%，向菜贩收取4%的高额佣金；菜少时

还抬高价格，市民叫苦不迭；菜多时则向农民杀价，菜贱伤农。

1950年，上海召开市郊第一次农民代表会议，菜农集中反映了卖菜难和中间剥削严重等问题。农代会后，市郊供销合作社就在市区南市场、北市场、三角地、徐家汇等处设立了蔬菜营业处，同时在郊区各城镇设立了蔬菜供销站，开始降低佣金，改为3%的手续费，迫使私营地行把佣金降下来。1953年，全国农业合作化进入高潮，中央提出城市吃菜要实施计划供应，合作社要有计划地逐步占领蔬菜供应阵地，扭转批发环节由私营商贩操纵的被动局面。1954年，上海加快了对蔬菜地货行的利用、限制、改造，合作社经营比重上升到81%。1955年，合作社已全部掌握了蔬菜货源，并开始对地货行进行全面改造，将当时近郊32个蔬菜集散地150余户和市区三大市场的300多户蔬菜地货行，3 000多名职工和业主，全部吸收进合作社。1956年1月，在合作社基础上，国营上海市蔬菜公司成立，下设7个蔬菜批发部和24个购销站，这标志着对私营蔬菜地货行业的社会主义改造全面完成。从此开始，上海蔬菜全面纳入计划管理，通过国营批发机构实现销售，保障了上海市民人均每天有五两蔬菜供应。

三角地菜场旧景

蔬菜批发时过秤

　　同时，郊区菜农也由单家单户生产销售，转为互助组形式。1953年之后，互助组转为初级社和高级生产合作社。1958年，各乡镇成立人民公社，确定新泾、虹桥、龙华、梅陇、长征、桃浦、彭浦、江湾、五角场、杨思、洋泾、六里、严桥等27个公社为专业种植蔬菜的公社，生产的蔬菜，由生产队派运销员送到购销站出售。

　　原先向菜场租赁摊位、自采自销、盈亏自负的个体摊贩，也逐步组织起来。1955年，实行按行业统一进货，分摊销售，各负盈亏。1956年，进一步发展为联购联销、共负盈亏，习惯上称为"小合作"。到1958年实行以菜场为单位，荤素统一经营，统一核算，统负盈亏，习惯上称为"大合作"。大合作标志着零售摊贩的社会主义改造全面完成，菜场成为集体所有制的合作菜场，摊贩成为拿工资的菜场职工。

　　国营上海市蔬菜公司的成立，菜农和摊贩两头的合作化改造，为蔬菜的生产、批发、零售，实施计划经济创造了条件。

1959年,每天只能向每个市民供应二两蔬菜

蔬菜供、销纳入计划的头三年,供应情况较好。由于当时蔬菜种植实行的是"大计划、小自由",合同只定购了85%的青菜、萝卜、卷心菜等主要品种,其余花色品种由社队自行安排,菜农比较重视规格质量,外地来沪的客菜也大体上保持了原有流转渠道,对消费者来说,仍保持敞开供应,购买方便,各方都比较满意。

1958年的"大跃进"和农村人民公社化运动,加上自然灾害等其他因素,上海和全国各地粮食和副食品开始紧缺。上海菜场出现排队争购蔬菜的现象。为此,曾发动了蔬菜上市突击周等活动,实际上是"寅吃卯粮",使蔬菜供应更趋紧张。1959年年初,蔬菜供应紧上加紧,到了每人每天只能供应二两蔬菜的低水平。居民清晨到小菜场排队抢购,为了想多买点菜,一人要排几个队,没有劳动力的双职工,有的甚至雇人排队。那时候,凌晨菜摊面前篮头、砖头、凳子、纸盒等比比皆是,每样东西代替一个人头,开秤时争先恐后,相互拥挤;不时还有人插队,由此引发争吵不断,秩序混乱。为此,有的菜场用粉笔在居民衣服上写号码,但引起消费者不满;后改发牌子放号,凭牌购菜,博得老弱病残的居民叫好。

为了解决大上海蔬菜和主副食品供应,1958年年底,中央决定将江苏省上海、宝山、嘉定、川沙及金山、崇明等10个县划归上海市,使上海郊区面积大增,菜田面积也随之扩大,从原20余万亩扩大到37万亩,1960年达到43万亩,为历史顶峰。同时,在政策上规定专业菜田必须常年种菜,不得插种或改种其他经济作物,专业菜田生产的蔬菜,菜农不能私卖私分,更不能到集市卖高价,必须全部进入国营蔬菜批发市场,统一分配菜场,从此蔬菜产销开始执行长达25年的统购包销政策。在蔬菜零售上,为了解决居民排队买菜难,从原来敞开供应改为向居民按人头发大中小户买菜卡,凭卡计划供应。

大批蔬菜运抵市区码头

在三年困难时期，上海市政府为了确保居民吃菜，千方百计开辟新菜源。不仅开放了原已取缔的农贸市场，而且还要求蔬菜公司大抓豆制品、酱菜和咸菜生产，以豆补菜，以咸补鲜。在最困难的日子里，就连棉粮地区的绿肥草头、不卷心的卷心菜、花菜梗也都收购上市。为缓解吃菜难，我国自行设计、由江南造船厂制造的第一艘万吨级远洋货轮"东风号"，1960年下水起航，首航就是赴天津、青岛装运支援上海的近万吨大白菜。由于各方努力，采取各种补救措施，在极为困难的条件下，仍基本上保证了上海市民的吃菜。1960年至1962年，上海蔬菜供应水平达到人均每天八到九两，"粮食不足瓜菜代，荤食品不足多吃菜"，吃菜数量为历史的最高点。

经过国民经济调整，上海从1962年下半年起，蔬菜生产供应情况开始好转，鱼肉禽蛋各类副食品也有所增加。蔬菜产销上也采取了相应的调整措施，发展适销品种，压缩旺季产品，增加淡季供应，取消当时菜场直接到生产队挂钩田头拿菜的做法，恢复进场交易。在困难时期，居民凭卡只能到菜场固定的摊位买菜，蔬菜秤多秤少、质量挑得好坏都掌握在蔬菜营业员手里。居民买菜要看营业员脸色，当面不敢得罪，背后骂一些营业员是"蛮娘（沪语，意为后娘）面孔"，抨击社会上多了一批"菜官"。通过调整，菜多了，居民可凭卡到本区任何菜场、任何摊位买菜，消费者不用看营业员脸色，营业员的服务态度也比以前好了，市民的心情舒畅多了。

但是好景不长，1966年卷起的"文革"恶浪，冲垮了上海的蔬菜供应体系，菜田改种粮食，种蔬菜片面追求数量，造成蔬菜上市大起大落，淡旺矛盾扩大，供应经常不足。市民怨声四起，有的埋怨"买小菜比做生活还吃力"，有的说"买小菜像去打仗"，有的还编了顺口溜："上海人三天不见青，大便不畅口气臭，眼睛干燥肚里冒火星。"一位老先生还套用了李白的诗句，说是"买菜难，难于上青天"。舆论也有不少批评蔬菜公司的。其实，担负着800万居民和8 000余个工厂企业伙食团供应的上海市蔬菜公司也很焦急，但在计划经济体制下，特别在极左路线干扰下，也很无奈。广大蔬菜职工，在场地十分简陋、货源十分短缺的情况下，往往晴天一身汗，雨天一身泥，十分辛苦。每当深夜，当市民进入梦乡时，正是蔬菜产销人员忙碌的时刻，一筐筐铁排篮装满蔬菜，从郊区四面八方运向市区购销站。铁排篮很高，自重200来斤。每次过磅时，职工要用双手把它高高举起并借头顶之力，用粗大的竹杠棒高举过头过秤，职工戏称为"杠头开花"，久而久之，职工的头顶上出现了圆圆的"头茧"。菜场工作时间长，常常要做到三更半夜，有的戏说是"从鬼叫做到鸡叫"。因此，这些职工及其家属又被人戏称为"半夜夫妻"。菜场青年职工很难在外单位找到对象，许多人只好找单位内的同事结为夫妻。

小菜卡的作用很大。在"文化大革命"期间，上海市民全凭每户一张"小菜卡"定量购买蔬菜。凭此卡还可以定量购买其他副食品，如鱼、肉、禽、蛋、白糖、豆制品等（后来分别发放专用票证）。

靠天吃饭，蔬菜供应计划变"滑稽"

蔬菜是鲜活商品，是在大田这一"露天工厂"生产的，本来就存在淡旺丰欠问题，如果遇到台风暴雨、旱涝低温及病虫害，往往很难抗拒，不多不少的供应量确难做到。如1980年9月下旬持续阴雨，市郊菜田叶菜普遍发黄，只得提前上市，市场上蔬菜就多了；但等到一卖完，蔬菜又紧缺了。是年10月上旬青菜长势很好，大家很乐观，但下旬青菜病害大暴发，青菜再次提前上市，市场上菜又多了；菜田却成为一片空田，下一茬补种的菜要一个多月后才能恢复供应，市场上的菜又不够了。

1985年，蔬菜生产状况尚佳，但7月一场特大暴雨，蔬菜受淹面积达2万亩，雨后又持续高温，绿叶菜、冬瓜腐烂，番茄裂果，豇豆早衰，茄子枯萎。于是这些蔬菜只得提前上市，菜又多了；没有几天卖完后，菜又紧缺了。一个多月后，市场上菜又多了，居民惊呼："青菜、小白菜、鸡毛菜'造反'了！"原来各社队在雨后为挽回损失并保市场供应，不约而同抢种了短期叶菜，出现大种大卖，菜当然多了。为此，蔬菜生产供应经常落入多与少的怪圈中，行业内流传着一首自我调侃的打油诗："少啦少啦多啦多(音乐符号56 56 i6 i)，蔬菜上市扭秧歌，天皇老子没奈何（谁也做不到不多不少）。"蔬菜公司的上市计划预报，常被人批评为如天气那样变化无常。蔬菜公司的计划被说成是"划计（滑稽）"。当然也有些生产队干部帮公司说话："也怪不了蔬菜公司，种菜是靠天吃饭，人计划抵不了天作怪，计划七算八算，最后还靠天老爷帮忙。"这些大实话，表现了蔬菜产、销行业职工的无奈心情。

当年，为了解决蔬菜供应多与少的矛盾，保证居民正常吃菜，市蔬菜公司除精心安排好18万亩常年菜田外，还在棉粮地区发展了插种基地，如崇明大白菜基地，嘉定蒜头、葱头基地，青浦茭白基地。同时还把南汇麦田插种的菜和川沙稻坂菜纳入收购计划。公司加强批发仓储建设，抓好酱咸菜、脱水菜和速冻菜加工，力求以旺补淡，弥补不足。特别是公司建立了一支采购员队伍，一声令下，即刻奔赴全国各地突击采购。这些措施，确也解了燃眉之急。但蔬菜是体积大、数量多的鲜活商品，靠采购外地客菜弥补，往往"远水救不了近火"，而且在数量上也是杯水车薪。如山东大白菜最快也要七天至十天到沪，一个车皮只能装35吨，哪有这么多车皮给你装运大白菜！由于受计划经济束缚，零售菜场没有采购权，集市贸易已被取缔，蔬菜供应只有单一渠道，当年上海八百万人吃的蔬菜，光靠蔬菜公司独家安排市场，真正是心有余而力不足。

公司亏本，18年财政补贴7.4亿元

多少年来，上海市场上是菜少了，难；菜多了，也难。而蔬菜中少的往往是上海人最喜欢的青菜，多的也是青菜。青菜等绿叶菜，鲜嫩易烂，又无法外调，菜多时只好以极便宜的价格，"返销"农村作饲料或作肥料处理。如特大丰收年的1984年秋，青菜亩产高达70多担，比常年增长一倍，面对绿油油的大青菜，一些老菜农都说："青菜长疯了，识不透，识不透。"中山西路这样宽阔的马路，都被一筐筐青菜堆满了，连公交车也难以通行。市容环卫部门派人到中山购销站交涉后，一连几天，公安局派交通警察来维持秩序。当年返销菜高达54万吨，占上市量的36%，有三分之一的青菜返销农村作了饲料。

当时菜区社队都采用看价种菜、看价上市的方法。有些花色品种的蔬菜往往盲目多种，结果也不得不忍痛返销。如军需品种脱水豇豆、芹菜、茭白价格看好，一些队超计划种植，造成返销。有段时间小葱供应短缺，蔬菜公司一度提高收购价，于是不少社队纷纷种起了小葱。小葱本是调味品，返销当饲料，连猪也不愿吃。农民笑道："小葱小葱辣又香，老猪吃了泪汪汪。"有的生产队种多了卖不掉，只能把小葱倒进粪坑。小葱一烂，臭得要命，农民们说"连隔夜饭都要呕出来了"。

蔬菜的返销，给国家造成了很大的浪费。从1965年到1990年的26年统计，郊菜上市3 020万吨，返销菜570万吨，占郊菜上市量的19%，年平均返销量为21万吨。菜多时返销要赔钱，菜少时突击采购也要赔钱，于是从70年代起蔬菜公司连年亏本。为改善经营管理，一度在收购价提高时，相应提高了零售价，居民又有意见，纷纷说小菜涨价了，报纸也刊文批评。后来，有关部门提出"保两头，中间贴"的政策，即保护生产者和消费者利益，提高收购价，稳定零售价，购批价格倒差，其差价由中间环节国营批发部门承担，再由财政补贴蔬菜公司。但是后来，蔬菜公司亏本越来越多，财政补贴越来越大，从1974年到1991年，国家为上海市民吃菜拿出7.4亿元财政补贴。

蔬菜公司又何尝不希望返销少点，亏本少点，国家补贴减轻点，无奈当时储藏场地很少，设施太差，大都是搭建的芦席棚，不但贮藏菜量有限，而且损耗量也大，真有点难煞人的感觉。70年代有一年大白菜超种又逢特大丰收，大白菜像洪水般涌来，一时间黄浦江上尽是运菜的船。蔬菜公司购下的大白菜已分配不下去了，公司自备的仓库以及各个菜场的角角落落都堆满了大白菜，同时发动各工厂伙食团代为储藏，又通过各种关系，借用生产队仓库、果品公司仓库、民航102厂空地等三四十处场地来堆放大白菜，甚至经市领导部门批准，动用了龙华与江湾机场场地存放大白菜。最后，连人民广场也堆满了一堆堆大白菜，成为当年的一大奇观。

此时，有人建议学习东北地区发动居民窖藏大白菜的经验，上海也来个藏菜于民。蔬菜公司打了亏损报告，经财办批准，以市场价打七折的优惠价下里弄组织供应，菜场还贴出了通俗宣传稿："大白菜，旺季到，价格优惠质量好，家家户户都需要，寒冬春节少不了。"全市各居委向市民作政治动员，藏菜于民，利国利己，要求居民普遍认购。很快，上海老百姓家里都挂起了大白菜，小户两棵，大户四棵（当年五人以上为大户，四人以下为小户）。但好事多磨，居民们看到菜场里大白菜这么多，心想菜场里的菜都卖不完，家里就不用再储藏大白菜了。于是，大家就把储藏的大白菜拿出来先吃，一连几天都不去菜场买大白菜了，造成菜场里堆积如山的大白菜开始腐烂。菜场被迫边削边卖，大白菜价格也比几天前下里弄组织供应时还要便宜。不少居民觉得上当了，把藏菜于民理解成了蔬菜公司的推销手段。蔬菜公司则是"哑子吃黄连，有苦说不清，上下难交代"。

第二年，大白菜又多，蔬菜公司又试了一下藏菜于民的做法。不料突然遭到严寒冰冻，大白菜连正常供应量都不够。一些拿到优惠供应票证的居民吵到菜场要优惠价的菜，菜场拿不出，居民批评菜场和蔬菜公司"喇叭腔"，不讲信用。这样，藏菜于民试了两年，就不再搞了。70年代中后期，市政府下决心拨款给蔬菜公司建仓库，直到80年代末，建成5座万吨冷风库和14座万吨普通库，增强了调控能力，才减少了蔬菜损耗。

统购包销，蔬菜品种单调质量低下

在计划体制下，蔬菜产销还存在着品种和质量的矛盾。新中国建立前，上海供应的蔬菜约有三分之二来自外地，品种丰富，上市时间也有规律，每一品种都有较长的供应期。如苏州茭白自立夏见新，6月无锡茭白登场；8、9月湖州塘藕见市；接着天津大白菜来沪；10月苏北如皋小棵白菜上市；而后是山东城阳、胶县和河北唐山白菜相继进入上海，可以一直供应到次年春节后。4至5月，杭州的夏货作物黄瓜、番茄、茄子、青椒开始抢滩上海，比市郊早半个月见新；白露后，张家口、宣化和宁夏石嘴山秋刀豆、秋辣椒、秋番茄运入上海；11月广州的番茄、辣椒来沪；寒冬，常熟水芹、苏北的慈姑来沪应市。本地不生产的笋类，完全靠邻省供应。深秋季节，湖南冷水滩冬笋首先亮相；接着皖南、江西山区冬笋来沪；4、5月浙江安吉、德清的春毛笋、竹笋大量涌入；6至8月杭州、绍兴鞭笋销沪。蔬菜行业的老职工常说，上海人有口福，一年四季能"从南方吃到北方、从山上吃到水上（指竹毛笋、水生作物）"。这一历史上形成的良好的货源渠道，在实行计划经济后，因片面强调蔬菜就地生产，就地供应，被人为切断；而上海郊菜由于统购包销，菜农往往多种大路品种，对花工多、成本高、收入低的花色品种较少种植,导致品种单调的矛盾长期得不到解决。到了"文革"时期,片面提出"数量第一"的口号,忽略质量和品种,蔬菜种植、供求中的矛盾就更为突出了。

要解决质量问题,蔬菜的包装和快装快运、轻装轻运是保证质量的关键。

1949年前,郊区菜农上市所用的容量在50至70斤的竹排篮,一些细品种如韭黄、丝瓜等,还使用容量10至15斤的竹提篮和元宝篮。菜农家中备有各式包装20至30只,采摘上市很注意轻放快运,洒水养护。

1958年"大跃进"后,毛竹作为重要基建物资由国家控制,蔬菜批发部门编织了大量草绳袋作代替包装,但无法解决蔬菜保质问题。草绳袋包装菜,往往鲜菜变熟菜,茄瓜类断头折脚。之后,在各方支持下,利用废旧钢铁和铁丝制造铁包装。从60年代起,全部改用铁排篮装运蔬菜,全市共有铁菜筐35万只。当时,中央商业部推广上海经验,组织各地蔬菜公司到上海参观学习。那时东北、西北不少地方都是散装菜,土豆、萝卜甚至青菜、白菜装卸时使用煤锹铲。参观者虽很羡慕,但不少人摇头说学不像,说我们哪有上海这么多钢铁,这么好条件啊!的确,上海铁包装为保证蔬菜质量起到历史性贡献,但缺点是铁排篮十分笨重。上海滩一些老人都亲眼见到过当年马路上,菜农踏着黄鱼车,满载装满各类蔬菜的10多只铁筐(足足有2 000多斤重),摇摇晃晃行进的情景。尤其在过苏州河西藏路、武宁路桥时,农民们要互相帮助推车过桥头,还出现了一些帮助菜农推车过桥赚取小费的谋生者。随着我国石化塑料工业的发展,1984年,蔬菜公司选用了质地轻、抗冲强度好的塑料包装120万余只,全面代替了使用达30余年的铁包装。

随着城市的发展,黄鱼车等落后的运输工具,显得越来越不能适应了。经领导同意,为蔬菜系统配备了一批卡车。到80年代中期,菜场和批发部门已有卡车1 000多辆,塑箱包装加机动车运输,为确保蔬菜鲜嫩发挥了巨大作用。

改革开放，使上海蔬菜产销两旺

党的十一届三中全会后，上海市政府十分重视市民吃菜问题，提出"菜篮子工程"予以实施。与此同时，上海蔬菜产销逐步改革开放，向市场经济迈进。1991年起，蔬菜放开价格，放开经营，结束产销计划体制，前后花了13年时间。

为了搞活流通，蔬菜公司先在十六铺南市场试办贸易货栈；第二年改制为蔬菜副食品交易市场，实行放开式经营。"人不分公私，货不分南北"，本市和全国各地多种经济成分的产品生产者和经营者，都可进场自由成交。不久，郊区各购销站也都办起了副食品交易市场，全国各地进入上海的非计划渠道蔬菜已占总供应量1/3左右，封闭式经营模式开始被突破。

对零售菜场采取"松绑扩权"，菜场可自行到外地或邻县采购花色品种。1984年起又减免蔬菜营业税，改革菜场职工分配制度，菜场职工经营积极性大大提高，蔬菜品种多了，质量好了。

蔬菜经营突破计划经济束缚的另一重要体现，是重新开放集贸市场。到1990年，集市贸易的蔬菜年经营量占总供应量1/3以上，集市上蔬菜质量新鲜，品种丰富，价格灵活，任客挑选，购销两旺，显示了强大生命力。

在新的形势下，市领导对上海市民吃菜更加关心。虽然蔬菜产销已放开价格、放开经营，但依然要求蔬菜公司发挥蔬菜供应的主渠道作用，重点确保淡季和节日供应。同时，继续做好塑箱规格化净菜上市，并把它作为市政府实事工程来抓，为此而产生的购销亏损，仍由国家财政补贴。一直到2000年，因蔬菜供销情况大为改善，财政补贴才全部取消。

为了适应蔬菜搞全国大流通的需要，上海市政府在西郊曹安公路312国道附近，设立了占地150余亩的江桥大型蔬菜副食品市场，引来全国各地客商进场交易。2006年经营的蔬菜达到165万吨，这一个交易市场的经营量就相当于计划经济时期上海全年上市量。交易市场每天晚间业务高峰时，真是

长征乡的蔬菜品种丰富

车水马龙，人声鼎沸，一派繁忙景象，不仅本市各中小型蔬菜批发市场前来进货，连周边太仓、昆山、常熟、无锡等地菜商也前来采购。而后，又陆续在北郊开设占地200亩的江杨市场。目前上海市民吃的蔬菜，大部分是外省市运来的，郊区供应的主要是些绿叶菜。随着客菜经销量大幅度上升，代客经营的手续费节节攀升，2006年已近亿元，成为市蔬菜公司收入的主要来源。这个长期"吃皇粮"的单位，终于脱去了亏损帽子，成为盈利单位。

市场经济使市郊菜农的思想观念也起了巨大变化，不再依赖国家统购包销，开始面向市场。各乡镇纷纷成立种植公司、园艺场、运销公司或配送中心等经济实体，还出现了一批土地承包经营的种菜专业户，外地有实力的种植大户也纷纷到郊区落户创业。科学种田已被广大菜农所接受，菜区科技水平已大大提高，塑料大棚、中管棚、温室、喷灌、科学化选种和工厂化育苗等设备技术，已普遍采用。近年来，在建设社会主义新农村中，市政府规划的"十一五"期间建设60万亩"都市化农业、园艺化设施"蔬菜副食品基地正在逐步实施。

这些年，零售市场也发生了巨大变化。各区副食品公司纷纷转制为集团公司，如万有全集团、八仙集团等。不少著名的室内菜场如三角地、陕北、江西北菜场，由于盖建商务楼或马路拓宽等，已迁建或消失。2005年起，市政府为民办实事，拨款将全市菜场和部分集贸市场，改造为标准化菜场。这些标准化菜市场是经过统一规划、精心设计、灯光明亮、布局合理、商品丰富的现代化菜场，为居民提供舒适的买菜环境，是一项造福于民的民心工程。

在前一时期，蔬菜销售上还出现了一个新的业态，那就是联华、华联、农工商、家得利、家家乐以及外资或中外合资的家乐福、麦德龙、易初莲花等大卖场和大小超市也纷纷经销蔬菜。这些超市经营的蔬菜有现秤现卖，也有拣净的小包装菜，加工切配好盒装半成品菜，商品琳琅满目。近年来，在买菜还不太方便的地段，还出现了一批连锁经营的蔬菜副食品便利店。

最近，上海市政府建设200家标准化菜市场的任务提前一个月完成。这样，市政府连续三年办实事，全市具备条件的600余家菜市场已全部完成了标准化菜市场改造，占全市菜场的75%左右。其中长宁区太阳菜市场、普陀区铁路菜市场等还作为旅游观光定点单位，供外国旅游者了解中国民情。上海的菜市场又增加了一个功能。

如今，上海蔬菜供应数量充沛，品种多样，质量鲜嫩，随到随买。三十年前那种手持小菜卡半夜三更起来排队买菜的乱哄哄的情景，已是一去不复返了。

（原载2008年第1、2期）

三十年地铁梦

黄 地 阿 铁

城市臃肿，带来恼人的交通梗阻。

挤，人挤、车挤、道路挤。人流高峰，车流似蜗牛爬行，公共车厢像满装沙丁鱼的罐头，平均每平方米得塞上七八个人。

为交通，人们被迫无效地消耗着大量宝贵的时间，不免有火气：

"上海的交通是个难治的癌症！"

"谁要能治好上海交通，我们愿募捐为他建造一座丰碑！"

苦恼，抱怨，叹息！

有识之士在为之思考出路，谋划种种方案。方案之一便是造地铁，让地面众多的人流转向地下。多少年来，上海市民都在翘企这个方案的实现。如今终于盼来了！

1990年3月7日，上海市建设委员会和上海地铁工程指挥部同时宣布：经国务院同意，国家计委发出通知，已批准上海市新龙华至上海火车站地下铁道工程正式开工建设。这是上海总体规划蓝图中拟建的七条地铁线中的一条，简称为"地铁1号线"。

从地图上看，这条线南北走向呈反S型，南起新龙华站，经漕宝路、上海体育馆、徐家汇，沿衡山路、宝庆路，折入淮海中路，再经嵩山路至人民广场，向北经新闸路，过苏州河到上海火车站，沿途设10个站，全长14.57公里，贯串上海最繁华的商业中心、文化体育中心和主要交通枢纽。地铁所需的电动客车、监控系统、信号系统等从国外引进，具有良好的安全性和舒适性。地铁车站和车厢内部都将装上空调设备。按计划，这条线路将在1994年建成，预计通车后可解决沿线百分之二十以上的客流量，相当于目前十条地面公交线路的运能。

这已不是"纸上谈兵",而是正在实现着的蓝图。千呼万唤的地铁工程眼下在紧锣密鼓地进行:新客站的地下车站土建工程已经完工了;徐家汇、上海体育馆、人民广场三个车站的工地亦已经具有相当规模;1990年6月,衡山路车站正式开工,漕宝路至新龙华一段1.5公里的线路即将在年内完成……

改善市内交通阻滞状况的希望,正在上海市民的脚下延伸哩!

第 一 个 设 想

人类早就幻想在地下行走,明人小说《封神榜演义》还塑造了一个善于土遁的"土行孙"。世界上开始出现地下铁道也已经有一百多年了。上海人第一次试图建造地铁又在那一年呢?在解放后第一次倡导"解放思想"的年代,即距今已经32年的1958年。

要说交通状况,那时候的上海并没有像现在这样困难。造地铁用来做什么?半为城市发展后的交通,还为什么呢?——这是当今年轻人不大会想到的——为了防备战争,防备狂人发动战争。那时候,尽管"东方无战事",但是台湾海峡的火药味仍浓,某些大国手里又挥舞着原子弹在唬人,这不能不有所防备。

地铁这个东西,除了交通功能之外,还有很好的隐蔽作用。第二次世界大战,德军飞机滥炸伦敦,数万人是借地铁栖身的。当德国兵临莫斯科城下,炮声隆隆的时候,苏联庆祝十月革命节的盛大集会,也正是从红场改迁马雅科夫斯基卡耶地铁车站举行。造我们自己的地铁,对防备战火有用处!正因为如此,在议论方案的时候,决策者一开始就定了一个"深埋"的原则。要是把地铁建造在地层深处的岩石底下?那么不用说一般炸弹,即便原子弹也不怕!一般地铁都设在地下十几米左右,只有平壤、莫斯科的地铁在地面底下60米的深处,而当时上海所设想的方案也正是这么深。

上了一点年纪的人都还记得当时流行的一句话："别人有的，我们要有；别人没有的，我们也要去办到！"地铁，人家早就有了，深埋，也早有先例。上海究竟有没有可能也弄出一条呢？主观愿望是一回事，愿望变成现实毕竟需要条件。

要有技术。世界上造地铁的历史不短，英国不必说，美国纽约、法国巴黎，也都早就有地铁，但谁又能给你技术呢？那是西方多数国家还不承认中华人民共和国存在的年代，是联合国上还没有我们席位的年代，没有人给你可供借鉴的西方地铁技术。唯一能仿效和学习的，只有苏联。而当时苏联专家泼的却是一盆冷水：上海造隧道和地铁都不可能，因为这里是软土层，地下水位高！

要有人才。造过地铁的人才，不用说上海，全国也难找。没有地铁技术骨干，还有开矿的人，在地下60米开通道，这不像开煤矿吗？于是就集中煤矿设计者。如今上海地铁公司总工程师王振信，当年就是煤矿设计院的技术人员，一个年方二十有八的青年，他就是那时调到地下铁路筹备组的。三十余年来他是上海地铁梦的见证人。

最大的问题还是资金。地下造铁道，需要巨额的投资。上海地铁1号线的总投资为25.43亿元人民币，平均每一公里要耗费1.6亿元以上。而第一个五年计划期间，国家给上海的基本建设投资，总共不过13.71亿元，即便扣除货币贬值的因素，25.43亿也是一个极大的数字。第一个五年计划完成后才一年的人民共和国，哪有那么大的财力让上海建造一条可供使用的地铁呢？随着"大跃进"的遭受挫折，各条战线的收缩，为建地铁、隧道而设置的机构也紧缩，只保留上海市城建局下的一个处。建造地铁的方案搁置了，不过，还算好，还保留有在上海试验建设地铁的少数技术人员和几十名工人。

狂风吹走了

上海人毕竟是有自信力，人家说上海这样的冲积平原软土质层难以造地铁和隧道，他们不信这个论断，决心自己来试一试。建造地铁的计划是搁浅了，试验仍在继续进行。1963年，在浦东塘桥，王振信等七名工程技术人员经过几个月的艰苦试验，到底摸索出在软土层建造地下空间的第一手资料，在上海造地铁的可能性得到了证实。

1964年，北部湾事件爆发，战火在越南，在我们国家的南门口烧起来了。造地铁的愿望又在人们心中重新燃起，1965年上海成立隧道工程公司，1966年在衡山路10号正式开始地铁的区间施工。

施工在严格保密的情况下进行，原先开放的衡山公园突然封闭起来了，在如今地铁工程建设指挥部的地下十几米的地方建造竖井，依靠盾构的方法缓慢地向前推进，不是沿马路，而是从房屋底下穿行。这就是代号为"六〇工程"的地铁初期试造工程。

"六〇工程"被围墙封得严严实实的，外界的人知道这里像在施工，并不知道施的是什么工。地下在行动，从竖井到衡山公园底下的地铁车站，已经穿行了60米。60米，微不足道，但毕竟是上海人自己动手建造起来的第一条地下通道。此外，在东面的襄阳公园也在着手建造新的竖井，而且动用了六只盾构。

地铁工程仅仅只是一个开端，却好景不长。"文化大革命"的风暴又把这个工程吹掉了。衡山公园地下推进60米，停下了，襄阳公园工程才上马，也停止了。仅仅是因为地铁工程的施工邻近"康办"（中共上海市委办公厅所在地），仅仅是因为当时市委领导陈丕显同志曾经身披军大衣视察过工地，便被造反派诬为"走资派逃命工程"，而且绘声绘色地说这条地下铁道是"旧市委走资派通向佘山的通道"。从衡山公园到佘山到底有多少路程，以当时的人力、物力和财力，有没有可能建造如此长距离的地下通道？这一切，他们全都不问。

在六七十年代，北京、天津都相继建成了地铁，并且交付使用，而在上海，却把大量的人力、物力、财力耗费在很少有用的"防空洞"。

上海人的地铁之梦又破灭了！

脚踏实地干

一搁又是十余年。

交通状况的日益恶化，迫使人们不得不重新考虑长期被忽略的市政建设。1983年，建设地铁的方案又被重提。这是一个更大规模的交通改造设想，相应成立的是一个名为"南北快速有轨交通项目筹备组"的机构。

这个名称奇特的机构，反映了当时上海市领导规划上海交通的构思。"南北"，南指金山，北指宝山。"快速有轨交通"则包括地下的、地面的以及高架的有轨交通，有别于过去那种慢吞吞的有轨电车。名称并不重要，但叫起来未免太拗口。1985年终于删繁就简，定名为"地铁公司"。名为"地铁"，并不像北京、天津的只管地下铁道，而是兼管地面轨道、高架铁路的综合性铁道公司，便于统筹建设上海市的新交通系统工程。

建设地铁的时间表被推迟，是坏事，却带来有利条件：一是国际条件变了，西方各国改变了1958年那种无视中国存在的态度，上海的地铁设计人员可以到各国去观光，可以吸收人家的经验；二是国内也有先行者，尽管地理条件不一样，可供借鉴的更多。但是，人们一旦打开眼界，观察问题角度也不一样，又带来了一个新的问题——如何建设上海地铁的各种争议也随之而来了。

如何建造地铁车站就有争论。是放在地面上好，还是放在地下好呢？设在地下，可以省地、但花钱要多；设在地面上则相反。一个地下火车站的造价，光一年的利息就可以用来造一个地面车站。新龙华车站的设置就是经过几次反复才把方案确定下来的。那里的地面是块空地，不像市区那样要拆除许多房屋，那里又规划建造第二个火车站，地面建造地铁站，可以两用，而造价可以比地下建站节省几十万元。

切切实实的争论总比空谈好，它有助于使问题的解决逐渐符合实际需要。地铁建设正在一步步循着切实可行的路向前推进。地铁的线路不像原来

1994年12月12日,上海地铁1号线开通

1998年,从德国运来的地铁列车抵达黄浦江码头

设想那样在房屋的下面，而是移向马路，车站设置地点也更加从行人的方便出发了。地铁的主客站原来设置在人民广场，因为那里是市区的中心。但是根据人流实际情况的调查，上海新火车站每小时约有7万人进去，远远超出人民广场与徐家汇这两个车站，经过讨论之后主客站也就移到火车站了。

即将出现的地铁

上海地铁工程正在紧张地施工。漕宝路车站至新龙华车站1.5公里1990年可完工；上海新客站的地铁土建结束后即将装饰；人民广场、徐家汇、上海体育馆三个火车站也动工了。1991年将是地铁建设的高潮，从国外购买的7架盾构将齐头并进，常熟路、陕西路、黄陂南路以及北面的新闸路、汉中路都将全面开工。从西德进口的两列样车也将到达上海。

读者也许有兴趣了解一下地铁建成后的概貌吧？这里，向您作一点简要的介绍。概括地说，上海的地铁既不像世界第一条地铁——伦敦地铁那样陈旧落后，也不像莫斯科地铁那样地下宫殿般富丽堂皇。设计者参考了北美、南美、欧洲以及东南亚数十个国家和地区的地铁建造得失，从绝大多数行人的实用出发，是经济的，又是方便、舒适的，有着上海独特的风格。设计者很像小说家塑造人物，兼收并蓄，博采众长，从自己的实际情况出发，吸取各个方面的特长。主施工技术借鉴了日本与法国，设备既有德国的信号系统，又有日本的空调，而自动售票机则取消了，因为考虑到我国劳动力富有。地铁的车站有两层，上层是站厅，有售票处和商场，下层是站台，长达100多米不等，有的从一头到另一头步行得花3分钟。车厢将比北京的宽敞，1列6节，每节车厢3米宽，23米长，一次可乘2 400人左右。地铁无论是车站还是车厢都将是"冬暖夏凉"的世界，因为都设有必要的空调。地铁的其他许多细节，不可能也不需要一一介绍了吧，建成后即便没有旅行需要，许多人也许都会买票去参观一下。还是让大家亲身经历之后再来评价它的设计和建造水平吧！

这里，附带倒想告诉读者上海地铁设计者独特的设想。地铁这类工程，一旦建成之后，方便了行人，可却往往是赔本的经济实体，往往要靠公家来补贴。上海的地铁工程师在思索：要开发地铁沿线，搞好经营，自己养活自己。若能如此，这将是上海的一大新贡献！

上海地铁梦，整整做了32个年头。32年的风风雨雨，使人们经受了磨炼，像王振信那样当年风华正茂的工程师如今也是年满花甲的老人了。梦，有形形色色的梦，这一场梦却是由美丽的幻想变成现实的好梦。

（原载1990年第6期）

地铁车站先睹记

许克让　张君龙

俯视上海，自新龙华至铁路新客站，蜿蜒14.57公里，十个沸腾的工地，呈倒S状沿线排开，仿佛十堆刚刚点燃的篝火。这就是继南浦大桥之后，上海人的又一个热切的期望——上海地铁车站的工地。

1991年8月22日，上海市市长黄菊自南向北，视察地铁1号线沿途车站工地，留下了一句意味深长的话："南浦大桥是大事，地铁也是大事，在某种意义上来说是更大。"

12月26日，黄菊再次来到地铁工程建设指挥部，正式提出：地铁南段要再加快步伐，确保1993年春节前，让市民坐上一段上海的地铁……

这个时刻，距离世界上第一座地铁——1863年英国伦敦地铁投入运营，整整是130年。

这130年，世界已经发生了剧变。100多个城市拥有了它们的地铁，客运量占城市客运总量的百分之四十以上。上海的市内交通，其拥挤程度，已令人叹为观止。好在今天随着中国这列东方快车的启动，上海赶上来了……

"潜入"亚洲第一站

这边是新近通车的徐家汇下立交桥，我们顺着桥边的深井，攀着几乎垂直的铁梯缓缓向下，这里，便是号称亚洲第一车站——地铁徐家汇车站的施工现场。这座位于漕溪北路路面下，北起衡山路，南至南丹路，长达606米的超大型车站，地下三层土建工程已经基本完工。随行的车站管理员张丽军指着几个尚未开掘的"门洞"解释道："下一步，便是要打通这14个地铁出口。"

按照设计要求，徐家汇站是地铁1号线的三大站之一。它包括一个大型地铁车站，一个双线折返段，地铁列车可以在此调头，也可与将来的2号线接轨。上两层为管理与商业用房，届时将形成徐家汇的地下商业一条街。

在零星的灯光照明下，我们沿铁梯再往下行。这时，徐家汇站的站台厅才真正露出它的庐山真面目，给人的感觉就是大，光站台就有14米宽，长度达180米，足可停8节车厢。

在建筑师们的心目中，徐家汇站的未来将是：银灰色搪瓷钢板的墙面，用镜面不锈钢板贴制的廊柱，浅玫瑰色铝合金吊顶，紫红色美术水磨地面，浮雕、壁画、艺术广告——这样装点起来：当然会显出亚洲第一站的雄姿……

杨尚昆先睹上海体育馆站

与人民广场站、上海火车站站、徐家汇站地铁"三巨头"相比，上海体育馆站和漕宝路站只能排入中小站的行列了。但是，在整个地铁施工中，这两站却风头颇健。1991年2月11日，国家主席杨尚昆来到上海，先睹为快的唯一地铁车站便是上海体育馆站。

在工地负责人王国林的指点下，沿着水泥阶梯，我们很顺利地进入了车站。它的规模是个中等站，但却相当整洁。楼梯旁预留的位置已在准备安装电梯，这在地铁1号线全部12个站中无疑是领先一步的。

上海体育馆站之所以引人瞩目，在于其惊人的建造速度。这项工程由上海隧道公司承建。1991年3月，地铁工程指挥部下达指令，要求5月1日前打通上海体育馆北端深井，以确保盾构掘进机下井安装开挖车道。这个端头井，深16米，宽23米，长20米。打这样一眼深井，一般需要3个月时间。隧道公司四处一队组织120多名精兵强将，日夜奋战，只用了25天，便按质按量完成了任务，创造了地铁建设速度的奇迹！

1995年4月上海地铁1号线全线通车试运营。图为1号线上海体育馆站

上海体育馆站位于上海体育馆西侧，漕溪北路路面下。它的内部装修将与体育建筑相协调。浅蓝色面砖墙，天蓝色面砖柱，白色平顶，白灰组合水磨石地面。车站共设6个出入口，以确保人员及时疏散。

当我们来到与上海体育馆站邻近的漕宝路站时，施工人员已所剩无几了。这是我们第一次不戴安全帽作地铁车站的先睹"旅行"。这里接待参观者最多，原因就是这个地铁车站是作为试验而最早完工的。车站原设计站台长140米，现已增至186米，站层也由原来参照北京设计的单层扩大为两层，尽管这里只是地铁的一个小站。

在车站的一头，离地面仅几步之遥——原来，地铁将从这里转到地面，直奔终点站新龙华站（注：现上海南站站）。新龙华站是地面站，施工难度较低，估计一两个月便能完成了。

漕宝路站的风韵也很迷人：反映城乡风貌的壁画，浅绿色马赛克墙面，黄绿色柱面，深绿色水磨石地面，无一不透出秀美的田园风光。

上面提到的四个地铁车站，在1993年春节正式迎客。

"淮海路战役"全面展开

跃入眼帘的，是淮海中路的一张蓝图，三座地铁车站的名字赫然在目：

常熟路站：一端位于市卫生防疫站大楼前的花园内，另一端位于华亭路西南的淮海路下，其出入口设在常熟路东西两侧。这个站距衡山路站1.12公里，站内装修淡雅、清新，墙面作白色间黄色、淡黄色、黑色马赛克，柱面作浅绿色面贴，平顶局部作白色铝合金隔片，地面则是绿色美术水磨石。

陕西南路站：位于茂名南路和陕西南路之间的淮海中路下面，这个车站地处繁华的商业中心。同时，规划的地铁3号线，将在这里与1号线相接。这个站距常熟路站1.1公里，车站内部装修与淮海路传统建筑的典雅风格相呼应。墙面作象牙色面砖，柱面作白色大理石，平顶作金黄色铝合金吊顶，局部镜面，地面是黄色水磨石，设置壁画和广告。

黄陂南路站：位于马当路与望亭路之间的淮海中路下面。这个车站内部的墙面为桃红色，内夹朱红色、白色马赛克，柱面作白色面砖，地面是桃红色美术水磨石。

在陕西南路车站一侧，将有一幢总面积约4.2万平方米的"海贸中心大厦"与之相连；在黄陂南路站口，将矗立一座高达80米的24层建筑"九海大厦"，其地下商场也与地铁车站相连，充分体现了黄菊市长"建造一座地铁车站，带来这一片地区繁荣"的战略。

1992年2月10日，淮海中路全面封路。这一天，上海市地铁工程建设指挥部召开"淮海路战役"誓师大会，倪天增副市长亲临现场，作了动员。目前"战斗"已经打响……

这是施工难度最大的三个车站，因为它地处黄金地段，仅商业营业额每年就达10多亿元。根据专家多次论证：3座地铁站的施工期，需要2至3年时间，而这样长的时间，势必给淮海路的商业带来巨大损失。市府经过反复研究，决定追加5 000万元以上的投资，抢回时间，把原定的"明挖法"施工，改为"逆作法"，即先明挖施工到车站顶板，立即敷设管线，修筑混凝土路面，恢复地面交通，然后在顶板下部采用暗挖施工，这样一来，可以把封锁交通的时间从30个月缩至一年。

新闸路站是"总指挥"

听说，在新闸路站地面，有一个中央控制室，地铁1号线的运行指令将从这里发出。它由列车自动监控、自动保护和列车自动运行三个系统组成，同时也是集有线、无线、闭路电视及车厢广播等各种通信手段于一身的"总指挥"。

新闸路站已于1991年12月开工，它位于新闸路南侧，全长230米，站台宽11.5米，长186米，分上下两层。这个站的内部装修墙面作米色面砖，柱面作象牙白色面砖，平顶作银色，地面橘红色。

"两巨头"遥相呼应

早就听说，地铁1号线的第二大站——上海火车站站，在建造上海新客站时，就同时竣工了。经人指点，我们找到了入口，沿着铁梯往下爬，我们来到了一个寂静无声的世界。它将是一座富丽堂皇的地下宫殿：灯光多彩多姿，柱面、地面、平顶绿白相间。高峰时，这里每小时可吞吐5万人次，说它是站中"巨头"，实不过分。

"三巨头"中还有一位，那就是人民广场站。由于它的地理位置得天独厚，开工挖土分外引人注目。它位于西藏中路两侧，人民公园下面。根据地铁网络规划，1号线、2号线、8号线将在这里交汇。这个车站全长358米，站台宽14米，设上下两层。这个开工已经一年有余的车站，与其他车站相比，有些步履蹒跚，原因是它的庞大，施工复杂。不过，相信这两位"巨头"遥相呼应的日子,应该不会晚于1994年。

我们听到了地铁的脚步声

据专家预测,地铁1号线竣工通车后近期每小时单向客流量为4万人次,双向8万人次。列车采用6节车厢编组,每2分半钟发一次车。远期每小时单向流量为6万人次,采用8节车厢编组,行车间隔为2分钟。列车停站为30秒,最高时速80公里。从新龙华站到上海新客站,只需25分钟。地铁1号线通车后,可解决沿线20%至30%的客流量。

猴年来到,我们似乎已听到了地铁轰隆隆前进的脚步声。

(原载1992年第4期)

百年梦唤过江龙

张君龙

在庆祝浦东开发开放十周年之际，人们终于盼来了魂牵梦萦已久的地铁2号线——这条穿越黄浦江底的地下巨龙。

上海地铁2号线一期工程由浦西中山公园到浦东龙阳路，全长16.3公里，其中浦东段7.9公里。全线设12座车站，浦江两岸各6座。目前，浦东延伸至张江的线路正在抓紧建设。不久，繁华的浦西南京路、新开发的浦东陆家嘴金融贸易区、竹园商贸区、花木市政中心、上海科技城、世纪公园和张江高科技园区将连成一片。随着上海经济的发展，这条巨龙还将向东延伸至浦东国际机场，向西延伸到虹桥国际机场。整条地铁2号线建成后，日客流量可望达到150万人次，客运周转量可占全市9%，将成为新世纪连接浦江两岸的重要干线。

沟通浦江两岸的百年之梦

沟通黄浦江两岸交通，变浦江天堑为通途，是有识之士怀抱已久的夙愿。

1909年，上海城内地方公益研究会召开第三年第十二期常会时，会员曹润甫提出了建造浦江浮桥的议文。该议文被当年7月9日的《申报》称之为"浦江建造浮桥之先声"。曹润甫认为：上海浦江东通于海，潮汐往来，有时风浪险恶，常有渡船倾覆、人口溺毙之患，千百年来，人人有造桥之想，而苦无造桥之法。他提出，拟仿宁波、天津等处浮桥之制，择南市江面较窄、泊舟稀少之处造一浮桥，以达浦东。此不仅便利千万人之来往，也可使浦江两岸联为一体，商市可以推广，而浦东之人欲至沪南车站者更觉方便。如果担心此桥造后舟楫往来不便，可于桥之中央泊一小轮，随时可以启闭。曹润甫当时估计，造桥之费约需银十二万两，两岸购地造屋等费约三万两。此前，曹润甫还曾和郁屏翰请洋工程师绘就图样，并拟了招股草程交总工程局核准。可惜，终以款项难以筹集而不了了之。1912年10月8日，曹润甫重提建造浦江浮桥之建议，仍未有结果。

黄浦铁桥、越江隧道屡议屡寝

1931年2月16日，姚季重、许庆文、龚正方等人倡议建造黄浦铁桥。姚君等还与德国孟阿恩桥梁公司驻华分行签订了拟建黄浦江钢质浮船桥梁的草约。草约议定，在南市董家渡至浦东董家渡码头建桥，长1 200英尺，宽46英尺，桥中间设电车轨道，阔18英尺，轨道两旁为汽车、货车、马车、手车通道，阔16英尺，两旁人行道各为6英尺。桥载重约350吨，造价预算不超过美金100万元。承造限期，于正约签订之日起，遇不测及罢工等事外，24个月竣工。姚君等认为兹事重大，为慎重起见，故先将草约交国民会议决案，然后将草约与合同说明书呈请市府审核。黄浦江工程首次被市政当局提上议事日程。据报载，时有政府要员张静江及上海商界王晓籁、王延松、王彬彦、杜月笙、袁履登等均加赞助。遗憾的是，建造黄浦铁桥一事因"一·二八"事变而被搁置。

1945年抗战胜利后，上海汇集了众多经济界人士和技术专家。大家对重建上海怀着良好的意愿，解决黄浦江越江交通的议题又被重新提起。1946年，上海市政府第三十次市政会议上通过了越江交通工程进行办法，由20多位知名人士和工程技术专家组成"越江工程委员会"，市长吴国桢兼任主任委员，工务局局长赵祖康为执行秘书主管其事。委托茅以升为经理的中国桥梁公司研究论证，于当年底提出了越江工程研究报告，建议造隧道，隧道地点为中正东路外滩（今延安东路外滩），而用暗埋段盾构法，过江段用预制管段沉放式。当时估计造价为1 890万美元。该计划终因国民党政府忙于内战、经济崩溃而化为泡影。

浦东是上海地铁建设的"摇篮"

1950年，苏联专家团访沪，恰遇"二·六"轰炸。团长伏·希马克夫和区域规划专家巴兰尼柯夫触景生情，向上海市都市规划研究委员会建议，上海应该修建地下铁道，平时解决交通，战时可作人防掩蔽。

1956年英（国）埃（及）战争爆发，毛泽东主席提出要加强战备，防止帝国主义的突然袭击，也要考虑修建地下铁道。当年8月23日，上海市人民委员会市政建设交通办公室提出《上海市地下铁道初步规划（草案）》，对上海修建地下铁道的必要性、线路规划的原则、造价估算、修建措施等作了

延安东路越江隧道建成

初步规划。该"草案"被称为"上海地铁的宣言"。然而，后人大多不知道，最早试验地铁的地方就是在浦东。

20世纪50年代，周恩来总理视察上海，对时任上海市委书记处书记的陈丕显说："上海需要建造地铁，每年建一两公里。"1959年11月26日，上海市地铁筹建处负责人靳怀刚传达陈丕显的指示："上海先修建黄浦江越江隧道，但要想到地下铁道，并不是修建越江隧道就放弃了地下铁道，对地下铁道要积极筹建。"1960年2月23日，上海市隧道工程局成立。5月，该局提出在浦东塘桥进行盾构推进试验。

当年，一批地铁建设的先驱者，在塘桥港务局第七装卸区的七亩煤栈里，用装有千斤顶的直径4.2米的地下掘进机械，进行深推进和浅推进两种试验。先挖出一条深10米、长40米和一条深7米、长60米的隧道。1960年3月，成功地完成了软土层地基盾构推进试验。1964年9月2日，上海市决定把盾构推进的试验重点由浦东迁移到浦西。因此从这个意义上说，浦东是上海地铁建设的"摇篮"。

地铁2号线曾"来"过浦东

1953年，苏联城市规划专家穆欣曾来上海帮助工作。《上海规划总图》出图后，穆欣与上海市政府负责市政交通的李干成讨论了上海地下铁道规划问题。讨论是在极为神秘的气氛中进行的，特意找了一间隐秘的房子，紧锁房门，拉严窗帘，不做记录，不留痕迹。穆欣提出利用已有的上海城市轨道交通系统，李干成当即否定，并提出横贯东西和纵穿南北的两条地铁线。李干成用铅笔轻轻地把这两条线标在规划总图上。南北线南起徐家汇，经北火车站至吴淞；东西线东起杨树浦底，经提篮桥、静安寺至中山公园。两条线在人民广场呈十字交叉。讨论结束时，李干成又小心翼翼地将两条铅笔线擦掉，唯恐泄密。事后，李干成把这次讨论的情况向副市长潘汉年做了汇报。这是市领导对上海地铁线路的最初构想。这两条线在后来的上海地铁网络规划中，一直作为骨干线路。南北线即1号线，2号线就是东西线。

1959年，上海市地铁筹建处和市公用事业管理局对上海市109万市民作了交通调查。从战备城防分析，南北线为首要；从客流分析看，东西线居第一位，尤其是市中心和杨树浦间的客运量特别大。因此，从50年代开始至70年代的一共20多个地铁网络布局方案中，显然浦东的周家渡、塘桥、洋泾、杨高路、高桥、川沙等地曾被规划过地铁线路，但东西线（即2号线）基本都是由市西至市东杨浦方向。不过，也有例外"来"过浦东的：1974年5月22日，市有关部门曾提出建设以战备为主的南北线和以分流为主的东西线。这条东西线由虹桥机场经西郊公园、静安寺、人民广场、河南路等处，穿过黄浦江，拐到陆家嘴，又从陆家嘴穿过黄浦江抵提篮桥。显然，这段"来"浦东的地铁的真正指导思想，是为了改善外白渡桥的蜂腰交通状况。由于种种原因，这个例外也仅仅停留在图纸上。

巨龙的目光终于对准了浦东

1984年2月9日，上海市委、市府向中央报送《上海市城市总体规划方案》，其中包括《上海市地铁网络规划方案》。中央于1986年4月批准了这个方案。其中2号线由西郊公园往杨浦区方向，并不走向浦东。1988年，上海市地铁公司与德国柏林交通咨询公司合作，就是以此编制可行性研究报告的。

而在该方案中的浦东地铁则是1条半环线——由上海体育馆经浦东南路到人民广场；2条伸向浦东的支线——一条浦东塘桥至北蔡支线，长6公里，设3座车站，另一条由陆家嘴经张杨路至庆宁寺支线，长8公里，设5座车站。

邓小平在1991年2月18日视察上海时说："开发浦东，这个影响就大了，不只是浦东的问题，是关系上海发展的问题，是利用上海这个基地发展长江三角洲和长江流域的问题。抓紧浦东开发，不要动摇，一直到建成。"江泽民总书记也多次指示,要把浦东开发"这项跨世纪的伟大工程搞好"。与此同时,江泽民等党和国家领导人先后视察了上海地铁1号线,并热忱关注地铁2号线的有关情况。根据中央领导的指示,考虑到上海经济发展的前景,市委、市府对上海地铁2号线东端线路及时作了重大调整,即地铁2号线经过河南路后继续向东,穿越黄浦江直达浦东陆家嘴花木地区,并在不远的将来与浦东国际机场连接。这一调整,对于改善浦东投资环境,把浦东乃至整个上海建成对世界和内地双向辐射的窗口,具有极重要的意义。

1992年12月15日,中共上海市第六次代表大会的报告将地铁2号线一期工程列入新一轮十大工程建设项目。1995年12月28日,地铁2号线工程浦东杨高路车站率先鸣锤开工。由于工程建设规模大,耗资多,技术难度高,地铁2号线采取了市、区两级政府共同投资、共同管理、共同建设的办法,并由上海市地铁工程建设指挥部对工程实施总负责。建设资金采用"三三"制式,即由浦东新区等承担一部分,主要负责前期动迁和车站建设;市政府委托城市投资公司,以地铁2号线市政府的借款人作为投资主体,承担一部分,主要负责区间隧道与车辆段的建设;利用外资筹措一部分,由市政府归还,用于购买车辆与各类设备。地铁建设多元化的投资渠道,开创了上海地铁建设市场化运作的新思路。

科学管理和文明施工的典范

浦东地层松软,含水量高,给地下施工带来了极大的难度,而地铁2号线浦东段却有五台盾构同时推进,并创下一系列好成绩:创平均每月推进200米纪录;创单月推进306米纪录;创盾构转场调试33天纪录;还创"服役"多年的老盾构继续使用、并能保持各种性能参数良好的世界纪录……盾构在浦东杨高路站至东方路站上行线区间推进时,需穿越一条关系到上海三分之一市民的上游引水箱涵。箱涵的底板埋深5.4米,与盾构推进的隧道顶部仅距2米。该引水箱涵建于80年代初,底板下只有10厘米厚的素砼垫层,一旦因盾构施工引起土体扰动，导致箱涵变形而遭损坏的话，后果将不堪设想。地铁建设者为此成立了QC攻关小组，不间断地运用先进的地层监测方法，研究了14万个有关数据，随时调整各种施工参数，终于克服了水渠构筑物脆弱、长距离推进等困难，顺利完成了任务，并把盾构推进轴线偏差控制在正负5毫米，引水箱涵的沉降控制在2毫米。此举也为以后大直径盾构穿越浅覆土构、建筑物提供了成功经验。

地铁2号线在科学管理和文明施工方面，也迈上了一个新台阶。以前，地下隧道施工到处是泥浆漫溢，人们在隧道里要穿高筒靴，出来像个"面拖蟹"。而在2号线的隧道里，施工单位必须保证每天有4小时的设备保养时间。因此，整个工地上明亮整洁，不见泥浆散落，不见积水堆物，只见工程有序进展。这样高质量的整洁文明工地，在国外同行中也颇少见。难怪《隧道与隧道工程国际杂志》副主编Shain Wallis女士参观后十分惊讶地说："我走过世界上许多著名隧道，你们的文明程度和隧道施工技术已达到国际先进水平！"日本早稻田大学的教授和他的学生亲眼目睹了2号线文明施工的情景后，也跷起大拇指连连赞叹。有谁相信呢？人们穿着皮鞋进出2号线工地，皮鞋竟乌亮依旧！

各具匠心的浦东地铁车站

如今，地铁2号线与地铁1号线已构成申城地下轨道交通纵横交叉的框架，实现了几代人为之奋斗的理想。

当我们乘坐在舒适快捷的地铁列车里，透过洁净宽敞的车厢玻璃望去，那一座座飞驰而去的车站，犹如一处处色彩明快、美妙无比的地下宫殿。而浦东的几座车站更是各领风骚。陆家嘴站的装饰虚实结合，那桃红色半圆形的站台与地面的东方明珠塔、国际会议中心的圆球体相得益彰；东昌路站的波浪形的蓝色吊顶，置身其中，仿佛游弋于无边的海洋；东方路站以暖色为基调，恰与浦东新区新兴的商贸区红火的经济发展相吻合；杨高路站的采光顶摒弃传统的钢结构支撑网架，而采用新颖的总接式支架，高新科技工艺将该站的建筑线条刻画得柔美隽秀，更令人叫绝的是车站顶上有一大块玻璃，竟然作为世纪大道的一段路面使用，不管在灿烂的阳光下，还是在繁星闪烁的夜晚，从地面都会透进一束巨大的光柱，给人一种震荡心扉的感觉；还有那被绿色簇拥的世纪公园站，那拥有大幕般穹形天顶的龙阳路站……它们给浦东增添了一道美妙的风景线。

（原载2000年第7期）

南浦腾飞神州第一桥

许克让　徐葆初

久久矗立在上海人民心中的南浦大桥终于合龙在望：1991年6月20日，这一跨越浦江两岸的彩虹将以其优美的曲线，完整地呈现在人们眼前。1989年，本刊在全国首次以长篇通讯的形式，向读者勾画了这座大桥筹建的风风雨雨，曾引起读者的极大兴趣。时隔几年，今天它已经不再是纸上的东西，正以光彩照人的风姿出现在人们的面前了。

一千多万上海人民翘首以待的这座宏伟建筑，之所以成为国内外瞩目的热点，不仅因为它直接联结着浦东开发的命运，且因其设计、制造、安装包含着一系列新的创造，建设过程本身也具有极大的魅力。

莫道大桥诞生晚

人们企盼一个新事物的出现，总嫌时光流得太缓慢。谈论黄浦江大桥建造的日子太早了，愈是早，也就愈感到它来得太迟。

不尽浦江滚滚流，横跨浦江两岸的这座桥，在同类桥梁中堪称神州第一桥。它全长8.9公里，其中主桥846米，两岸矗立的桥塔相当于50层大厦的高度，桥下可以通过万吨级巨轮。这样宏伟的桥梁，从开工到合龙，仅仅用了两年半时间，预计到全线通车全部耗时不到三年。这是怎样的速度？不比不知道，比一比才知有多大分量。据记载，长度相仿的同类型大桥加拿大温哥华安娜西斯桥从施工到通车耗时三年多，而印度加尔各答胡格列娜桥，从1982年开工，至今尚未竣工。在这三座世界上最长的一跨过江的斜拉索桥中，南浦大桥建设速度无疑世界第一！

1990年，建造中的南浦大桥

1991年11月19日，南浦大桥落成

前不久，列宁格勒友好代表团参观南浦大桥，之后得知这一"南浦速度"，曾不无惊讶地发问："你们请了哪些国家帮助？"带领他们参观的接待人员答道："一个国家。""哪个？""中国。"

花瓶形桥塔婀娜多姿

走向南浦大桥，最令人注目的是两座主塔，这是大桥的顶梁柱，整个大桥的"命根子"。这种桥塔，在世界桥梁史上，多采用直线式H型造型，型体挺拔简洁，施工方便，如果照样画葫芦也采用直线式，就毫无独创之感。为此，上海市黄浦江大桥工程建设指挥部邀请了市政设计院、同济大学建筑设计院等许多单位，征集大桥桥塔造型方案，共收到22种提案，最后经桥梁建筑专家徐以枋、陈植、李国豪等审定，确定的是折线式H型，呈花瓶形状。

美观的主塔外形，给施工大大增加了难度。按照常规，要竖起两座154米高的巨型桥塔，至少需要一年半时间，大桥就根本不可能在1991年底通车。市建三公司等单位的近千名职工，从1989年年底起，放弃了所有节假日，最后把工期缩短至八个多月。这项国内首创的巨型工程，上下40米垂直偏差没有超过6毫米，两塔间距精度误差被缩小到3厘米！参观大桥的一批美国、日本友人都为之交口称赞。

斜拉钢索：争气之歌

南浦大桥一跨过江，江中没有桥墩，万吨重的桥面全靠180根斜拉钢索支撑。其中最粗的一根直径为146毫米，横截面比碗口还大，而最长的一根达223米，竖起来，有三个国际饭店那么高。斜拉钢索质量的好坏，直接关系着大桥的生命。

南浦大桥采用的是一种聚乙烯护套扭绞型钢索，是20世纪80年代才出现的新产品,国内从未生产过,世界上也只有日、德、美等少数几个国家能生产。他们垄断技术,不愿出售生产设备和技术。我国曾从日本引进近千吨钢索成品,用于建造山东黄河大桥和安徽淮河大桥。南浦大桥共需斜拉索约1 500吨,日商索价高达750万美元。精明的上海人决定省下这笔庞大的开支。上海电缆研究所、上海市政设计院、上海市政一公司、南汇县宣桥乡四家联合体挺身而出,向市领导递交了请战书。

四个单位联合建成的上海浦江缆索厂,从设备安装到调试只花了三个月。之后,仅用了一个月,便试制成第一根斜拉索,经专家鉴定,完全合格。上海工人为国家填补了空白,唱出了一曲争气歌!

当你通过主桥的时候……

连接浦江两岸的主桥钢梁,共有12段438根,净重6 200多吨。其中特殊段钢梁长近40米,重达96吨,钢板最大厚度为135毫米。把这些笨家伙安装起来,光焊接缝就有9万多米。负责焊接特殊段钢梁的是上海沪东造船厂。在焊接专家曾乐的指导下,工人们在预热到100℃以上的操作室内,脚踏上钢板,翻毛皮鞋被烫得冒出缕缕青烟……6 000多吨钢板就是在这种条件下焊接成功的。专家们共拍了1 774张钢板的X光片进行质量检查,一次合格率在90%以上。这样的水准,也是世界一流的。

桥梁上不可能标上焊接者的名字,通过桥梁的人该记住为它洒下汗水的劳动者。1991年1月31日,朱镕基市长在一份信息简报上看了主桥特殊段钢梁的焊接经过,端端正正写上七个字:"谢谢沪东造船厂。"这七个字也正反映了上海人民共同的心声。

大桥是个庞然大物,它是靠无数部件组装起来的。用于大桥钢梁拼装的高强度螺栓,直径为30毫米,是我国迄今为止用于桥梁生产的最大号螺栓,三年前,我国还只能生产直径为27毫米的螺栓,用于九江长江大桥。上海高强螺栓厂不甘寂寞,一举创下这项全国记录。大桥工程指挥部决定,该厂

2014年拍摄的南浦大桥

产品与日本进口螺栓同时使用，结果表明，没有发生一次扩孔现象，于细微处，上海人也见缝插针在全国同行中赢得了自己的优势！

不光是小品种的设计、制作，桥梁设计上的小改革或许更能体现上海人的务实精神。180根高强钢索固定在何处能够承受最大限度的拉力？原先，设计者打算采用加拿大安娜西斯桥的拉索结构，经专家们赴加拿大实地考察，发现该桥锚固结构附近的桥面，有辐射状裂缝。设计者们反复研究，最后，决定将拉索结点放在主梁腰板处，经过测验，该方案安全系数增加了1倍！

于细微处见功力。功力源自建设者们一丝不苟的工作作风。如此精心施工，在全国建筑史上也是少见的。

啃"硬香蕉"的人们

南浦大桥两岸引桥，全长7.5公里。其中浦西主引桥以螺旋式、上下两圆形进行布局，它由1条主引桥和5条分引桥组成，全长3 400米，其线型交错，多层立交，桥面弯、坡度陡，国内没有造过这种引桥，国外也没有先例可循，施工难度很大。

这项工程，包括20米至43米高的承台75座，墩柱58根，盖梁60根。最令人望而生畏的，便是被称作"硬香蕉"的曲线箱梁，多达159根，板梁377片。其中，一根目前为国内最大的曲线箱梁，长达43米，宽3.1米，高2.37米，重2 500吨！制作这些庞然大物，也是全国范围内的第一回。

这堆"硬香蕉"被市建七公司的工人造了出来，接下来的难题，是如何吊接。市机械施工公司经过周密的筹划，决定用两台300吨履带式吊机同步抬吊。德国迪马克公司的专家疑虑了：难关中的难关，是双机抬吊的负载分配，两臂承受箱梁的重量必须绝对平衡，一旦重心偏离，车倒人亡的悲剧就在眼前。机械工程公司的技术人员，在短时间内测试了数以万计的数据，提出近百条措施、6种吊装方案供专家评估。1991年3月4日，第一根175吨的曲线箱梁被准确地架上了桥墩，最终，总重量为3.3万吨的曲线箱梁，全部架设成功，啃下这些"硬香蕉"，无形中人们又创造了一项我国超大件吊装的最新纪录！

1 822米双环螺旋式浦西引桥已经全线贯通……

看不见的"折扇"

热胀冷缩，是常见的自然现象。造桥，特别是钢制桥，如何处理预留的伸缩缝间隙，也是一大课题。这个问题解决得好，桥梁坚固耐用，而且平坦舒适，参观南浦大桥，请千万不要放过这一个细节。

目前常见长度100米左右的桥梁使用的伸缩缝装置有钢板与橡胶两种。

上海外白渡桥采用的是两块带有锯齿互相吻合的钢板，可推移滑动覆盖伸缩缝。恒丰路立交桥和最近竣工的吴淞路闸桥则采用不同类型的橡胶伸缩缝装置，利用的是橡胶可以适量拉长和压缩的特性。

南浦大桥主桥长846米，梁体比较长，因温度变化产生伸缩也大，以常用的钢板啃齿式与橡胶伸缩缝装置，难以妥善地解决热胀冷缩问题。这一次采用的是上海市政工程研究所研制成功的"组合式大位移量伸缩装置"。这种伸缩装置采用的是类似"绘图放大尺"的原理，最大位移量为640毫米，可承受300吨平板车平稳通过的压力。夏天，桥梁受热膨胀，伸缩装置合拢，橡胶被折在缝隙中；冬季，桥梁冷缩，它又舒展在路面上，有效地密封防水防尘。夏季的上下午，太阳只照桥的一侧，30米宽的大桥两侧受热不均匀，伸缩量也明显不同，伸缩装置就会产生扇子形的位移。只不过这把"折扇"并不为一般路人所察觉，车辆通过时没有任何弹跳现象。

疑是银河落九天

南浦大桥本月便告合龙，交付使用却要到年底。也许有人会问：为什么还要花这么长的时间？回答很简单：好比落成的房屋，内装修还得下许多功夫。

　　在诸多的善后工作中，有一项异常瑰丽的计划，这就是大桥立面照明工程，它的实施，将成为我国桥梁照明的一项创举。这项工程由在外滩夜景照明工程中承担市府大厦、海关大楼等立面照明施工的上海大明灯具成套厂联合上海工业设备安装公司承担。大桥共有556盏新型路灯和72盏投光照明灯以及长达8公里的照明线缆。路灯采用Z_2型节能封闭式灯具，这是一种发光效率高、配光均匀、节能而长寿的灯具，在桥上行驶的车辆，会感到光度适中而柔和。照明灯将以其纯洁的白色光，分别从塔基和桥面上对主桥桥塔和斜拉索索面进行立面照射，突出地烘托出南浦大桥独特的建筑风格，使浑然一体的水泥混凝土本色主塔显得光亮透彻，洁白如玉，而竖琴般张开的180根斜拉索在夜空中更显出几分诗情画意。建成通车后的南浦大桥，每到夜晚在立面灯光的照射下，将绽放出奇异的光彩，你从塔基的电梯中缓缓向上，犹如置身于一颗流星之中。

　　这批在北京亚运会期间研制成功并首次使用的立面照射灯具，将为南浦大桥这一上海新景观添上一份绚丽夺目的光彩！

（原载1991年第6期）

成都路高架工程轶闻

吉鸿盛

黄市长闲逛北京马路

1993年3月，黄菊市长赴北京参加八届人大。会议间隙，他特地抽空"闲逛"起北京的马路来。他看到北京虽然已建成三环线的交通网络，但市内的交通主干道还是经常发生堵塞情况，觉得市内高架道路仍然十分重要。他回到住处连夜打电话到上海，提出："成都路高架工程赶快上，要提高标准赶快上。将原定的二来二去四车道，加宽为三来三去六车道，达到国际高速公路的水准，要着眼于2000年以后对交通的要求。"

全国人大一结束，黄菊市长立刻返沪，一头扑进成都路高架工程，召开动员大会，进行广泛宣传，亲自担任工程领导小组组长。上海每年头号工程的领导小组组长由市长担任，今年已定。内环线为头号工程，市长已任组长，因此成都路高架工程成为不是头号工程的头号工程。

"市府不给一分钱"

尽管成都路高架道路（俗称南北高架）全长只有8.3公里，只占内环线长度的五分之一强，但它所需资金，竟高达40亿元人民币，几乎与内环线的总投资差不多。因为，成都路高架道路改宽为六车道后，路宽将达65米，比内环线宽出15米，沿途还要建造共和新路、天目路、鲁班路、延安中路立交桥以及一球飞跨苏州河桥梁，其中共和新路、鲁班路、延安中路都是四层互通式现代化立交桥，均有四层楼房高；此外，沿途还将设置多条通道与

1995年1月7日,《解放日报》报道建设之中的成都路高架桥(南北高架)

1995年通车的南北高架道路

北京路、威海路、复兴路等横向道路相连接。所以，造价颇高。加之动迁量大，动迁费用也随之增加。40亿元还是目前的预算。

这40亿元巨额资金从何而来？

靠市政府拨款已无可能。因为，70年来上海城市建设欠账太多，近年来，市政府已投入大量资金，仅1992年度，就投入了36.6亿元，相当于上海解放40年来总投资的3倍。这两年又有内环线、杨浦大桥等重大工程上马，已投入数十亿巨资，政府已不可能再拿出钱来投资成都路高架工程。

为此，市政府指出，建设成都路高架道路市府不给一分钱（即财政不拨款），40亿元资金全部自筹。市府采取各种措施筹资：首先，成都路两侧部分地区被列为上海土地批租的集中地区，大量吸引外商出资租用土地，筹集资金；此外，将成都路两侧的棚户区列入综合开发、旧房改造的重点地区，吸引海内外投资者沿路投资建造商住楼，以取得的资金用作高架道路建造的资金，等等。

"谁家的孩子谁家抱"

成都路高架工程是上海解放以来的特大市政工程，沿路民居密集，企事业单位毗连相接，动迁量十分巨大。据统计，因工程需要，将有2万户居民、单位需要立即搬迁。仅仅2万户居民的动迁用房就需要110万平方米，占了上海一年建房量的五分之一。目前，市府根本拿不出这批房子。

为此，市府采取"谁家的孩子谁家抱"的办法，各单位、各系统负责解决沿途自己职工的动迁用房，无单位的居民由地区综合开发办公室筹措解决；并实行"先借后还"政策，保证在今后两年内，归还各系统、各单位提供的动迁用房。黄菊市长称此办法为："利用时间差，解决动迁用房和资金问题。"

坚决保护革命遗址

成都路高架工程必然会拆除一些旧的建筑，但市府同时严格规定保护沿途一些具有历史价值的革命遗址。为了高架道路的流畅宽阔，动迁中拆除了有多年历史的上海警备区招待所——浦东大楼、新建的黄浦区图书馆和新建在重庆路上的卢湾区政府大楼。然而，对地处成都路淮海中路的中国社会主义青年团中央机关旧址渔阳里却坚决予以保护。

此外，工程指挥部还指定对重庆南路上的韬奋故居实行严格保护。同样，对具有欧洲古典风格的科学会堂，也明确予以保护。指挥部还规定，在重庆南路上不准拆东面，只可拆西面。为的是，保留新建的国际购物中心大楼。

（原载1993年第6期）

上海股票热：拥有百万大军

周　丁

在历史的超大屏幕上，事物常常回旋重现，诚然是以新的时代风貌重现的。当我准备写这篇文字时，重访了汉口路422号，昔日的证券大楼。如今，几家国营公司在使用。那儿的青年门警对大楼的前身已一无所知，唯有退休后尚在看管自行车的老人，能同我回忆起解放初查抄证券大楼的那场变革。

42年后，上海新建了一家证券交易所，设在外白渡桥北堍礼查饭店旧址。全称跟当年的上海证券交易所一样。它开市于1990年12月19日，刚满周岁。一出世就名扬四海，宾至如归，成为近10年来新生事物中的佼佼者。

环绕这一新生事物出现的，是一连串目不暇接的社会经济现象。

股票，上海人心目中的明星

1991年的上海，股票是人们心目中的明星。

说件近事，8月下旬，千呼万唤，兴业房产公司、飞乐音响公司和爱使电子设备公司宣布，共增资发行股票1 065万元。三家股票挺值钱，每股面值10元，要卖60到70元。

当时的大背景是，从5月底起，上海股市风风火火，连涨两个半月。上市8家股票个人股的持有人，在涨风中一共获利1.3亿元，个个如抱金娃娃，欢天喜地。

最练达的证券公司头头，竟也没估准这场股票热的火候：已在读秒，就要起爆！新股发行前晚，人潮涌到发行点，挤得不可开交。赶紧成立指挥部，调集保安人员，预备救护车辆，借用体育场馆场地，连夜分发了几万号

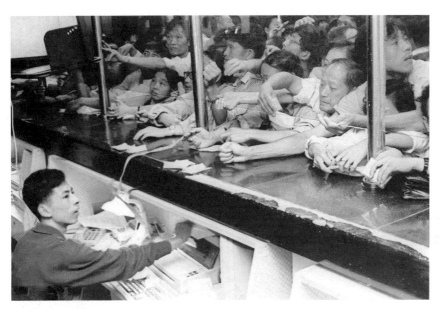

1992年，股市红火，上海股民挤爆证券公司的营业所（雍和 摄）

认购单，马上宣布结束。估计通宵排队领号及后至向隅者不下20万人。

在踊跃认购的人群中，有男女老少三代人。经历各异，旨趣与期望值不同，但有一点人同此心，都想买到股票。那次发行犹如一场模拟大检阅，上海股民作为一个多层面的庞大群体，整队进入了现代金融商品市场。

三家发行新股票的公司平平常常，在上海大企业群中排不上号。但股票特具的魅力，使它们个个顾盼自豪，超高速地吸聚了几亿资金。由于远远超过集资目标，以致人们拼死拼活领得的认购号码，还得中签以后才能限量购买50股，最后有2万人中签买到股票，高兴劲儿就别提了。

股票市场这条集资渠道，上海人早就给它铺上红地毯了。1985年1月，延中实业公司发行股票就引起过轰动效应。在我当时的采访本里，能找到下面几行笔记：

"延中实业公司只在晚报登了一天小广告，这家新建的街道企业就在6小时内得到500万元资金。原定招集体股4万股，个人股6万股，每股50元。

不料个人入股踊跃，欲罢不能。最后18 000人买走了9万股股票，单位投资只好压缩掉四分之三。

"第一位认购者是个工人，他在凌晨3时去排队等候。在第一届股东会上被选为公司董事。在股东中有一对老夫妻，入股4万元，他俩说，养老金买股票，有保障。最小的一个股东出生才三个月，婴孩的父母拿独生子女费代他买了2股。"

当年发行股票以集体企业为限。延中与飞乐音响公司是最初发行股票的两家企业。一共2万认股人，成为上海第一批股民。如果他们的股票一直没有脱手，那么5年来所派红息，相当于收回原投资的四分之三，加上派股和股价增值，这笔金融资产以人民币计算已十倍于原数，这是投资的高报偿！

股市风云，低谷高峰

1986年9月，上海初步开通股票柜台交易，由静安证券服务部（申银证券公司前身）承办。后来企业进行体制改革，有几家全民企业试点发行个人股。到1988年4月，证券市场全面开通，国库券上市交易，上市股票增加到6家。万国、海通等证券公司应运而生。

那时候，国库券存在地区差价，得利厚，交易兴旺；股票利薄，市价基本上在面值线上浮动。碰到1988年物价疯涨和"难忘的1989年"，影响深重，6家上市股票中有4家跌入面值，每股100元的真空电子器件公司股票，最低价位落到91.5元。持有股票如同手拿冰棒，眼睁睁地瞧着它化掉。

时来运转在1990年6月，股市升温，扶摇直上。原因有三个：一个是国库券偿还本息10亿多元，需要有新的投放机会；二是银行降息，低息储蓄未必是最佳选择；更直接的一个原因是，深圳炒客腰缠万贯闯入上海，抬价收购。股价日涨5%，公开柜台交易瘫痪，黑市兴起，越炒越热。短短两个月，"电真空"从100元边上炒到870元；每股100元的"豫园商场"，撑竿跳高到1 200元。疯疯癫癫，异乎寻常。

1986年9月,上海恢复了股票市场,静安区工商银行代理延中、飞乐股票买卖之盛况

1990年12月22日,上海证券交易所开业

熬过霜雪的老股民，目瞪口呆。有些人以为时不我再，在股价上升头几轮时，被炒客黄牛连哄带噱地买走，失去更高收益机会，事后追悔莫及。这一番教训，使得今时惜售心理普遍浓厚。也是这场股市风云，助了一批炒客黄牛得道成仙，增强了财力与手段；自此以后，在上海股市中居有自己的一个活动层面。

金融管理当局对黑市又禁又堵，最有力的一个手段是控制股票过户。咽喉部扼住，深圳客班师回朝，本地炒客黄牛暂时敛手。上海证券市场到了非有一整套交易管理办法不可的时候，也到了非有一个有形的公开竞价交易场所不可的时候了。乱后思治，这样就风云际会，新一代的上海证券交易所呱呱出世。从汉口路到黄浦路，几个并不甚远的街段，历史老人的跛腿迈了过来，花去整整42年。

证交所开市之后，股市逐渐进入有序状态，股价回落之后稳步上升。说它稳步，涨跌停板以1%为限；说它上升，有的还冲过了以往的黑市高峰。上海市民入市的越聚越多，热钱越滚越大，200多万股个人股本来已经杯水车薪，而且还有一大半"养在深闺人未识"。在市场换手的股票成了熊猫一样的"珍稀动物"。在持股似捧金的气氛中，惜售心理更浓。这样一来，竞价易上难下。

飞乐增资拆细的股票，股民中签认购刚到手，马上得利20%到40%。到1991年11月初，得利升高到45%到70%。溢价发行新股票，成了托市标准。市价低于六七倍于面值的股票，立刻填平补齐，之后继续起步上挺。股市风云，远看像一团乱草，细瞧有其脉络可寻。

"老上海"精明打算：1/3储蓄，1/3买债券，1/3买股票

股市常客们每天都去观察股票委托交易显示屏上不断跳跃的红黄数码，亿万热钱随着这些数码在翻滚。上海证券交易所每天的成交金额，买卖双计4 000万到8 000万元之间，加上未获成交而实际已入市的热钱，在1亿元

上下。

8家上市公司的个人股加上兴业房产将入市的个人股，共有260万股，面值7 700万元，市值约6亿元。这就是股票市场热钱的规模容量。如果考虑到市值近50亿元的30种债券，热钱的规模容量就更大了。

上海热钱的活性在增强，南下深圳就是证明。万国证券公司黄浦营业部是条管道，它代理深圳股市买卖，天天上午排着长龙。这条管道每日南下热钱常在100万元以上，对深圳股市有影响，投入能托市，止流便疲软。1991年10月以后，深圳股市直升，股价指数从46点升到90多点，翻了一番。上海热钱出境去"留学"，曾经亏本不少，这一次大发利市。

在上海活动的热钱并不都是上海牌。在架构全国金融中心的过程中，上海吸引着外省市的资金。在上海市的证券公司中，有来自北京、沈阳、安徽、浙江、海南、山东、江西等外省市的，他们是上海证交所的会员公司，热钱流动的管道。

热钱多以活期存款形式开了银行专户。1991年在居民存款中出现了一个现象：活期存款增长速度比定期快，居民手持货币大量增加。这跟热钱膨大是有直接关系的。

热钱的来源一个是居民收入，包括海外来源的收入；一个是国库券偿还的本息，1991年高达20亿元，几乎是上年的1倍。上海1990年储蓄余额创年增60亿元的纪录。在三次降息后，人民币成为低息货币，居民的金融意

1984年11月18日，申银万国代理发行新中国第一张A种股票——飞乐音响

1992年1月21日，申银万国主承销新中国第一张B种股票——真空电子

识发生变化，投资意识增强，不再把鸡蛋都放进储蓄这一只篮子里；开始倾向于把钱投放到得利较大的证券上去，相对减少了生息较小的储蓄存款。

年长稳健的老上海赞赏三分法，三分之一去储蓄，三分之一买债券，三分之一买股票。而进取型的年轻人爱走勇敢者的道路，把资金全都投入股市，这样的股民在增多。

今后每增发一批股票，热钱和股民都会同时增大一围，像树木的年轮一样。

上海证券持有人已形成百万大军

1989年年底，上海持有股票的股民超过5万人，时至今日，股民已经翻番；债券持有人则在100万人以上。有些债券持有人跟股民常在串换角色，股票风险大做不开的时候，返身投入债市；反之，又回流股票市场。

对于上海股民，一位老证券评论道：第一批入市者中有许多知识分子，他们对证券比较懂，看长线，行事理性。第二批入市的主要是"黄牛"和个体户，包括近几年倒覆箩筐收购国库券贩卖外烟的，他们手头有几万到一二十万资金，见到股票利市，闯进去想快发财。这些人有能量，但缺乏起码的证券知识，看股市行情像看球赛，涨了叫好，跌了骂臭球。眼前第三批人入市,数量很大,抛出债券,手持存单,准备一试身手。他们是职工,没时间泡证券部,便做业余股民。

他的这席话,勾勒了股市中散户的一个轮廓。

上海的股市允许机构入市,他们拥有几千万乃至上亿资金,当然是大户。但受金融管理当局的某些约束,跌了不许抛,涨了要吐出,一定程度上成为调节器。这一来,股民怀有一种异乎寻常的信任感与安全感。有个代表性的议论,说是社会主义企业不会倒闭,投资人不会倒霉;股市病了政府会医,见死会救,中国不会有黑色的星期五。

证交所章程规定一律现货现金交易,没有空头卖空,涨了个个是多头,个个得利,少挣多赚之分而已。唯有金融当局安不下心,低落小涨,影响不大;爬得高,跌得重,价值规律要起作用,可不得了。在股市指数节节上升之时,不断发出风险警告;上升100多点,警告声也放到100分贝。但听惯了"狼来了"的不怕狼,有些青年股民嫌烦,叫道:你们这些专家快闭嘴!谁不知道做股票有风险,我们这些青年连股票风险也经受不起,还有半辈子怎么过?真是初生的牛犊不畏虎!

青年股民有这份气概,也有缘故。上海股民有个优点,资金都是自有,要不,亲属相助几千、一两万,数额不大,没有利息负担,精神压力小。即便打碎一只蛋,还不同于覆巢之下无完卵。而且股票这东西像月亮,缺了会圆;就是永远不圆,还能剩下半个。

上海股民挺爱叫嚷,护士还没把针头扎下去,他已经喊痛。每次股市跌风一起,群众的投书就多:救救股市!这股市也真恼人,像官场一样,能上不能下。股民百态,仔细瞧着,挺有趣儿。

股民A:退休副教授。他观察研究股市,在做学问。他说,中国股市处于发育时期,大势看好,这是不会错的。我不追求短期效益,中期一两年,长期三五年,不必去为一时喜,一时悲。

股民B:中年漆工。妻子是同行,工龄都已十几年,孩子尚小,家里基本设施都有了,眼前已没有大笔支出,手头积下的钱有一万多,买了"电真空"30股，470元买的，现在市价700元出头，已赚6 000多元。到800多元我就抛，不到这价位咬住不放，放一年也不在乎，等它增股派股机会也好。

股民C：去过日本2年，回来待业，开了个小饭馆，生意不怎么样，手头十几万拿出一半做股票，懵懵懂懂，套进过5次，蚀过一万光景。这次趁高抛出，翻了本，风险太大，要看一看，暂时换了债券。"妻子提醒我，再涨上去，你挣的这点钱，恐怕还买不回来原来的股数。我说，妇人之见，你懂什么！低进高出，避开风险，苦头吃过，不可太贪！"

上海股民做股票，有的做自己的第一空间，有的做第二空间。把股票当作第一生活空间的是职业炒客，或称职业炒手。他们在国库券的地区差价高时，贩卖获利；在1990年下半年炒黑市股票时又得了手。著名炒客，拥有百万金，不怕抛头露面的一位百万先生，人称Y百万。像Y先生这样拥有百万资金的据说不止一个，几十万的更多。他们爱称自己是职业投资人。有人唤Y百万为第一黄牛，他不乐意；有人写专访尊称为投资家，可能他已笑纳了。这些人都做短线，频繁进出，行话叫抢帽子，是股市里活蹦乱跳的生猛海鲜。但上海股市已电脑化，宏观调控在加强，你又没有场内交易员，是委托证券公司进出的，时间火候很难随心所欲，得心应手。这一层面上的人从财力与手段看，强过第二空间的小户，是一个不可忽视的存在，欠缺的可能在品位方面。

正像错过了某个生态环境，猴子变不了人一样，证券市场无序时期已经过去，当初能成百万，现在想从百万变成双百万三百万，就不能像从前一样动弹。正规经营股票跟黄牛水平毕竟存在差距。当然这批职业炒手将来可能出些股票行家，那就要看谁目光放远，好自为之了。

说到第二空间，上海股民多数是业余从事的，投入深度不同罢了。有个自称"三子俱乐部"的几位，颇有新闻性。

三子是三个人，不是孔子、孟子，而是呆子、聋子和瞎子。聋子是个中年工人，双耳不聪，用助听器，在自学大学课程，考自学考试；瞎子是大学数学系毕业生，视网膜剥离，得用放大镜看东西，现在一家工厂工作；呆子是自谦,一位皮肤科门诊医生。三个人共用一张名片,大名"李某某",三子的姓名中各取一字而成。名片背面有缘启:"鉴于俱乐部成员各有缺陷,相互取长补短,以中国的证券为业余爱好,正像种花养鱼一样,以赢亏为次,愿与以信为立身之本者为同道。"

把股市当作第二生活空间、业余爱好,不是"三子"的新发明,西方有些大发明家、大学问家,也有这种爱好。股市有不可捉摸的随机性,变幻莫测;而潮来潮去,又似有什么玄机可寻。得诺贝尔经济学奖的萨缪尔森说:"经营普通股票是一门艺术。"人们从股市中也能获得些乐趣。

诚然,一般业余股民还是比较看重经济利益的,但做股民有五要素:财力、时间、识见、信息与技巧。几万业余股民现在实际上是在自愿接受一种经营术与心理素质的训练。股票市场似试场,通得过,经营得手,成为行家;通不过,免不了饱受风险。

尾声:投资、投机与机会

马克·吐温曾经说过一句很幽默的话:十月,这是一个对股票市场投机特别危险的月份之一,其他特别危险的月份是:七月、一月、九月、四月、十一月、五月、三月、六月、十二月、八月和二月。

股市的特性,高风险同高收益并存,投资者与投机者同在。规避风险,取得收益,这是一门艺术,在经济目标上,投资与投机并无二致;其区分在于所采取的方式方法。投机者不择手段,投资者行为规范。

股市的瞬息变化并不是企业经营状况所能说得清的,实际上任何一个股票市场都有人为因素在起这样或那样的作用。

上海人习惯把入市买卖股票说是做股票,这句话符合操作实际。有实力的大户,审时度势,做高做低;散户小户看高看低。谁抓住时机,看准时机,谁就能取得最大收益。股市虚虚实实,互不露底,一方看是机会,另一方看是陷阱。扑朔迷离,风险莫测!

上海股市当然也在"做"，留意一下，不难发现蛛丝马迹：

例如，每当股价上涨，散户居高思危盘算脱手之时，就会有人制造假象带头抛出，使全线松动，股价滑落。带头大户在高价位抛出后，散户纷纷购进，只能卖个滑落价。此时带头大户又暗中以低价购回。大户购回，煽动买气，股价又上扬。待散户醒悟过来，想再补回股票，时机已失，又是高价位了！

又如，在收市前几分钟，为下市制造价位，或高或低或涨跌停板。按章程成交若干股数，价位就能成立。有些下市开盘价位，就是人为制造出来的。

这些市况，明眼人细察便知，操作合乎章程，不属犯规，球赛仍然照常进行。

不能忘记的是，我们的股市是在宏观调控与保护体制之下，作为资金市场为经济发展服务的，跟西方股市毕竟有着根本性的区别！

（原载1991年第12期）

上海步入信息时代

习慧泽

BB机的崛起

这花里胡哨的英文字母一大串，也许不少上海人读起来还颇有点吃力，不过倘若讲个故事权作注脚，相信众多的"阿拉"一定会欣然作答。

某日晚报经济部走进一打扮入时的公关妹，要找的记者久等不至，怏怏而归时没忘关照这办公室里的一位老先生："谢谢侬，等歇伊来了麻烦侬叫伊打只拷机。"

公关妹高跟鞋"的的笃笃"地走远了，这老先生却还在嘀咕："怪事，怎么会叫小王回来带只烤鸡给她？"一句话，惹得正忙于爬格子赶新闻的记者们哄堂大笑。

如今的读者也许难以体会到这个真实故事的喜剧趣味了，因为时隔几年，肚皮前或腰眼后别着学名叫"传呼机"、俗名称"BB机"的男女，申城大街上可说一抓就是一把。

这有上海邮电开发总公司的统计数字为证：1991年该公司发售BB机2.3万台，平均每天售出60多台；而1992年日发售量持续在450台已有多日，年底BB机用户将猛增为10万户，相当全市电话门数的十分之一。

BB机何以大流行？原来是INFORMATION，即信息顽强地介入了人们的生活。从清晨送牛奶工手推车上挂着的微型半导体收音机，到海湾战争枕戈待旦的士兵手中的秘密武器，都有它的踪影，它就是"信息"！无怪乎当代国际上有一句最流行的"世界语"：人类进入了信息时代。

"有事就CALL我"

闲坐家中打开录像机，看港台警匪片打斗得难分难解；南行采风，听老广东小广东发财致富的生意经，你总能听到这样一句"洋泾浜"："有事CALL我。"

上海人在六年前对"CALL"的理解和认识还很陌生很新奇。有次在采访一位市公安局副局长时，忽然间他袋里传出"BB"的鸣叫声，他掏出个小黑匣子一看，赶紧去打电话，回来一脸严肃地与我作别："发生重大案件，我得赶去现场。"那时还没有手提式的移动电话"大哥大"，不过从出去找电话至通话回来也不过10分钟，一个重大的信息便传递了，"CALL"的程序便告完成了，众人莫不惊讶。

如今，即便整天泡在街心花园遛鸟唱小曲或"争上游"扑克杀得难分难解的老太太老大爷，都明白这黑匣子一叫，便像那打电话拍电报一样地在呼唤，在传递呢。

走了红出了名的倒是过去国人从未听说过的"摩托罗拉"，瞄准了上海人的腰包。这家专门生产"BB机"的跨国公司变着法儿向你推销，两年内上海人腰上的这小黑匣子曾三度升级换代，香烟盒般微型化成火柴盒大，单鸣叫式换成鸣叫加震荡双制式，继而又出现了单向通话式、文字显示式。它的存在和发展，说明人们日益需要这种现代化的信息传递工具。

"有事CALL我"，其实也经历过一个"初级阶段"，最有力的见证人便是申城相继建立的恒丰台、南星台和长乐台等"BB机"呼叫中心的女话务员。前几年，每逢除夕夜零点或是大年初一清晨，受呼"BB机"的铃声全部爆满，呼叫的号码几乎千篇一律：757679（吃鱼吃肉吃酒），888（发发发），忙得小姐们连上厕所都脱不开身，现代化的电脑接收和呼叫设备已应付不过来，得专门派人人工接电话后抄在一张张小纸条上排队等呼。但这种无谓的呼叫，如今已大大地减少了。

话务员小姐忙多了也忙精了，不少特殊呼叫听一听、看一看便能破译："5 000！5 000！5 000！"这是做生意的个体户在催人快送这个数目的钱来好进货；一位老先生一下子叫小姐呼叫5个"BB机"号码，自报的回电号码硬是要求打满：2！2！2！困惑的小姐好奇地问一声啥道理："反正我们已约定了，来了危急病人，2就是'来'，要伊拉快赶回来会诊！"

"4444"——也能卖到3万多元

1992年3月31日，继海口、大连、延吉、珠海和武汉之后，上海也完成了首次电话号码大拍卖。400名竞买者云集东华拍卖行，入门还得预先购好入场券。事前卖主亮出了"选一个理想、吉祥的号码，是您成功的一半"的广告语，但一锤子买卖敲定，拍卖结果见诸报端，看报的都糊涂了：怎么4444为后4位数的所谓不吉利号码也会有人选？这不明摆着没4（事）找4（事）、没4（死）盼4（死）了吗？

谜底很快便揭开了：你卖的号码，不管是"吉利"还是"晦气"，关键是只要易记，就有人买而且争着抢着买。4444，易记是明摆着的。这就是导致开价最低、尾数"最不吉利"的4444，也能卖到3.3万元，和好口彩的2222卖价只相差0.4万元的真正原因。

卖方答应，20天内可为买主办妥一切实现通话，这在大上海电话申请至安装的历史上是空前的。珠海一只902888号码拍卖价最终高达2.7万元，海口市一只902688号码，最终被买主以高于底价7倍的1.4万元买去，上海连4444都能卖到3.3万元，足见上海人对电话渴求的迫切。

从历史的发展来看，十年前，上海的电话只有19.5万部，实行7位数字制之后的今天，全市已达到85万部，电话普及率为每10人1部。尽管每门电话初装费已涨到2 300元，还是有18万户待装；国内国际电话自动线分别增至2 000线和400线。

市郊农村，电话发展更不能小看：青浦县金姚村、嘉定县封浜村等共17

个村已建成为自动电话村,平均每两户即拥有1部电话。郊县有6 000名用户安装了IDD和DDD,足不出户即能与国际国内客户和亲友通话。传输光缆、光端机等已在朱家角、张堰等一批乡村敷设,4年内上海郊县的电话通信能力翻了一番,每百人的电话拥有率平均达到3.5门。

上海已成为一个信息之海。据电脑统计,仅辛未年除夕那天,上海打到世界各国和港澳台地区的电话达3 600次,连马里、卢森堡、古巴等"冷僻"角落也有电话往来,上海人甚至还将电话听筒拉到窗口,向海外亲友传递大年夜爆竹声震天动地的信息呢!

如果将除夕那天直拨通话数也计算在内,这个3 600次仅仅占当日全部通话量的5%!

黄菊市长夸赞"迷你"电台

1991年10月1日晨,驾车的骑车的、孵公园的赶集市的,都不约而同地将各自的大大小小收音机调至中波648千赫。这时,全国甚至可以称得上全球最小的广播电台(迷你电台)于当日7点整诞生。

好奇的市民听到的第一条新闻是:"6点55分,本市长阳路保定路公交电车架空线损坏,致使东至长阳路大连路,西至长阳路公平路全长1 300米的线路交通中断,交通民警已赶到现场维护交通秩序。"

连标点在内不过72个字的新闻,却是中国大陆迄今报道时效最敏捷的一条新闻。执勤交通警发现情况后用对讲机报告虹口交通队,交通队即向市交通指挥控制中心传递传真报表,中心立即传至这个刚诞生的"上海交通信息台",前后仅几分钟。上午9点,又一条新闻播出:"上述路段22路、13路、19路、25路公交电车已畅通。"

海峡此岸的我们,过去都难以理解,为何彼岸最红的节目主持人,竟然会是警察广播电台的秦晴。然而随着时光的流逝,上海人如今竟也和自己的交通信息台结下了难解之缘。风靡大陆的"红太阳颂"录音带,最早就是慧眼独具的中国唱片公司首先提供给信息台播放的，大车、小车、TAXI的司机是信息台最忠实的听众，车载收音机是流动的音箱，一下子就让唱片公司发了大财。

信息台拥有如此众多的热心听众，是由于它有几大特点：信息及时、准确、点多、面广。从上午9时至晚上9时，正点11次半点12次，一天要广播23次，既有道路交通信息，又有囊括飞机航班、轮船船期、火车车次和长途汽车发车时间的陆海空交通信息，信息台还随时插播各种突发性交通事故，各类专栏还能向驾驶员提供道路交通法规。

令人难以置信的是，这个大陆上至今还未满周岁的第一家交通信息台，连兵带将不过5个人，台长也姓秦，除了他娶过媳妇有了一个2岁的孩子之外，剩下的都是30岁以下的小伙和姑娘。就是这么几个人操办的"迷你"广播台，却能天天成为上海人关注的中心，连黄菊市长都赞不绝口，说这交通信息台是"马路上空中交通指挥系统"。

"乱报气"——一个不公平的外号

都说老天在捉弄人，气象台明明预报得清清楚楚，说是春节期间将以阴雨相间为主。于是市民的走亲访友计划纷纷取消或缩减。可是，从壬申年大年初一起，不仅无雨而且一天天阳光普照、天气晴朗，使得重新调整"出访"计划的市民都说，弄勿懂！

上海有个城乡抽样调查队，这是一个信息大本营，从市民夏天一个月花多少钱吃西瓜、银楼里首饰卖了多少件、今年月饼比去年减产多少，一直到你晚上爱看哪个频道哪个专栏的电视节目，都能说出个子丑寅卯来。殊不知有一个"抽样"却忽略了，拥有最广泛最固定最忠实而且年龄跨度最大的听众和读者的视听节目却是：气象报告！

对气象报告虔诚笃信的市民，对每一次预报失误都铭记在心。屡屡以发言人身份在报刊和荧屏上分析气象态势的上海中心气象台副台长栾保储曾无端的被扣上一个谐音外号"乱报气"。

这个外号并不公平,有两个故事:

一是南浦大桥合龙在即,愁煞了总指挥朱志豪,由于大桥是悬空合龙,预制钢梁会因气温变化出现伸缩而造成合龙困难。指挥部要求气象台帮助,在1991年6月5日至15日之间选择一个阴天,这一天要求气温变化相对稳定在22℃左右,并能保持3至4小时的最佳时间。结果气象台发挥了作用,一切如愿以偿。

又一个故事是:1991年9月5日,整个长江下游万里无云,谁知下午4时气象台突然发出暴雨警报,多少人都说"乱报气"又来了。上海卷烟厂一个月前因应变不及时,一场暴雨使2100大箱卷烟遭受损失达500万元;而这次却闻警而动,在这场波全及市的"9·5特大暴雨"灾害中安然无恙。

国际上的气象预报准确率仅在20%—30%左右,上海中心气象台的气象预报准确率算是高的。能做到这一点,也正是依靠了信息:翻查40多年的气象资料、观察卫星云图、雷达跟踪搜索,都是为了获取信息。如今,又增添了一个传递信息的利器,那就是现代化的气象报警系统。目前全市市区有500户,郊区有上千户均安设了一种体积小巧的气象警报接收机,中心气象台每天定时7次及非定时多次发出的气象分析、预报、预警和警报,通过超高频无线通信手段,即刻便能自动开启气象警报系统机,向社会广泛传播。

上海市民记忆犹新的那场1991年"9·5特大暴雨",正是市中心气象台在下午3时发现卫星云图上有芝麻大小云团生成,雷达跟踪探测,值勤迅速分析。下午4时便通过预警信息发布,使安有气象警报接收机的单位受惠。

"杨百万"与"马大嫂"

上海的建城史上,近年又有两个值得记忆的日子:1990年12月19日,上海证券交易所在洪亮的锣声中诞生。一年以后的1992年2月21日9时30分,上海证券交易与国际市场接轨,我国第一种拥有24个国家和地区230名股东的"电真空"B种股票正式上市交易。

汹涌而起的证券潮,使成千上万的弄潮儿真正领悟到信息的威力。申银、海通、万国、建行、中行等各大证券公司内外,簇拥着的男男女女交头接耳,无不在传递着探询着开盘价和收盘价的信息;入市资金达到30万元以上的大户不用站立街头,坐在专门为他们设置的大户室里,可以直接利用交易所的电脑设施,委托买入或抛出。他们虽然已经腰缠万贯,依然在期盼着那千载难逢的投资与投机的信息。一位女记者,天一黑便一个劲地打电话回家,关照丈夫今晚千万勿忘开录像机录像。什么节目这么强烈地吸引她?原来,"电视台夜里还有一次股票行情!"

弄潮儿群体中爆出了一个连朱镕基市长都知道其大名的杨怀定。据说这位昔日的仓库保管员,和他太太先后辞职玩证券交易,几万元资金已增加到200万元。但即便人人叫他"杨百万",他的名片上却只有一个头衔:"上海平民股票证券职业投资者"。

摇笔杆的想方设法抠"杨百万"的底,舞动生花妙笔将他写得神乎其神。"杨百万"对此一笑置之。他说他啥本事都没有,"证券投资靠的就是信息"。当初他的资本"原始积累"时期,就是靠摸准了外埠与上海国库券牌价差距大的信息,雇了一个保驾的每晚同坐火车赶至蚌埠,一等银行开门买进国库券即赶回来交人脱手,服下安眠药睡一会儿再重上征途。而今家大业大了,依然靠信息,几个帮手天天在各大证券公司门口打探,随时"大哥大"联络。都说1992年有大量新股票价格统统放开上市,"杨百万"淡然一笑认为不可能。问其何故,论据出人意料:"我早摸清爽了,证券公司的电脑一天最多只能做4 500笔生意,都放开他们忙不过来,除非再造新的交易所!"

当然,"杨百万"而今也成了人家密切注意甚至严密监视的"信息源",但一位职校女教师却另有自己的见地,她告诉我她是"无师自通",市面上出那么多证券投资的书,只会叫人越看越糊涂,弄不好连著书立说者自己都不会投资,隔岸观潮只为凑热闹赚稿费。她说,教会她从几千元玩到几十万元的真正教师爷是她自己。她是个"马大嫂",每天一早要赶菜市场为丈夫儿子"买汰烧"。家门口一拐弯就是买卖国库券的交易场所,老碰到"弄潮儿"问她有没有"券"?问多了,她也拎着菜篮子进门去看看行情。早上买进,晚上抛出,一天小菜钱便有了,慢慢地便下了海,从国库券到债券又玩股票。

"马大嫂"自有她独特的战术和战略。看牌价她挤不过男子汉,于是上菜市老爱买带鱼,人家见了她便让,谁都怕带鱼尾巴扫脏自己的裤腿。股票认购证上市前夜,她约了几个"马大嫂"一合计,竟算计出要发财起码得买上三位数的张数,每人买了300张,随后又抛出200张,买进30元一张抛出达到300元一张,你算算她一下子赚了多少?

殊途同归,"杨百万"与"马大嫂",都靠眼尖耳灵嗅觉敏摸准了信息发了财。

电脑何时进我家?

上海市民采购电脑

以1992年国庆为竞逐的最后冲刺点,十里商业大街南京路为全面改换门庭正在施工。爱想点子的黄浦区政府,这会儿又悄然筹划邀请一位客人来助财神一臂之力。消息灵通的新闻界岂甘寂寞,一下子给捅了出来:"南京路商业街聘用电脑当家,18家试点单位将电脑应用于企业管理和经营决策,营业额大幅度上升,10月1日前将有37家商店实行柜台操作电子化。"

几乎就在这"请进来"消息发

布的同时,"沪上一怪"正在被人"请出去"。凭着观察病家指甲变化就能诊断出疑难杂症的上海分析仪器厂的厂医赵天民,先后被广东、海南和海外一些厂商看中,期望根据他积累的直观经验,研制并设计出中国第一架"电脑郎中"。

无巧不成书,上海滩百年老厂江南造船厂如今也迷上了"电脑谈判家"。外国船东带着电脑来和你谈生意,几千万美元造价的一条巨轮,主机、辅机、导航设备讨价还价,人家电脑一开,世界市场的牌价信息顿现眼前,逼得上海"阿拉"也牙一咬,搞出了自己的"电脑谈判家",一应数据全部实施电子信息现代化。针尖对麦芒,上海人如今也学会了计算机报价。

无形巨变,不过发生在六年之间。1985年,全上海的工厂企业中只有100台中档和低档电脑,殊不知如今申城的大街小巷光电脑销售商店就有几百家,上海至今已拥有价值11亿元的计算机资产。上海现在每天可以汇集

义工们认真辅导老年人学电脑

国内外信息1亿字以上。而这11亿元的计算机资产，无疑更是一个规模宏伟的信息库。

玩过了电子琴、钢琴、游戏机的上海家庭，正酝酿着新一轮的冲击；作为家庭电脑"小弟弟"的中华学习机，自1988年定型投产以来，销售出的15万台中，一半为家庭私人购买。与年销量达200万台的电子游戏机相比，虽还属小数目，但电脑毕竟叩响了上海市民的家门。上海已经诞生了一批电脑作家和记者，相信还会造就出一批足不出户便能进行科研、指挥、调度生产、商业贸易的企业家、科学家和商人。

进入信息时代的人们有着自己的梦："电脑何时进我家？"邓小平同志却指出了梦想成真的必由之路："普及计算机要从娃娃抓起。"小上海们正是家庭电脑的明天之主。

借个脑袋用用！

乍一看这标题，真有点吓势势。但殊不知上海滩已经有了一个专门出借脑袋的"头脑公司"。

大胆提出这个建议的，是上海市企业家协会的副会长、高级经济师王家钟。他认为各企业优化劳动组合后，富余的工程技术人员其实也是一个宝贵的信息库，组建"头脑公司"为各行各业提供信息服务，同样是一种生产力的解放和开发。

率先身体力行的，是由十多名工程技术人员创办的为宝钢维修服务的"头脑公司"。一年来不仅为企业解决了不少老大难问题，人均创利也高达4.5万元。

其实，看中上海人脑袋的人还真不少。邻省江苏、浙江的乡镇企业，早在几年前就来向上海人借"脑袋"，悄然出现了"星期六工程师"。而今"星期六工程师"又纷纷北上南下，最为活跃的地区是珠江三角洲。

一个崭新的行业正在上海崛起，它的名称叫作"咨询信息业"。羊城曾开办了一个购物咨询专线8887179，珠海又棋高一着开办了160信息咨询电话，凡招聘、就业、人才培训、物资技术、交通运输、财政金融、政策法规均可拨160。上海人玩信息玩得更转，光热线就有点数不过来。为你寻找人生旅程伴侣的有"红娘热线"，心病还需心药医的有"心理健康热线"，挽救失足者的有"希望热线"，专为儿童和妇女提供咨询服务的有"知心热线"。

科学统计出的数字使外埠人好不羡慕上海，上海的信息水平雄踞全国之首：上海的总信息量占全国的十分之一，每人平均接受的文字信息为全国平均数的10倍。信息库本身就是个金不换的聚宝盆。由咨询信息业发展出的另一分支"涉外咨询业"，更有说不尽的故事。上海的闵行和虹桥经济开发区的构想，就是由咨询部门根据海外发展经济的经验，超前向市政府提供决策信息，于1981年构想成功的。

上海的咨询业甚至跨出了国门，将"脑袋"借给了美、英、法、加拿大、瑞士等10家跨国公司，为外商来华投资当"导游"。光上海的涉外咨询业就有从业人员2 687人，完成了涉外咨询项目7 000个，借"脑袋"的外汇收入达390万美元！

浦江涌动信息潮

上海，真是一个"海"。仅铁路、港口、公路、民航一天发送的旅客就达10.51万人次；都市每天挤乘公交车辆的乘客有1 500万人次；交发电报函件83万份，24小时内有443万份报纸印刷发行，有129万册杂志、图书出版。为了向人们提供更多的信息，上海《解放日报》《文汇报》等大报纷纷扩版，《新民晚报》也坐不住了，决定1992年7月1日开始扩大至16版，以满足人们对信息的需求。

在市府召开的新闻发布会上，记者向黄菊市长发问："请您谈谈上海人的本质特性是什么？"其实，逛一逛上海的街头巷尾，答案早已不言自明：上海的建筑是万国式；上海的汽车是万国牌；土生土长的浦东"本地人"十个里头都挑不出一个，四方汇聚而来的宁波人、苏北人、广东人、潮汕人、湖北人创建了昔日的上海，同样也在开拓着明日的上海。

容纳、吸收、总汇、开拓，也许这才是既精明又聪明的上海人的最大本质特性。兼容并蓄、博采众长，注定了上海人对信息有特殊的"嗜好"。无孔不入的城乡抽样调查队近来又有新收获："1991年上海市区居民人均购买书报杂志花费27.77元，比全国城镇居民的平均水平高1.1倍，在全国除台湾之外名列第一。"

1992年2月18日，华联商厦人头攒动，卖皮鞋卖冰箱卖衬衫卖被单的，统统都是生产厂的厂长，企业家站柜台为哪桩？摸准市场信息，"呼唤90年代新产品"！

位于浦东新区的川沙县农民，专门找上复旦大学高等学府"攀亲结对"，为的是请来能讲洋话的教师教日语、英语；报名者竟达6 000人，想学洋话的农民中上至60岁，最小的仅10岁刚出头。连华亭路服装市场的个体户主，如今也忙里偷闲，边做生意边学英语日语法语，还有近来颇为吃香的俄语，为的是能和每天有2 000人次出入上海的老外"交流信息"。

即便是开会，上海人也拥有"可视会议系统"，使得分布在市区各处甚至市郊的人们，只要坐在家中或自己的办公室里，就可以随着荧屏，如处一室地彼此交流，传递信息。

工商行政管理局传递出信息：1991年上海的广告费突破4亿元，比1990年增长78.38%，上海人日益学会了如何传递自己的信息。单独一个黄浦区，想尽办法请来了美、德、日、法、瑞典及港台地区200多名驻沪领事及商事机构的代表，为的是公布开发浦东新区的优惠政策和实施办法，会议的名称便叫人一目了然："黄浦区对外经济贸易信息发布会"。卢湾区复兴公园、虹口区统计职校内人涌如潮，原来是"借脑袋"的和"出借脑袋"的都赶来交流人才信息……

浦江涌动信息潮。每天打开报纸，扑面而来的总是有关信息的信息："上海经济大使奔走四方牵线搭桥"；"上海积极筹建有色金属交易所"；"上海图书馆建立化学化工阅览室,开设了解化工发展信息的窗口";"上海水陆空交通发展迅速,同世界五大洲距离大大缩短"。甚至连医学界都有人忧心忡忡地撰文告诫家长们,"慎防儿童得'信息过剩综合征'!"

上海正步入信息时代!

(摄影:郭新洋)

(原载1992年第7期)

浦东：崛起中的新上海

余一庸　孙纪平

浦东，今天已是名闻全球了。人们正在讨论：开发开放的浦东，将取一个怎样的新名字，让它载入中国地图。浦东新区？东上海？新上海？各有理由。印度不是有德里和新德里吗？今天新德里的知名度早已盖过德里。开发开放的浦东，取名为新上海岂不更好？这当然也是一家之言。

浦东太大了：它包括川沙、南汇两县，奉贤县、上海县、杨浦区、黄浦区、南市区的部分地区。今天要开发开放的，有川沙县、上海县、杨浦区、黄浦区部分地区，总面积350平方公里，相当于今天上海的市区。它是目前中国最大的开发小区，其中又划分为陆家嘴、金桥、外高桥三个开发区。

陆家嘴：上海的母亲

陆家嘴开发区，是一个金融贸易开发区。开发区办公楼进进出出的外商很多，都是来洽谈投资意向和签订投资项目的。

接待我们的是一位年轻人，他绘声绘色地向我们介绍了陆家嘴的情况。开发区总面积为28平方公里，前期开发5.47平方公里，主要是金融贸易、房地产和其他第三产业。他兴奋地说，这里的地块已快"客满"了，捷足先登的国内外客商占了便宜，后来者只好望"陆"兴叹……

墙上挂着的几幢高层的设计图片，还有那台开发区模型图，有同日方合资的第一百货公司、"东方明珠"广播电视塔文化娱乐中心，以及银都大厦、中银大厦、瑞安大厦、汤臣大厦等，组成了一片错落有致的现代化高层建筑群，好比一朵朵鲜花，争奇斗艳，竞相怒放。

1987年远眺陆家嘴

2013年的陆家嘴高楼林立

陆家嘴大厦群，已不是纸面的图片，而是已经在大兴土木了，好几幢高楼已经动工兴建，一股建设的热浪扑面而来。

"东方明珠"已经破土而出，正在冉冉升起。取名"东方明珠"，是因为它新颖独特的设计造型和别出心裁的巧妙构思。我们从设计模型上看到，整个塔身有两个硕大的球体为主要构建，从任何方位，两个球体犹如高耸于浦江东岸的明珠，耀眼夺目。下球直径为50米，标高115米，有8层，面积1万平方米，以开发知识性娱乐项目为主；上球直径45米，标高290米，有9层，面积也是1万平方米，其中4层是可容纳1 000人左右的观光层，450人的旋转茶室，250人的空中餐厅。它的建成，无疑将成为上海滩上又一新的景观。届时登塔远眺，新上海的雄姿可以一览无遗，浦江两岸的景色可尽收眼底。电视塔工程已于1991年7月30日奠基开工，作为浦东开发的启动项目之一，已列为1992年上海市重大工程之一，预计1994年5月可初步建成。

四五年后，陆家嘴将会成为一个新的外滩，屹立在黄浦江东岸，同浦江西岸的外滩，交相辉映。

我们问陪同参观的张先生："你是否知道，陆家嘴有条上海浦？"

张先生一愣："上海浦？没有听说过。"

我们出示了一份从《同治上海县志》上复印下来的地图，上面清楚地标明，在吴淞江（即苏州河）出口的对面，有一条上海浦。上海浦的位置，就在今天的陆家嘴。上海的得名，是因为有一条上海浦。今天，上海浦虽已淹没，但说陆家嘴是上海的母亲，是很恰当的。上海人民今天要开发作为上海之母的陆家嘴，不是极有意义的吗？

张先生神情凝重地望着这张古老的上海地图，一种历史感油然而生，惊奇地说："呵，原来这样！"

历史常常有令人惊讶的巧合。一个新上海，将从上海浦的原址陆家嘴首先崛起。

与上海浦隔黄浦江相对还有一条下海浦。毛泽东同志20世纪50年代来到上海时，曾问过上海市委的常委们："有上海，就有下海；下海在哪里，你们知道吗?"毛泽东惊人的历史地理知识,曾使在座的常委们为之吃惊。接着,毛泽东告诉他们:今天还有一座下海庙哩!果然,提篮桥附近有一座下海庙,证明有上海,就有下海。现在虹口区已将下海庙重新整修,辟为一个新的旅游景点,给人们留下一个历史的回声。

李平书、黄炎培:浦东开发的先驱

早在清末民初,浦东李平书、黄炎培等有识之士,就发起组织浦东同人会,大力推行浦东开发。他们首先提出成立"浦东特别区"的构想,把开发浦东交通引为第一要务。

清宣统元年(1909),李平书在浦东筹筑沪金铁路,以"保运输之权利,图沿海实业之振兴"。计划由浦东杨家渡起,东抵川沙钦公塘,南经南汇、奉贤,至金山白沙湾止。可惜资金不足,未能实现。1921年年初,黄炎培、张伯初召集乡绅,筹建上川交通股份有限公司。次年2月,破土动工,1926年1月,从庆宁寺到川沙全线通车,全长20公里,此为浦东第一条铁路。之后,又延长至南汇祝桥。与此同时,穆藕初等筹建浦东周家渡到南汇周浦的上南铁路,1925年建成。这两条铁路成为浦东联结浦西的纽带,为浦东的经济发展带来活力。

浦东的这两条铁路,今天已不存在了。上川铁路熬不过"文革",于1975年11月被全部拆除,今天的沪川公路,就是当年上川铁路的路基。

今天,新上海的建设,要不要修建一条从外高桥直通金山,连接沪杭线的铁路?

上海铁路局的一位高级工程师很坦率地提出,上海可以及早规划修建一条横贯浦东的铁路在龙华或者在金山同沪杭线相接,这对带动华东乃至全国的经济发展,将有重大的意义。现在有关方面已有设想,正在拟定走向方案。浦东新铁路的建造,已指日可待。

李平书、黄炎培等浦东开发的先驱,还着眼于浦东的人才开发,极有远

张江高科技园区

见。浦东过去也许不为许多人所知，但浦东在中国现代史中许多赫赫有名的人物，早已家喻户晓：宋庆龄、张闻天，以及杨斯盛、黄炎培、李平书、傅雷、黄自等人，都是在浦东长大的。这块人文荟萃的土地，养育出许多杰出人物，不是偶然的。今天的浦东开发，开发人才，当是一项要务。浦东当然要接纳全国乃至世界各地的人才，但基本的力量，还是要大批有才干的浦东人。今天浦东新区有138万人，他们是建设新上海的基干。

孙中山的宏伟计划：建立新黄浦滩

1921年，孙中山先生制定了开发浦东的宏图大略。在《建国方略》中，他描绘了在上海建成东方大港的美景。

孙中山先生计划，把流经上海市区的一段黄浦江拉直，开一条新江，把原先弯弯曲曲流经外滩的一段黄浦江填没，开辟为新黄浦滩。孙中山先生在《建国方略》中说，这条新河，可将约三十平方英里的土地圈入，作为市区中心，造成一个新的黄浦滩，为拓宽马路、建造商店之地。新开河三十平方英里的土地及其附近的土地可以授予国际开发机构支配，引进国外资本，开发新上海。

从这里，人们可以看到孙中山先生的远见卓识。他计划把黄浦江改道，圈进今天浦东开发区的一大块土地，建成一个"新黄浦滩"，设想瑰丽新奇。只是他的计划，在殖民统治和军阀混战的年代里，根本无法实现。而今，我们以更大胆的计划，不需要让黄浦江改道，把整个浦东350多平方公里统统划进开发区，难怪海外一些有识之士叹为观止，禁不住赞曰："了不起！真正了不起！"

杨浦大桥边上的金桥

现在人们还不大熟悉的浦东金桥出口加工区，却受到海内外企业界人士的广泛关注。

原先，这里属于川沙县金桥乡，故取名金桥开发区。这个开发区的总面积为8.9平方公里，目前第一期开发4平方公里。它位于歇浦路与庆宁寺之间，在兴建中的杨浦大桥浦东桥堍边上。

1991年，这里就接待中外客户近700批，开发区办公楼里人来客往，络绎不绝。1992年已正式签约20个项目，总投资达4亿美元。

中比合资上海贝尔电话设备制造有限公司、沪港合资上海信谊制药有限公司、中美合资上海庄臣有限公司、中瑞合资迅达电梯有限公司，以及美国罗斯特技术中心，纷纷在这里设立项目。日本独资企业——爱丽丝制衣有限公司已经建成投产，已有部分产品出口。

国内一些著名高校以及航空工业、汽车工业，都将在这里设立投资项目。一天上午10时许，纺织工业部部长吴文英来这里视察，到12时就拍板，决定在这里投资1.2亿元人民币，筹建一座华宁大厦。

记者手头有一本台湾出版的《浦东》杂志，是居住在台湾的浦东籍人士组成的浦东同乡会主办的。其中有一期，登载了著名天文学家高平子的后代高准撰写的评论新编《金山县志》的文章。原来，在台湾的浦东同乡会，把金山也包括在浦东之内。他们当然知道，今天的浦东开发，川沙早先就有"小侨乡"之称，旅居海外的川沙人也不少。

浦东的开发正在召唤着浦东海外的游子：回来吧，为故乡的振兴添砖加瓦，为建设新上海立下汗马功劳！

地铁将从南京东路外滩过江

不远的将来，上海地铁2号线将从人民广场途经南京东路，穿过黄浦江，直达陆家嘴，再从陆家嘴直通浦东国际机场。

随着浦东开发的速度加快，待到地铁1号线完工之后，地铁2号线将很快会上马。

为了进一步改进浦东的投资环境，适应浦东开发形势发展的需要，将在今天的延安东路隧道旁边再开一条隧道，届时，车辆来往各用一条双车道的隧道。

（原载1992年第8期）

宝钢建设决策始末

秦文明

我在向大家讲述宝钢的故事之前,想先请各位看一组史料:在19世纪70年代开始的洋务运动中,中国人才知道了西方人早已在用大型高炉和转炉进行工业化冶炼。而到了1889年,张之洞才在汉阳筹办了中国历史上第一个钢铁企业——汉阳炼铁厂,但始终没有起色。辛亥革命以后,中国的民族钢铁工业有了发展,年产量达到万吨左右。

一直到了1936年,我国钢产量才达到了年产5万吨的最高水平。而同一时期,美国已达到了3 153万吨,德国1 530万吨,连日本年产也达到了610万吨。1937年,日本就是凭借年产610万吨钢的实力对年产不足5万吨钢的中国发动了全面进攻。

1949年,我国钢产量只有15.8万吨,每家打一把菜刀都不够,而此时的西方国家已是钢铁世界了。百废待兴,钢铁为先,中国钢铁工业的发展进入了黄金时期。到1958年,中国的钢产量就已达到了800万吨,当时日本为1 200万吨,可以说中国已经迎头赶上来了。

可是好景不长,"大跃进"一折腾,钢铁泡沫膨胀;三线建设,把钢铁工业藏到深山老林;"文革"十年,国民经济濒临崩溃。从1962年到1977年的短短15年,日本的钢产量达到了1.19亿吨,而中国只有2 000万吨,相差近1亿吨钢!中国又一次落在了人家的后头,而落后是要挨打的,这个惨痛的历史教训,令人记忆犹新。

深夜电话，林乎加请求冶金部长解决上海燃眉之急

1976年10月粉碎"四人帮"之后，从中央到地方都洋溢着一种可贵的急于把丧失了的时间夺回来的热情。年底，全国农业学大寨会议确定"到1980年全国要有三分之一以上的县建成大寨县"。1977年4月，全国工业学大庆会议提出"石油光有一个大庆不行，要有十来个大庆"。以后，煤炭部提出"用8年时间建设20个年产3 000万吨至5 000万吨的大型煤炭基地，产量突破10亿吨，赶上美国"。冶金部也不示弱，提出"建设十个鞍钢，到1980年年产达到3 500万吨，然后到1985年达到6 000万吨，到1990年达到1亿吨，最后完成1.6亿吨的目标，超过美国"。

全国上下，似乎一个新的"大跃进"开始了。1978年2月，在五届人大一次会议上的《政府工作报告》中，正式提出了"新建和续建120个大型项目，其中有10个大钢铁基地、8个煤炭基地、10个大油气田、30个大电站、6条铁路新干线和5个重点港口"的建设规模。

在这些超乎实际可能性的宏大的建设规模中，没有人提到建设宝钢。在原冶金部的档案里，1977年年底上报中央的抢建和筹建的钢铁厂有3个，一个在冀东，抢建一个年产1 000万吨的特大型钢铁联合企业，这是中国有史以来最大的钢铁企业；第二个是攀枝花第二基地，选址在四川某大山里一个隐蔽处；第三则是筹建山西省太古交钢铁基地。在上海，只提到筹建一个炼铁厂，为上海各钢厂提供铁水，就连这个炼铁厂，也是时任中共上海市委书记林乎加大声呼吁的结果。

当时，上海是仅次于鞍山、本溪地区的全国第二大钢铁基地，1976年的钢产量已达430万吨。但是上海钢厂没有生铁，430万吨钢所需要的生铁，要靠武钢、本钢、马钢等企业按国家计划调拨，一年数百万吨，既加重了原本已不堪重负的铁路运力负担，又限制了上海钢厂的发展。按上海钢铁厂的生产规模，年生铁缺口达300万吨左右，上海新建一座炼铁基地已是十分

迫切。

1977年元旦，已经很晚了，分管经济工作的中共上海市委书记林乎加拨通了冶金部部长唐克的电话。林乎加在电话里向唐部长诉说了上海的燃眉之急，足足说了半个小时。

其实，唐克对上海的情况已有所了解，林乎加的一番话，更使他感到：解决上海钢厂的生铁问题已是当务之急！

1977年1月下旬，冶金部派出规划院院长王勋为首的规划小组赶到上海。林乎加兴奋异常，当天晚上就到王勋下榻的上海大厦17楼，握着规划小组每一名成员的手，兴奋地说：上海人民感谢你们的到来啊！

商谈一直进行到深夜。临别，林乎加把自己的上海牌轿车让给了考察小组乘坐。

王勋一行坐着市委书记的轿车，走访了上海各个钢厂，对各钢厂的范围、工程地质等情况进行了全面深入的考察。他们白天现场踏勘，晚上计算，每天工作20个小时。快过年了，他们要在年前得出调查结果。

一星期后，王勋兴冲冲地告诉林乎加，可以在上钢一厂安排建设两座1 200立方米的高炉。1 200立方米高炉，一天可出铁2 000吨左右，够厉害的了，林乎加听了异常高兴。

除夕夜，王勋离沪回京，他在火车上吃了年夜饭，回到北京已是大年初一了。

春节过后，在上钢一厂安排建设两座1 200立方米高炉的消息传出，全厂欢腾，上海市冶金局还特地开了个庆祝会。会上，一位老工人憨厚地问时任上海市冶金局局长的陈大同："这么大的高炉，要多少人用铁锹铲矿石？要多少辆翻斗车运矿石煤炭？"

夭折之后，两次扩大高炉容积

1977年3月5日，冶金部报请余秋里、谷牧副总理，上钢一厂建设两座

1 200立方米的高炉正式立项。

一个月后，国家计委、冶金部、交通部、铁道部来上海，与上海市联合组成规划组进行落实。

一切进展得相当顺利。就在大功即将告成之际，驻沪空军提出了异议：上钢一厂附近有江湾、大场、月浦3个机场，其中江湾军用机场距上钢一厂最近，因此，上钢一厂不能建设超高建筑。

立即请示空军司令部，答复很干脆：不能在一厂建造高100米以上的高炉。于是，两座1 200立方米的高炉胎死腹中。

尽管上钢一厂建设两座1 200立方米高炉的规划夭折了，但有关部门领导并不放弃。经过3个月的磋商，冶金部又将上海建造高炉的规划提到了议事日程。冶金部副部长、炼铁专家周传典建议，既然要搞就搞大的，干脆上两座每座2 500立方米的高炉，一揽子解决上海缺铁、武钢、本钢、马钢调不出铁以及铁路运力紧张等问题。专家的建议得到了与会者的赞同，决定脱开老厂，寻找江边开阔地带建大高炉。

7月至9月，规划组再次到长江口考察，经反复比较，确定在宝山境内的浏河口至石洞口一带建造两个2 500立方米的大高炉。

正在此时，冶金部副部长叶志强从日本考察回来，建造两个2 500立方米大高炉的方案送到叶志强手里。叶志强当即召集陪同考察的专家们对方案进行讨论。

"2 500立方米在日本已经不是大高炉了，日本高炉的容积已经到了5 000立方米。"专家们呼吁："不行！最少也得搞3 000立方米或4 000立方米的高炉！"

2 500立方米高炉被否定，炉型再次加大。

两个月后，国家计委、国家建委、冶金部、外贸部联合上书国务院，提出"抢建年产500万吨生铁的上海炼铁厂，引进两座4 000立方米高炉及相应的炼焦、烧结成套设备，厂址选在宝山月浦机场，力争1980年建成"。

3天后，中共中央副主席李先念首先批示："原则同意。"接着，中共中央主席、国务院总理华国锋,中共中央副主席邓小平、汪东兴和5位与此相关的副总理都相继圈阅同意。时间是1977年11月25日。

几经周折,上海高炉终于定案。

消息传来,上海各大钢厂的厂长们破例聚在一起喝酒庆贺,有几位临近退休的老厂长还流下了热泪,这毕竟是上海人多少年的梦想啊。

但此刻,从中央到地方,依然没有人提到宝钢。

看完影片,中央领导同志陷入了沉思

1977年10月22日,冶金部副部长叶志强等来到中南海,向中央政治局汇报访日见闻和感受。几句开场白以后,叶志强请中央领导同志观看了新日本钢铁公司赠送的一部影片和幻灯片。

电影放完后,这些领导同志被影片中的画面震撼了……

烟囱里没有浓烟滚滚,宽大明亮的厂房里洁净如家,工作现场一尘不染,比中国的医院还要洁净;看不到成群结队的浑身油泥、大汗淋漓的工人,厂区几乎看不到人影,只有少数几个人坐在计算机屏幕前指挥着生产;比中国大10倍的高炉高耸入云,还有比中国大10倍的300吨以上的转炉和每秒竟超过了70米的全连轧钢机……

"是真的吗?"有人这样提问。

"是的,是我们这群第一次穿西装、第一次打领带、难得一次出国的中国人亲眼所见。"叶志强风趣地回答,"有一天日本人请客,服务员送来易拉罐啤酒和饮料,我们没见过,不会用。鬼才知道日本人竟能把钢铁轧制得像纸一样薄,还印上了彩色图案。那个罐头,日本人用手指一拉就开了,所以叫易拉罐。我们的铁皮罐头是焊制的,要用特制的锥子才能撬开它。还有一次,日方安排我们到八幡厂去参观,中国驻日机构人员奉命随行。驻日机构人员代表国家形象,按照外交部规定必须乘坐中国轿车,并且车前要悬挂国旗。那天,由于安排的行程较紧,车队在高速公路上开得比较快,日本车前

1978年1月4日,在锦江小礼堂讨论宝山钢铁总厂工程建设规划方案。上海市苏振华、倪志福、彭冲、林乎加、严佑民、陈锦华等领导出席

面开,我们的车怎么也跟不上,日本车只得走走停停。后来,中国司机不得不冒险加速,这一来,中国车受不了了,车子抛了锚,怎么也发动不起来了。最后,中方人员只得坐到日本车里,中国车让人家的清障车给拖走了。面对中国车前那面鲜红的中国国旗被人家拖着走,我们心里真不是滋味啊!大使馆用的车是我们最好的轿车了,面板用的是热轧钢板,既厚又重还要生锈,涂漆后光洁度也不好,而日本用的是冷轧板,酸洗、镀锌、电烤漆,轻盈透亮……"

　　叶志强的这番话,让中央领导同志陷入了沉思:日本是二战的战败国,是个小小的岛国,没有矿产资源,铁矿石、煤炭,就连最普通的石灰石也要靠进口。15年前,中国与日本的钢铁产量相差无几,而就在这短短的15年内,日本的钢产量就猛增到了1.19亿吨,是中国钢产量的5倍,中日钢铁之间的差距已扩大到15—20年。如果再次爆发战争,日本军国主义凭借如此发达的钢铁工业,我们抵挡得了吗?

于是,一个全新的钢铁发展计划,在中央领导同志的脑海中开始酝酿。

稻山嘉宽,一位催生宝钢的日本朋友

稻山嘉宽,日本国新日本钢铁公司董事长,一个精明的日本商人。

20世纪20年代初,稻山嘉宽进入八幡制钢,步入钢铁领域,以惊人的智慧和毅力将八幡、富士两大钢铁企业重组成新日本钢铁公司。此后,稻山嘉宽千方百计地引进美国、西欧等钢铁企业的最新技术,加以消化、吸收、提高,把新日铁打造成了世界级钢铁王国,产量、技术位居世界第一,成了一代"钢铁帝王",被日本国民视为民族英雄。

就在中国大搞"文化大革命"的十年间,稻山嘉宽帮助韩国投资200多亿美元,建起了一座现代化的浦项钢铁公司,使韩国钢铁一下子上了好几个台阶,把中国远远地甩在了后面。他也为新日铁赚到了丰厚的利润。

那部震撼中央领导的影片就是稻山嘉宽的杰作。他抓住了中国向日本派出第一个冶金代表团的机会,将精心制作的这卷电影拷贝,通过叶志强递交给中国政府,试探中国的反响。结果,他成功了。中国政界的反应通过各种途径传到了他的耳朵里。他欣喜若狂,准备到中国再赚几桶金。

1977年11月28日,亦即中国冶金考察团回国仅仅一个多月后,稻山嘉宽就飞到了北京。

李先念会见了这位传奇老人,并且进行了友好的交谈,谈论的主题当然是钢铁。

稻山嘉宽是商人,但他也的确是一位中日友好人士。这一次,他是以日中长期贸易委员会委员长的身份拜会李先念的,其中就有促进中日人民友谊的一面。他向李先念讲了目前世界钢铁业的发展现状和趋势,以及日本、欧美钢铁的先进工艺。他的话,引起了李先念的重视和思考。

是的,中国实在太落后了,特别是钢铁。国家发展需要钢铁,为此,我们每年需要进口四五百万吨,而中国的外汇储备少得可怜,钢铁一块就占去了好大一部分。李先念长期分管中国财经，心里比谁都清楚。他曾经多次同华国锋、叶剑英、邓小平等领导人议论发展中国钢铁的问题，特别是看了叶志强从日本带回来的影片后，认识到中国发展钢铁工业必须走新路，老路是行不通了。

稻山嘉宽的来访，更坚定了李先念的想法。会谈后，李先念代表中国政府向稻山嘉宽表示，请新日铁考虑与中国进行技术合作，建设一个年产五六百万吨的钢铁厂。

精明的稻山嘉宽没有想到，他一生中最大的一笔生意竟如此之快地出现在眼前。

稻山嘉宽回国后，连夜开会部署，以最快速度，派来两个工作小组，经过认真的调查后，向中国提出了建造一个年产600万吨钢铁联合企业的方案。

日本调查组的大柿谅研究了中国钢铁，摸准了中国人对钢铁的渴求。在与中国各界接触中，他一再强调："单靠老企业改造挖潜是赶不上世界钢铁发展潮流的，差距只会越来越大。要迎头赶上潮流，必须高起点地引进，引进最新科技成果，在此起点上再进行追踪、赶超。日本的钢铁就是这样发展起来的。如果当初日本不从美国大量地引进最新科技，只是在战后的基础上恢复改造，根本没有今天……"

"看来要缩小与世界钢铁的差距，只有这华山一条路了！"大柿谅终于说服中国有关部门放弃了单纯建一个炼铁基地的设想，促成中国在上海单独建设一个完整的钢铁联合企业的计划。用他的话说，用4 000立方米特大高炉的铁水去支援上钢一、五厂的小转炉，犹如大茶壶往小酒盅里倒水，浪费大大的，如果在高炉旁边增加3个300吨大转炉和配套的轧机，一座世界一流的现代化的钢铁企业就可以在中国的土地上诞生了。

面对与世界越来越大的差距，中国人已经没有了选择的余地！

1977年12月14日，李先念批准了冶金部关于《拟和日本技术小组商谈新建钢铁厂主要问题的请示》。同日，华国锋、叶剑英、邓小平等相继圈阅。

1978年1月31日，陈锦华率宝钢考察团（副团长鲁纪华、许言，顾问李东冶）在新日铁就宝钢总体设计方案与日方交换意见

12月28日下午，李先念主持召开国务院会议，研究上海新建钢铁厂的报告。李先念表示："大柿谅的意见是有道理的，我倾向他的意见。"会议决定由谷牧、顾明就具体问题再作进一步研究，会议一直开到晚上9时才结束。

当天夜里，叶志强赶到冶金部值班室，打了个电话给在上海规划炼铁厂的冶金部副部长刘学新，嘱咐他立即按铁、钢规模各600万吨进行规划，国家将会很快批复决定。

宝钢即将诞生。

慎之又慎：宝钢诞生前的三次阵痛

谁也没有想到，本来要在上海建一个炼铁厂，仅仅几个月的时间，竟变

1978年10月31日，国务院副总理李先念视察宝钢工地

成一个中国最大的钢铁工业基地了。这个钢铁工业基地，最少要花300亿元。中国当年的财政收入才800亿元，10亿人口，每人30元。这也就意味着是全国人民建钢厂。既然是全国人民建钢厂，那么，不应该盯着上海选厂址。

钢铁基地建在哪里，本来已经定局，现在又成了一个问题。为了慎重起见，中央决定国家计委、建委和冶金、外贸、交通、铁路等部门在全国范围内重新筛选，前提是仿照日本新日铁：一、沿海；二、吃进口矿。

宝钢面临流产。

调查组重新启程，走访了连云港、天津、镇海、大连等10多个地方，发现那些地方突出的问题是工业基础和综合能力薄弱，难以支撑庞大的现代化钢铁基地。而上海的缺憾有两个：一是长江口水深不够，进口矿要建港转驳；二是地基软弱，需打桩加固。其结果是成本加大。但上海是中国最大的工业城市，工业基础和综合能力足以支撑这一现代化的钢铁基地，得天独厚。钢铁基地的选址，兜了一圈后又回到上海。

1978年12月23日，宝山钢铁总厂动工典礼

可是没多久，几近足月的宝钢又发生了阵痛。有些专家提出，中国这座特大型的钢铁企业应当建在金山卫，名叫金山钢铁，与金山石化相呼应。况且金山卫航道水深，滩涂闲置，可以少征农田。于是，按照这一设想制定了第一套方案，上报给中共上海市委常委和中央政治局。

宝钢第二次面临流产。

于是，又是一番紧急调研。最后，这些专家们自己否定了自己的方案。原因是金山卫濒临杭州湾，处亚热带季风登陆的风口，海面风急浪高，海潮、流速大起大落，矿石船不易停靠码头，而且远离上海钢厂，铁水运输问题难以解决。专家们只得忍痛割爱，眼光重新回到长江口。第二次阵痛最终也平安无事。

在长江口，还有一个东西方案的比较。

西方案是石洞口以西的盛桥、罗泾一带，东方案在石洞口以北，此地离县城较近，且规划区中间有一个滑翔学校可以直接利用作为施工基地，还有一个当年日军侵华时建造的3 150亩的废弃的机场，可以少征土地，少迁

1 145户村民。

日本专家组和上海市领导苏振华、倪志福、彭冲、林乎加、陈锦华等随即到现场踏勘。最后仍考虑到石洞口以东可以利用废弃的丁家桥机场，少征3 150亩土地和少迁1 145户村民，方案才定了下来。陈锦华说，上海南有金山，北有宝山，遥相呼应，为国家积累金银财宝。

就这样，以宝山命名的宝山钢铁厂即将诞生。

1978年3月9日，国家计委、国家建委、国家经委、冶金部、上海市正式向中央呈报《关于上海新建钢铁厂的厂址选择、建设规模和有关问题的请示报告》。两天后，中共中央政治局常委及相关副总理相继批准了报告书。

真是好事多磨。3月24日，正是中日双方签署谈判协议的当天，国务院副总理谷牧收到一封令他自己也感到震惊的来信："宝山厂址有很多弱点和缺陷，地质不好……会产生塌方，美国大湖地区钢铁厂已有先例……"在此前，有著名的科学家也多次提醒他：打几十万吨钢管桩投资大不说，日后仍然有滑到长江里去的可能。谷牧觉得事关重大，立即批示："报先念、登奎、秋里、世恩同志，这些问题不一定完全正确，冷风不可吹，但问题不能不反映……"

李先念收阅后批示："我也收到了类似的信件，我想上海新建钢厂的厂址问题是否再作慎重考虑，或者至少要重新审查一下，然后再作决定……"

即将诞生的宝钢又一次出现了难产。

一个月后，国家建委组织56名著名专家来到了宝钢现场。经18个昼夜的连续实地试验，一份详尽的试验报告直送国务院。

宝钢地基可以处理，建设钢厂绝无问题！专家们一锤定音。

国务院副总理康世恩接到报告后，向李先念做了详细汇报。李先念听完后，长长出了一口气，果断地在康世恩的书面报告上批示："决心已下，万不可再变，要对人民负责。宝山钢铁厂的建设，已经在人民中间传开了，人民要求我们把这个厂建设好！"

宝钢经过3次阵痛后，1978年5月14日，上海市"革委会"、冶金工业

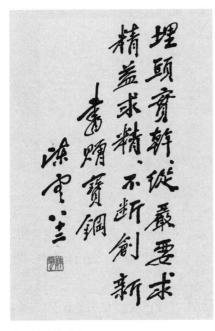
陈云为宝钢题词

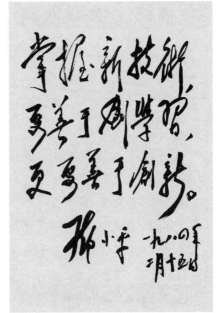
邓小平为宝钢题词

部联合向国家计委报送《上海宝山钢铁总厂计划任务书》。1978年8月12日，国务院正式批复《上海宝山钢铁总厂计划任务书》。

宝钢呱呱坠地。

这里要说一下的是，在中央规划未定之前，上海的前期筹备工作已经开始了。早在1977年11月21日，上海就成立了新建钢铁厂指挥部，任命市经委负责人许言为指挥，陈大同等为副指挥，筹备建厂。厂址未定以前，指挥部先在淮海中路的上海社科院四楼办公，后又搬到人民广场市人大办公楼办公。到1978年8月宝钢呱呱坠地时，已有3 500多人到宝钢报到。水厂、通信设施、医院、供配电、征地动迁已经开始……

（原载2008年第11期）

"桑塔纳"谈判风云

颜光明

"桑车"其实是"国情车"

桑塔纳轿车简称"桑车"。

20年前上海人对"桑塔纳"还很陌生，可如今在上海几乎是妇孺皆知，无人不晓，差不多成了中国轿车的代名词，大有超出当年"有山必有路，有路必有丰田车"的影响力。

尽管近年来市场上冒出了不少新款轿车，但是桑塔纳依旧是最受欢迎的品牌。从2000年年底到2001年上半年，桑车依然满产满销，依然是中国销量最大的轿车，许多人百思不得其解，于是便引发了"桑车现象"。

业界权威人士一语中的：桑车其实是国情车。对中国人来说，桑车不仅开辟了中国轿车业的新纪元，而且记录了上海改革开放的轨迹。

饶斌为桑车国产化死而后已

1978年7月，国务院批准在上海建造一条轿车装配线。时任上海大众董事长的仇克回忆说："那一刻我才感到，上海乃至中国的汽车工业真的有希望了。"中国汽车工业奠基者饶斌，时任一机部副部长。当他知道国家计委提出开展对外加工装配业务、准备引进一批装配线时，就建议把引进轿车装配线放在上海。他还说："不要失去良机，要抓紧上。"之后，他倾其全部精力为桑车国产化奔波，最后病逝在上海。时任上海市机电一局副总工程师的翁建新回忆说，饶斌得知国家批准上海建造一条轿车装配线后，立即和上海

时任一机部副部长、中国汽车工业的奠基人饶斌在试车

市领导通话，并派其与市领导商量具体实施步骤，由一机部和市政府联合向国务院打报告，由一机部汽车总局、上海市机电一局、上海拖汽公司（上汽集团前身）共同起草。1978年8月3日，报告稿经上海市领导审核同意，再经一机部领导审定后，于8月9日上报党中央、国务院。

这就是著名的《关于引进轿车制造技术和改造上海轿车厂的报告》。今天看来，这份报告有很高的历史文献价值。报告中首次提出引进轿车技术、规模化生产的概念；提出建设现代化轿车制造企业、市场定位（合作对象）等市场化的概念。这对我国汽车工业后来的发展，尤其是轿车技术引进和对外合作，都是具有指导意义的基本思路。

9月13日，国务院领导就批示，同意和外商商谈。批复速度之快，出乎意料。

然而，这仅仅是桑车谈判的序曲，帷幕还没拉开。

对于"上海轿车项目"，当时的上海市领导非常重视。市委书记陈国栋说："这个项目上马后，对改变上海的工业结构、产品结构特别是出口产品的结构是很有利的。看来上海现在以农副产品加工工业出口靠不住，需要改变。这个项目对培养人才取得先进技术和先进管理方法也是有利的。"

当时上海汽车工业还很落后，在国内还排不上号。一位汽车专家盘点了上海汽车企业后说，当时上海整体实力不如北京，也比不上南京，零部件企业尽是弄堂小厂，干轿车显然是勉为其难。外商专家考察后干脆说，上海汽车企业加起来等于零。但事实上，上海是当时国内唯一能够批量生产轿车的地方。但从1958年上海研制出凤凰牌轿车起，到1978年，上海生产轿车能力一直很低，年产最高时没有超过3 000辆，最低时才几百辆。日本人在看了上海牌轿车生产流水线后，不屑一顾地说"这是他们爷爷辈的生产方式。"在老上海的记忆里，轿车是敲出来的。门户打开才知道什么叫落后。所以当许多老专家得知批准上海上轿车项目时，那种兴奋和激动是难以言表的。他们本能地意识到上海汽车发展的机遇来了！

解放后当了27年局长的蒋涛很自信地说："只要有机会，上海没有办不成的事。"

为什么会选中桑塔纳

1978年9月底，一机部先后向美国通用、福特，日本丰田、日产，德国奔驰、大众，法国雷诺、雪铁龙等汽车公司发出了邀请电，很快就有了回复。国外汽车公司在年底先后派代表团来华商谈。除丰田婉言谢绝和奔驰不愿转让轿车技术外，其余公司都表示了积极的态度。而接触之后，外国汽车公司都认为中国上轿车基础太差，美国通用公司建议最好以"中外合资经营"的方式进行合作。饶斌认为，此建议很好，并转告给国家计委副主任顾明。根据当时的资料记载，邓小平对轿车生产搞中外合资经营表示支持。

这时正是中共十一届三中全会召开前夕。后来，不少研究汽车史的专家说："没有邓小平同志的支持，也就不会有上海的项目。"

不久，上海就成立了项目组，进驻武康路390号一幢西式小洋楼里。从此就在这里上演了长达6年的马拉松式的桑塔纳轿车项目的谈判。

那么，我们为何选中德国大众汽车公司，又是怎么会选中桑塔纳轿车的呢？

负责谈判项目的蒋涛说，我们在选择合作对象时坚持以下几条原则：首先是提供适合我国市场需要的先进车型；其次是提供先进的生产技术和科学管理模式，共同建设完整的现代化轿车工业，对方在国际上已具备有较强的竞争力，并能参与商品出口以解决外汇平衡；再者，同意对横向零部件企业提供技术帮助，加快零部件国产化。

按此要求，上海选到了唯一愿意既提供先进技术又能投入现金的德国大众汽车公司。仇克说，我们要求合作生产的轿车是外方最新款的，能作为公务车和出租车使用的中级车。而在这方面，德国大众能提供他们的B级轿车（即后来1982年上市的桑塔纳）。

而德国人为什么选择上海呢？首先他们心里很清楚，拥有10亿人口的中国将来是一个潜在的大市场。从战略上考虑，亚洲也是德国大众全球计划中一个不可忽视的重要市场。况且，70年代末80年代初，日本汽车长驱直入欧美，德国人大受刺激，一直想在日本的家门口建立廉价车的生产基地，以便与日本汽车竞争。

笔者在采访德国大众时专门提到此事。德国大众亚太地区副总裁雅格比回答说，他们当时正与韩国谈合作，认为韩国的汽车工业基础比较好，是理想的合作伙伴。但从韩国的市场来看，毕竟不如中国，再说劳动力成本高，加上政治局势不稳定，最后还是放弃了。雅格比欣慰地说，现在回过头来看，当初的选择是正确的。如今，德国大众在中国赢得60%轿车市场的占有率，稳居老大，独霸南北两大轿车企业，不能不说是当年德国大众有眼光。

然而，选择中国也并不容易。参加谈判的德国人员最头痛的是对中国不了解，认为与社会主义国家合作没有法律保证，几乎是没有先例，一切都要从零开始，有没有生产基础还在其次。在大众内部也存在分歧，一位财务总裁就表示反对。他认为，在中国办厂要花很多钱，不知什么时候能得到利润，而且外汇又难以平衡，结论是与中国合营不合算。

同样，对中方人员来说，也有个"思想解放"的问题。当时就有一些人

认为这个项目不符合国情，因为轿车是高级消费品，不是急需，还说这个项目德方稳得利，中方稳亏损等。针对这种说法，饶斌据理力争并亲自写信给中央有关领导，汇报了这个项目对于加速上海轿车换型，对于提高汽车工业的技术水平、减少轿车进口是非常必要的，并从我方所做的可行性分析举例说明。这对澄清一些错误看法起到了很大的作用。最终在党中央的支持下，谈判还是闯了过来。

从年产15万辆到2万辆

按照国外轿车生产模式，年产量起板就是15万辆。上海与德国大众最初的谈判方案也是按15万辆的要求去套的。不过，当时中方的出发点是为了出口创汇，少量自己用。德方提供给中方的车型是正在德国热销的高尔夫和捷达。规模是：年产10万辆，7万辆出口，3万辆国内销售，5万辆变型车（即可做面包车、商用车等）。高尔夫、捷达在德国属于家庭轿车，属于小型车范围，在德国大众车系型谱中是A级车。中方表示认同，这主要考虑到便于出口。德方也表示同意。同时，德方也提供了帕萨特中级轿车，这主要是公务用车，出口销路不大，市场主要在德国。

这个所谓的大项目，一谈就是两年，然而到了节骨眼上发生了变化。1980年，外方以德国大众不景气为由要撤项目，中止谈判，此时国内也碰到"经济调整"，所有项目一律暂停，怎么办？

当时主管汽车的领导还是很有信心和眼光的：现在国内虽然进行经济调整，各项建设项目暂缓，但轿车项目刚开始谈判，需要一定时间，不可能马上生效。所以，现在继续谈判和经济调整不矛盾，说不定谈好时，国内经济形势转好，这时就能有准备地上马了。

中方建议德方是否把项目规模缩小，从大项目改成小项目，由15万辆规模减少到2万辆，这样不仅投资少，而且规模也不大，谈起来也容易些。德方采纳了中方的意见，项目继续谈。然而，谈判也遇到一件棘手的事。为了试探中方的诚意，德方突然提出先在中国组装一批CKD轿车。对方有言在先，如当场拍不了板，谈判就中止。中方代表仇克回到宾馆连夜向坐镇的蒋涛请示，蒋涛当即拍板："可以！"这下德方信服了，说中国人讲信誉。当第一辆桑塔纳组装成功，人们看到了希望。之后，中国银行上海分行和当时具有政府职能的中国汽车工业总公司分别参股，成为上海大众的股东成员，谈判就更加顺利地进行下去了。

桑塔纳一枝独秀

车型的选择决定企业的命运。上海汽车合资项目的成功与否，某种程度上说也是取决于车型的选择。

在相当长的一段时间内，我国的轿车市场主要是政府机关、企事业单位和出租车公司。即使是今天，轿车市场依旧是三分天下（即公车、出租车和

1983年4月11日，第一辆桑塔纳轿车驶下生产线

私车各占三分之一）。选择属于中级车的桑塔纳，主要考虑到"适应国内市场的需要，同时也具备国际先进水平，外形要美观大方，综合性能要可靠"。今天看来，这是个承上启下的车型。

80年代前期，桑车问世，许多人都把此车当作了"高档车"。转手倒卖一辆桑车最高价达22万元，桑塔纳"一枝独秀"由此得名。至2001年桑车生产已近200万辆，国产化率已达到90%以上。

当年曾婉言谢绝与上海合作的丰田公司原社长奥田硕来到上海，看到满街的桑塔纳，不胜感慨地说："现在连一辆皇冠都看不到了。"这大概是他对当年不重视中国的一种反省吧。

1999年，笔者在桑塔纳的故乡德国埃姆登工厂采访时了解到，桑塔纳在德国本土只生产了13万辆，车型并不成功，连德国人都很陌生，在德国大众汽车博物馆里也看不到桑车的影子。但在中国却成功了，一投产就是15年，至今仍然还有生命力，这简直是奇迹。这主要是因为桑车已经是标准的中国国产车了。从公车、商务车到出租车，再到私家车，桑车几乎扮演过改革开放以来各个时期的代表车型的角色。无论从什么角度去看，如今的桑车的确已被改造成中国"国情车"了，连同此车的文化也一起渗进了中国人的血液中……

（原载2001年第11期）

"Z"：私人轿车奔驰上海街头

颜光明

上海人近几年似乎突然富裕了。这不需要上银行查存款，不需要进酒楼看宴请，只消站在街头瞧瞧那匆匆来去的车辆就够了。这车，不是指日益增多的出租车，而是挂有"Z"字头牌照的小轿车，吃马路饭的知道这是私家车，是当今衡量豪富是否增多的寒暑表。这类车近来显然多起来了。

解放前，上海拥有近万辆私人轿车，为全国之最

上海历来得风气之先。中国最早引进汽车的城市便是上海。早在光绪二十七年（1901），一个名叫李恩时的匈牙利人从海外带进两辆外型酷似敞篷马车的汽车，上海便开始了有自备车的历史。经过近半个世纪的漫长岁月，到1947年，全市拥有各类机动车26 800辆，其中自备小客车就有9 880辆。公寓、别墅、小洋房无不设有车库，大街小巷随处可见频繁来往的自备小轿车，这在当时国内无论哪个城市都无法与之比拟。

90年代，上海私人轿车拥有量落后于京津穗

可是，这几年上海这个"冠军"却掉队了。80年代中期，本来在中国已经销声匿迹的私家车重新时兴起来，许多地方先后掀起阵阵私车热，上海却显得意外的滞后。1991年，北京的私家车拥有量已经有6 470辆，广州有354辆，天津也有285辆，而上海却只有203辆，比天津都不如。在北方，一个小村庄的头，家里早就有几部豪华的"奔驰"；在南方，大款们争购高档

车的消息也早有所闻。"劳斯莱斯",在国外被称为"贵族之车",生产是限量的,购买者得付特别税,不是豪富,谁也不敢问津。而1993年4月,广东7个老板在同一天里就买了8辆这种型号的轿车。江苏华西村,一次订购"捷达"牌轿车250辆,曾轰动一时,而村里头却说,这数目还不能满足需要,理由是他那里厂长、经理和科技人员加起来有200多人,此外还有派驻外地的20多个办事处。在这一方面比阔绰,上海似乎矮了半截。

牌照太少,黑市高达10万元一张

私车热,热得慢,并不是因为上海人没有钱。有一位大款说:现在是千金好掷,一车难求。在"汽车配件一条街"的威海路上,笔者采访过一家专售摩托车配件兼营摩托车修理的个体老板。他抱怨说:"我有购买能力,也有停车地方,兄弟姊妹都是吃汽车饭的,又全都会开车,想弄一部车,自备车牌申请已经两年了,还没有批下来。"这样的人并不少见。1993年7月1日,上海举行"夏利"牌轿车进入家庭的销售活动,不少人携带巨款蜂拥而来,结果都是没有牌照扫兴而归。据农机公司汽车经营部的经理说,销售活动前后每天要接上百个咨询电话,问购车能不能同时解决牌照。牌照得不到解决,买了车无异买了一堆废铁。销售活动那天,供应车辆200辆,结果却只售出11辆。

可发的牌照太少了,制约自备车的发展,申请购买自备车变得神秘兮兮,批条子、托关系,花钱买牌照的种种传闻在社会上流传甚广。目前摩托车牌照的黑市价据说已经高达1万元,自备轿车的牌照没有10万元休想买到手。这自然不是谁在有意作难,而是交通设施落后的必然结果。有人说,当今的上海是"30年代的道路,50年代的'老爷车',90年代的交通流量"。这一说法虽然不完全确切,却也多少反映了实际状况。7年前有个统计,上海市区车均道路面积只有26.1平方米,每公里道路的汽车拥有量为506.6辆,拥挤程度超过车流量很大的香港和东京。7年过去,道路增加有限,机动车数量却大量增加，1993年上半年已经突破28万辆，还不包括每天进出上海的2万辆外地车，今天道路汽车拥有量比以往更多，平均道路面积更少，驾驶员、乘客普遍感到头痛。

世界名车纷纷涌到上海

尽管受到种种限制，私家车毕竟还是发展起来了。现在的上海街头，几乎可以看到当今世界流行的各种名牌高档车：美国的"凯迪拉克""尤迪克""别克""林肯"；德国的"奔驰""宝马"；日本的"凌志""蓝鸟""公爵""雅廓"；瑞典的"富豪"等等。偶尔你还可以看到美国刚推出的93最新款的"弗里特伍德"（FLEETWOOD），以及日本的"凌志ES300"、德国的"奔驰600SE"。"弗里特伍德"是专为政界要人和大企业家提供的首选座车，曾于1992年获全美轿车最佳大奖，造型富丽堂皇，装饰十分考究，内部宽敞舒适，行驶平稳安全，排气量为5.7升，最高时速可达170公里。日本"凌志"则是1988年轰动世界车坛的豪华车，1990年被评为美国"十佳轿车"。1984年，上海开始出现私家车，多数车主是冲着"扒分"——做出租车生意而来的，拥有的大多数是二手的旧车，或者从东欧、苏联进口的低档车。现在就大大不同了，气派得多了。

名车拍卖会，大款大搏杀

1993年8月25日，上海举办世界名车拍卖，招来了不少勇于"槌下搏杀"的大款，他们为夺取一辆名车而不惜一掷千金。台湾城的老板魏先生，本来已经拥有一辆奶白的"劳斯莱斯"，那一天仍然以4.8万美元的价格拍下一辆英国古董车"美洲虎"。另一位上海迈达投资咨询公司的施小姐也不甘示弱，一次拍下"马自达"跑车和"凌志LS400"各一辆，总价6.68万美元。那天，陈列出19辆名车，拍走成交6辆，虽然没有卖完，而总成交额已达22.522万美元，也算热闹的了。

新富翁斗富摆阔扎台型

上海城乡社会调查队1992年曾对小轿车需求者作过一番调查，私家车的拥有者主要是一些新富翁、个体户、专业户、承包户、私营企业主，以及有高额额外收入的演员、运动员、专家和教授。这里说专家、教授，自然人数极少。不少人买车，与其说是为了代步，不如说是为了包装自己。

豪华车，历来是斗富摆阔、显示身价的特种自我包装材料。谁拥有显眼的豪华车，表明谁就是市场经济角逐的胜利者。笔者有幸结识过一位姓张的先生，他喜欢车，曾经为骑摩托车摔断过腿。国外闯荡迷上汽车，如今是沪上相当出名的老板。他有两辆自备车，一辆是"奔驰560E"，另一辆是"奔驰500E"，都属于"奔驰"家族中高档车。前不久，他拿出一张刚

桑塔纳汽车展示大厅

从香港带回来的一辆白色"劳斯莱斯"敞篷车照片,对笔者不无自炫地说:"这是我刚从香港买的,在上海绝没有第二辆,上马路兜风,一定'台型'扎足。"

"扎台型",就像装饰门面一样,是做生意必需的。高档车,多以排量分级别,排量愈大,时速愈快,档次就愈高。时速达到170公里的豪华车,在上海市区的马路上根本无用武之地,即使在高速公路上也难显出它的威力。买来作自备车,出没于宾馆、酒楼、公寓、别墅、写字楼,自然是让人刮目相看,即使买来放着,让人瞧瞧,也显得气派。在上海东北角的城乡结合部有位陈先生,去年他以13.8万元的高价通过拍卖购得一副吉利号码的牌照,又花了10万元买进一辆小面包。一年以来,尽管小面包为他走南闯北立下汗马功劳,但总觉自己就像带个丑小鸭一样感到不自在。每当做生意时见别人开着漂亮的自备轿车前来,心里就产生自卑感,怕人家瞧不起他。他原是69届的下乡知青,后来进一家煤气安装公司当过工人,看准经营皮革服装能赚钱,辞职去办了个体皮革加工厂,生意果然不错,很快就跨进了富裕阶层的行列。1993年6月18日,上海拍卖豪华型桑塔纳轿车,他以46万元的高价竞拍,却敌不过出60万元的乍浦路夜明珠海鲜渔村朱老板,退而求其次,后来以32万元买了一辆黑色"奥迪"牌轿车,终于圆了自己一年的梦。

买车还有全为点缀装潢的。在出了名的一条美食街上,有个老板买不到上海的自备车牌照,特地到江苏弄了一副,买进一辆二手的"皇冠"牌轿车,以显示自己的身价。其实他本人并不经常用这辆车,宁可每月出450元的停车场地费,让它躺在店堂门口作点缀,自己却每天又花钱去乘出租车。

自备车,好像苦恼人的笑:买得起养不起

有自备车,看来很潇洒,其实不尽然,要看你具备多少必要的条件。

某文化编译社有位李姓社长,是最早拥有私家车的一位。1987年他花9 800元买了一辆波兰制造的"菲亚特126P"微型车,过不没多久,此车就上涨到1.5万元,这真好比买了一份不要认购证的股票,车子用了,还可以赚进。1992年他出价1万多元卖掉了这部车,又加上一笔钱买进一辆"奥拓"牌轿车,牌照号码也够吉利的,"Z0028"。够潇洒了吧?可是同他一交谈,想不到听到的是一肚子苦恼。

首先是各种维持费不堪负担。一部轿车,按照1985年的标准,各项维持费(其中包括养路费、保险费、汽油费、修理费、年检费、停车费等等)总计2 498元,这对于他这样靠工资收入过日子的人来说,无疑已经是不小的负担。

其次是缺乏停车场所令人头痛。现在一般工薪阶层,住宅都还紧来兮,哪具备有私家车库。李某为有车而无停车场,弄得晚上睡也睡不稳,生怕车被人弄坏、偷走。后来自己动手,在住宅小区大楼底下的空地用毛竹搭了个临时车房,总算让车有个歇脚的场所,但仍要时时提防车子被窃。

李某带着几分苦涩的口气对笔者说:"现在'奥拓'在国内轿车中间属于最低档次,开这样的车已经有点寒酸,就是这样的车我也养不起。"

李某说的是真话。目前一辆轿车的消费总额中,购置费大概只占17%,而维持费,包括开支很大的维修费都相当于购置费的5倍。以"夏利"车为例,每辆车车价在9万元左右,而动态投入(从购置到报废)总数要花54万元左右,一部"奥拓"进价7.5万元,全部动态投入将是37.5万元,对于一般工薪阶层来说,即使有钱买车,也没有足够的收入来"喂养"。

总数不到一千辆,普及之日尚遥

上海眼下私家车的拥有量还不到1 000辆,但是仔细去查一查,真正属于私人的大约仅500辆左右,有好些"Z"字车是冒牌的。有一些"Z"字轿车的拥有者是港商和台资企业，他们享有进口免税的优惠待遇，一般人买进口车档次愈高，关税也愈大，他们可以免税，因而不买则已，一买就是豪华车。还有一些是花公家的钱，借用免税指标，或者以个人名义，绕过"控办"，买的所谓"私家车"。1992年7月18日，上海拍卖自备车牌照，爆出以30万元公款买"Z0518"汽车牌照的丑闻，这是众所周知的例子。

"Z"字车要驶入寻常百姓家，日子还遥远着哩！

（原载1993年第11期）

邓小平南方谈话：十年上海巨变

黄金平

1992年年初，邓小平的南方谈话像一股强劲的春风吹遍祖国大地，同样也给上海带来了20世纪最后一次发展机遇。在以江泽民为核心的党中央领导下，上海上下一心，团结奋斗，切实抓住了这一历史性的机遇，以"三个有利于"为标准，敢于探索，敢于实践，敢于创新，短短10年间，取得了许多举世瞩目的重大成果，发生了翻天覆地的巨大变化。

2001年，浦东新区GDP已突破1 000亿元

开发上海，开发浦东，是邓小平直接倡议和推动的。1991年邓小平就明确指出："开发浦东，这个影响就大了，不只是浦东的问题，是关系上海发展的问题，是利用上海这个基地发展长江三角洲和长江流域的问题。"邓小平明确要求上海"抓紧浦东开发，不要动摇，一直到建成"。后来，邓小平又在南方谈话中重申了这一重要思想。根据邓小平的这一战略构想，党的十四大作出要把上海建成"一个龙头、三个中心"的重大战略决策，使上海成为全国改革开放的前沿。

2000年，是浦东开发开放的第10个年头，新区的经济建设进入了一个新的历史发展时期。至2000年年底，累计批准签约中外资项目6 635个，协议投资额344.3亿美元。工业经济产值进一步增长。10年来，浦东新区的年均20%以上的经济增长速度，对于90年代上海国内生产总值保持两位数增长具有重要作用。浦东新区1990年GDP为60.24亿元，2001年已突破1 000亿元，新区的GDP占上海全市的比重由1990年的8.1%上升到2000年

的20%。经济辐射能力进一步体现。陆家嘴金融贸易区有中外金融机构87家，大集团、跨国公司总部或地区总部17家，国家级要素市场6家。金桥和外高桥成为生产世界工业品牌的基地，其产品出口量逐年增加，工业出口交货值达到100.8亿元，外高桥海关进出口额达到76.23亿美元。内外交通体系进一步完善。继浦东国际机场通航后，上海地铁2号线的运行，构建了浦东空中、陆上、地下和海洋（外高桥港区）的四维交通网络体系。随着黄浦江人行隧道的试开通和磁悬浮列车、上海外环线等现代化交通项目的兴建，浦东的交通能力将会提升到又一个新的阶段。社会事业功能进一步增强。经过10年建设，浦东各项社会事业功能日趋完善。现在，2万人足球场和占地150公顷的世纪公园已正式对外开放，浦东图书馆、上海科技馆、浦东少年宫等大型文化设施也已经竣工开放，并举办了国际花卉博览会、亚太工业论坛、上海国际文化艺术节开幕式和APEC会议等活动。

上海在全国投资企业已达4 200家

在浦东开发的带动下，上海的对内对外开放向纵深推进。目前，上海已初步成为全国资金流、商品流、技术流、人才流和信息流的集散地和交汇枢纽。

在对内合作方面，按照优势互补、互惠互利、联动发展、共同繁荣的原则，进一步实施对内双向互动式开放，努力提高上海服务全国的水平，全面开创国内经济合作的新局面。20世纪90年代以后，上海在外省市投资项目每年以20%的速度递增，到2000年年底，上海通过输出资金、技术、管理，在全国投资的企业已达4 200多家，投资金额超过180亿元。到"九五"期末，各地在沪企业达到15 000家。上海国内生产总值连续十年保持两位数的增幅中，有一个百分点是由中央和各地来沪企业创造的。

世界500强中已有147家在上海投资

上海"九五"期间实际吸收外资金额突破300亿美元，相当于"八五"期间的2倍，占改革开放全市实际吸收外资总额的60%。2002年，在上海投资的国家和地区已有91个。吸收外资的领域也从工业扩展到商业、金融、房地产、农业等领域。随着上海投资环境的改善，落户上海外资企业的规模、规格和引进外资的质量也不断提高。世界500强跨国企业中已有147家在上海投资。投资额超过10亿美元的大项目，如通用汽车公司投资的轿车和泛亚汽车技术项目、柯达公司项目都已落户上海。全市外商投资企业2000年完成出口额142.61亿美元，占全市出口总额的56.25%。

与此同时，上海实行"走出去"和"引进来"并重的战略方针，还走出国门，在世界70多个国家和地区开办了近580家海外企业机构，积极开展海外直接投资经营活动，不仅使上海在更广阔的空间范围优化配置资源，而且在更坚实的基础上保持了先进生产力发展的良好势头。在上海的国内生产总值中，约有1/4到1/3的份额是在与国际交往中实现的。

第三产业已占全市国内生产总值的50%以上

在这10年中，上海依照建设国际大都市的要求，加大产业结构战略性调整的力度。产业结构调整贯彻"三二一"的发展方针，第三产业迅速发展，金融保险业、房地产业等成为新的经济增长点。第三产业占全市国内生产总值的比重已从"九五"初期的43%，提高到"九五"期末的50%以上，年均增长15.1%。"九五"期间，电子信息产业成为全市增速最快的行业。1998—2000年间，信息产业总产值平均增长39%，工业增加值平均增长29%，利润平均增长49%。2000年产值猛增到1 031亿元，在全市工业中的比重从1995年的5.9%增长到2000年的14.8%，超越汽车、钢铁、石化工业，成为上海名副其实的第一支柱产业。农业开始走上从城郊型农业向都市型现代化农业转变的新路,推进新一轮农业结构调整,发展优质高效的出口创汇农业,现代农业园区建设进一步推进。全市已建成大中型或外商投资农业企业300多家,建成规模化、现代化蔬菜园艺场234个。

全市人均国内生产总值已超过4 500美元

科学技术是第一生产力,上海积极实施"科教兴市"战略,加强技术创新体系建设,大力推进高新技术成果转化。"九五"期间,科技进步对经济增长的贡献率提高到50.3%。高等教育的入学率提高到38.8%,高中阶段入学率达97%;全市新增劳动力的受教育年限提高到12年。全市各类科技人员已达100万人。

改革开放以后,特别是1992年以来,上海的综合经济实力不断增强,2000年国内生产总值达4 551.15亿元。衡量城市综合实力的全市人均国内生产总值,2000年达34 547元,按当时汇率计算达4 180美元,从1995年的2 300美元提高到4 000多美元,2001年则上升为4 500美元,成为全国除港澳台地区外第一个跃上人均4 000美元新台阶的省级地区,已达到世界中等以上国家(地区)的水平。

"九五"期间上海已建成97个重大工程

20世纪90年代以来,上海根据邓小平"一年一个样,三年大变样"的指示,以还城市建设历史欠账为契机,以构筑现代化国际大都市的框架结构为目标,着力推动城市发展机制和管理体制的转变,加强城市的综合管理,使城市面貌发生了历史性变化。

城市基础设施落后,一直是困扰上海发展的老问题。要改造必须有大量投入。然而,上海从50年代初到70年代末,城市建设投入只有70多亿元；80年代的投入明显增加，但总共也不到250亿元。邓小平南方谈话后，特别是"九五"期间，全市城市基础设施建设投资达2 274亿元，年均增长10.4%，比"八五"期间增长1.8倍。房地产投资占全社会固定资产总投资的比重从"八五"期间的15.7%上升到"九五"期间的30%。重大工程建设有序推进。5年间，建成97个重大工程，市政府为民办实事达52件共187个单项。城市基础设施建成的有中心城区"申"字形高架道路、"三横三纵"地面骨干道路、地铁1号与2号线、轨道交通明珠线一期和一批公用设施；对外交通有信息港主体工程、浦东国际机场一期工程、外高桥港一期和二期工程、沪宁和沪杭高速公路；环境建设和保护方面有苏州河综合治理、环城绿带建设、东海天然气引入、工农业污染源控制；工业新高地建设有索广视像、乙华虹微电子、通用汽车、宝钢三期工程；社会事业方面有上海体育场、上海大剧院、上海书城、上海图书馆、上海博物馆、上海马戏城、上海大学等。

上海"三个百万"创造的奇迹

邓小平不仅对上海的经济建设十分关心，而且对上海的精神文明建设提出了明确的要求。1992年，他在南方谈话中强调指出："要坚持两手抓，一手抓改革开放，一手抓打击各种犯罪活动。这两只手都要硬。"邓小平还要求上海交出两份答卷，一份是经济建设，一份是精神文明建设。

据此，上海市委、市政府带领全市干部群众，围绕"提高市民素质、提高城市文明程度"这个目标，从基础做起，从细微处做起，从与民众生活最密切的领域做起。从加强市场管理到净化社会、文化环境的综合治理，从创建文明小区到数十个"窗口"行业规范服务达标，这些事关城市文明形象的具体工程，由浅入深，层层展开。

精神生活的丰富，提高了上海人的生活质量，又反过来带动了上海经济的新发展和物质生活水平的进一步提高。很多上海人都会提到"三个百万"

创造的奇迹。面对市政建设"百万居民大动迁"的局面，上海人表现出罕见的大局观念和大体意识，在短期内顺利完成动迁计划；面对产业结构调整而出现的"百万工人下岗"，上海人表现出强烈的拼搏精神和创造意识，不消极等待，不乞求依赖，发扬上海人的踏实勤奋的优良传统，自力更生，奋发图强，重铸上海的辉煌；而活跃在上海大街小巷的"百万志愿者队伍"则成为上海社会主义精神文明建设的模范实践者和传播者，构成城市文明一道壮美的风景线。

同时，随着文明小区创建活动的开展，目前上海已有三分之二的居民生活在文明小区中。2000年年末，创建了上海自来水行业、民航行业等2个首批市文明行业，第十届（1999—2000年度）市文明单位1 565个，市文明小区1 201个，市文明村167个，第十届（1999—2000年度）上海市军民共建社会主义精神文明先进集体230对，首批市文明示范标志区域13个，市全行业规范服务达标行业9个，全市93个街道社区中，已产生57个市级文明社区。黄浦、卢湾、静安区建成上海市第一批文明城区。市郊农村已建成167个文明村、36个文明镇。

（原载2002年第2期）

大上海"下只角"正在消失

陈季冰

百万平方米新房驱走"下只角"记忆

70多岁的姜大妈在住了8年临时房以后,终于携儿孙5口,搬进了宽敞明亮的三室一厅新居。

1984年的冬天,当她的一家搬出那间住了30多年的"鸽笼小屋"时,她的独生儿子还没娶亲。几天后,她的家连同那片被称为徐汇区最大的"下只角"的棚户区,在几声轰鸣中被夷为平地。

当这一家子重新搬回来时,姜大妈的孙子已经有6岁了。乔迁新居的那天,天空中飘着濛濛细雨,姜大妈睁大了双眼端详着这块不算大的土地,她觉得有些陌生。她试图在整齐的高层建筑群中寻找到以往熟悉的"羊肠小弄"和"三层阁"的一丝痕迹,但她的努力白费了。

于是她用浓重的苏北口音对儿子说:"今后我们也能用上煤气和抽水马桶了,你儿子不会再像你以前那样,在小朋友面前觉得低人一等了。"

这事发生在1992年12月,就在那个月里,这个位于徐汇区西北角、以前被唤做"市民村"的棚户区,在上海地图中被正式抹去。在这片16.5公顷的土地上,取而代之的是一个拥有11栋高层,37栋多层住宅,总建筑面积30多万平方米的"乐山新村"。

进入20世纪90年代以来,几乎每天都有上海人家在重复着姜大妈一家所经历的喜悦和陌生感。

80年代中期开始的大规模旧城改造工程,在90年代初期终于开始结出第一批果实。伴随着一栋栋高楼大厦在上海滩拔地而起,以往曾一再地令我们这座城市感到难堪的"下只角"——棚户区，正在成片成片地从上海人的记忆中退却。近几年来，上海每年都要建成数百万平方米的新村住宅。在刚刚过去的1993年内，全市就完成600万平方米新建住宅、一个完整的小区和15个完整的街坊的建设。从1991年开始，每年都有数十万户市民像姜大妈那样兴高采烈地迁进绿树掩映、煤卫齐全的新村小区。

"下只角"曾让"改革开放龙头"尴尬

有这样一个词汇，翻开任何一本汉语词典，都找不到它，然而它又是那么沉重地存在于上海人的日常生活乃至精神世界中，想躲都躲不了，这就是"下只角"。

一条条弯曲狭窄的"蛇巷"，宽一点的可容一辆自行车推行而过，窄一点的一个人走路还得不时侧过身子；一间间奇形怪状的小屋、阁楼，参差不齐地紧挨在一起，身子还在这一家的窗门里边，一伸手就可以取到对门人家桌上的东西；推门出去，第一眼看到的或许就是阴沟和粪池……这一切构成了"下只角"的全部"硬件"。

它们的主人早先是从毗邻上海的苏北、安徽等地来上海的逃荒者或"淘金者"，现在则是服务于全市的工厂、商店、医院、学校及任何一个行业中的普通上海人。在长达40多年的时间内，在这些毫无疑问属于上海市的地方，苏北话却是主要的方言。

这样的地方遍布在大上海的几乎每一片城区，比较"著名"的不下20个。即使在素有"上只角"之称的徐汇、静安等区，像上文述及的"市民村"也为数不少。它们被叫作药水弄、西凌家宅、茅家塘、久耕里、福申里等好听或不好听的名字。

这样的"鸽笼"在全上海总面积至少有1 500万平方米，住在"鸽笼"里的"阿拉"有200万人。年复一年，他们在那里吃喝拉撒，娶妻生子，生老病死，上演着一幕又一幕似乎永无尽头的人生悲喜剧……当然，随着

"下只角"内人口的迅速膨胀,他们的"鸽笼"越来越密,"蛇巷"越来越窄……

如果说30年,甚至20年前,人们还可以理直气壮地用"旧社会遗留下的烂摊子"之类的"说法",向海外或者外地客人解释这种存在,同时留给自己一个极为勉强的安慰的话,那么到了我们这座城市已成为"90年代中国改革开放龙头"的今天,它们已越来越令整个上海尴尬!

拥挤的空间,拥挤的心态

当然,比面子上的尴尬更为严重的事还有。当这些"下只角"的容量和密度超出它们所能承受的极限时,悲剧便不可避免地一再发生。

南市区的一片棚户区曾发生过一次大火灾,消防人员在接到报警后的很

1993年上海居民的斗室

短时间内就赶到那里,但他们只能站在弄堂外"望火兴叹",因为弄堂实在太窄了,消防车根本开不进去!

5年多以前,家住北站附近一位姓刘的读者邀请新华社某记者去他家"瞧瞧",那位记者后来这样描述道:"走进他家的弄堂,只见两排房子中间架着横梁,用以支撑两面的墙壁……"房间里的情景更让他吃惊:"正中间一根顶梁柱支着天花板,墙体开裂,屋顶渗漏,地板不仅吱吱作响,还富有弹性……那里的居民都夜不闭户,因为门框严重变形,大门根本无法关上。临走时,这位姓刘的先生问我:这屋什么时候倒塌?我无言以对……"

这也许并不是迄今为止有关上海"下只角"人居住状况的最逼真描写,在这种环境中生活的上海人有许许多多。他们并不是通常外国电影中频繁出现的那些生活在贫民窟的角色,因为和普通上海人相比,他们什么都不缺,除了一间能算得上是"家"的屋子。

这样的空间严重影响了生活在其中几辈子的上海人的性格,这几年外地人用来猛烈抨击上海人的"精明不聪明""小家子气"等等说法,我依稀感觉到,多少同这种"下只角"的居住环境有关。拥挤的空间造成了拥挤的心态,而带着几十年拥挤的记忆从"下只角"里走出来的上海人,在心理上必然存在着一片挥不去的阴影。

一个从"下只角"出来的上海人,也许可以在社交场合表现出绅士般的翩翩风度,也许可以在文化圈内的讨论中显示出深厚的学识和修养,做股票生意发了点小财的他们甚至还可以在高档一点的消费场所一掷千金……但他最不能忍受的就是有人当面说穿他童年和青少年时代的居住地区。因为在所谓的"老上海"心目中,哪些地方是"上只角",哪些地方是"下只角",是一清二楚的,而来自"下只角"的上海人时常要被来自"上只角"的上海人所看轻。仅仅他们这一辈子受这种气也罢了,想到他们的下一代还会因为同样的缘故而被看不起,他们又怎能忍受呢?

于是,为了美好的明天,上海人强烈要求走出"下只角",扫除大上海屋檐下的这片阴影。

旧城改造样本：蕃瓜弄的变迁

最初的改造开始于20世纪60年代。

蕃瓜弄，因为70年代的小学统一语文课本中的一篇文章而名扬全国，在很长的一段时期内，它是"劳动人民翻身做主"的象征。

蕃瓜弄靠近现在的上海新客站，它的得名是由于解放前那里的贫民大多以种蕃瓜为生。在1941—1945年间，从山东、安徽、江苏等地乞讨至上海的难民，在这片原本是荒地的地方用芦苇、草席和竹竿搭起所谓的"滚地龙"。最多的时候，这里有3 300多座"滚地龙"，里面居住着2万多人。

1963年，这里被列为上海首批成片改造的棚户区。一个拥有35栋5层高、煤卫齐全楼房的工人新村，很快在原来"滚地龙"的废墟上矗立起来。因为"新旧社会两重天"的强烈对比，蕃瓜弄成了上海市政府向国内外人士宣传社会主义优越性的样本。在1972—1983年的10多年间，蕃瓜弄所在的普陀区天目街道一共接待了近千批、数万人次的外国参观者。

以当时的国力，蕃瓜弄只能是一个特殊的"样板"。尽管上海市领导曾提出过"10年内消灭小阁楼"的宏伟目标，但旧区改造的步伐十分缓慢。直到"文革"前，旧区建筑面积还有数千万平方米尚未改造。

"文革"使这一工程停滞了10年。在这10年中，成千上万的青年上山下乡，等到"文革"结束他们回到故乡时，有的已是拖儿带女。原先的阁楼住不下了，只有继续搭建。于是，"下只角"内的人口和危房数量开始以惊人的速度膨胀。

80年代初，上海市政府曾拨出一笔款子，改造全市16万平方米的危房。3年过后计划完成，可没办法庆祝，因为这段时间内，全市又增加了22万平方米危房，修得没有坏得快！

动迁之中的虹镇老街——部分旧房被拆

改革让棚户区旧貌换新颜

真正大规模的旧城改造始于80年代中期。城市经济体制改革的春风，使市政建设获得了前所未有的新的融资渠道。从那以后的近10年间，上海的旧区改造大都采取"政府拨一部分、企业拿一部分、居民出一部分"的模式。

实践证明，这种三方集资、利益分享的旧区改造模式，在很大程度上加快了这项艰巨工程的进程。到90年代初期，一大批棚户区居民搬进了宽敞明亮的楼房。这里有一个不完全的"下只角"改造"备忘录"：

——药水弄，经过8年来的改造，已建成6栋高层、24栋多层、2栋高级侨汇房，总共28万平方米的新型居住小区；

——久耕里，未改造前共有简陋棚屋2.8万平方米。从1984年至今，已建成高层4栋、多层5栋，人均住房面积由原来的3.5平方米提高到5.5平方

米。原来仅18米宽的海宁路也在改造中被拓宽到35米宽;

——孙家宅,占地17万平方米,内有棚户近千户。1985年列入改造计划以来,已建成5栋高层和3栋公寓,第三期工程计划中的另外4栋高层也将投入施工;

——西斯文里,上海最大的旧式里弄之一,在这块33.57亩土地上原来居住着近4 700口人。1993年年初,"中央广场"第一期工程在此奠基,拉开了大规模改造的序幕。按计划,改造后的"中央广场"的总建筑面积将达到11.7万平方米。首期工程为一栋28层办公楼,1996年竣工。二期工程为48层的办公楼,三期工程是2栋28层的商住大楼;

——西凌家宅,上海最大的棚户区之一,占地9.1公顷。1985年开始改造以来,计划共建10栋高层、24栋多层,总建筑面积近30万平方米,全部工程将于1994年年底完成;

——福申里,素有"72家房客"之称,在不到6 900平方米的地块上,竟有居民702户、单位66家。1986年列入改造计划,将建1栋19层商品住宅

2012年11月5日,上海市黄浦区露香园路旧改地块居民在搬迁

楼、1栋30层综合营业楼和2栋20层中低档旅馆、综合业务楼，1996年年底全部竣工。

批租地块加速消灭棚户区

这样的速度对急切渴望结束"下只角"历史的"阿拉"上海人来说，依然是那么缓慢。在那些至今还在环境恶劣的棚户区里年复一年地忍耐着的上海人眼里，幸运者毕竟是少数。

数字能更加清晰地说明这一切：

按照80年代的速度，上海平均每年能改造的旧区面积是15万平方米。但据统计，全市目前有危房、棚户、简屋及年久失修的旧式里弄房屋1500万平方米。如此计算下来，上海完成全部旧区的改造要花100年时间，而完成整个黄浦区的改造竟需要3个世纪！

生活在这片已成为"龙头"的土地上的人们，怎么能忍受再当100年，也就是4辈子"下只角人"的残酷现实呢？

转机终于出现在1992年年初。

这年的1月25日，上海市政府向港商批租了市区第一片地块。这块土地位于卢湾区和徐汇区接壤地带，西临日辉港，被人称为"斜三基地"，是有名的棚户区。土地批租方的外商除了要向市政府交纳100万美元的出让金以外，还要出资动迁1000多户居民和20个单位，并负责前期市政配套设施的建设，这就为政府卸掉了一个巨大包袱。

从那以后，这种利用地差级数批租地块、改造旧区的模式在全市范围内迅速推广开来。有人算了一笔账，用这种方法，改造上海1500万平方米旧区最多只需10年。

从完全由政府拨款到政府、企业、居民三方集资，再到批租改造，这个漫长的转变过程背后所包含的意义，并不是每个人都能清楚地认识到的。但任何人都能看出，最后这种模式能使整个城市消灭棚户旧区的期限缩短90

年！这就是市场经济和计划经济最直观的比较。

形成所谓"下只角"的根本原因，是经济上的贫穷和落后。所以，今天，我们要消灭"下只角"，也得从经济基础着手，而住房条件则是城市居民生活水平的最直接体现。正因为这样，随着上海大规模市政建设的开展，在不久的将来，上海的"下只角"定会成为一段"忘却的记忆"。

（原载1994年第1期）

老城厢改造：崇古趋新

吉鸿盛

老城厢是大上海的发源地

对于上海来说，上海老城厢是她的根。虽然老城厢只有2平方公里，但是，上海这座国际大都市正是从这个由人民路和中华路圈起来的圆形区域里发展起来的。

上海老城厢是上海最早的县城所在地。自从1291年（即元至元二十七年）元朝朝廷下令上海建县以来的700多年间，有600多年这里一直是上海的政治、经济和文化的中心，也是近代上海的发源地。今天的上海就是由这一块弹丸之地演变而来的。公元8世纪，上海还只是一个人烟稀少的小渔村。宋代由于水路交通便利，商旅往来频繁，城镇人口增多，建成了上海镇。到了元代，由于上海靠近海边，海运贸易获得发展，市面日趋繁华，遂升级为上海县。明代为了抗击倭寇侵略，县城四周建造起城墙，挖开了护城河，后来于民国初年又填河筑路，形成了如今人民路和中华路的环城路，上海老城厢也由此形成了。

上海开埠以后，逐渐把重要的贸易设立在老城厢东门外的十六铺码头。十六铺也因此成为上海货物贸易的集散地，成为著名的上海水上门户。以后，十六铺码头又逐渐延伸，黄浦江沿岸最终形成了万商云集、货栈林立的繁华景观。洋行、银行相继在此设立。由于受到外滩金融街的强烈驱动，临近外滩的南京路，很快就形成了上海最繁华的商业街。以南京路外滩为中心的近代上海城市就这样从老城厢脱胎而来。

20世纪初,从法租界通向老城北门的入口处(今河南南路人民路口)

1907年的上海城墙已破败不堪

环绕上海县城的护城河

原老城厢新北门(今丽水路人民路口)

老城厢改造势在必行

上海老城厢的商业历来以繁华著称,其中最大的亮点——豫园的旅游商业是上海乃至全国的骄傲,许多年来一直吸引着中外宾客频频光临,而久居上海的市民更是时常去"白相"。上海人有一句老话,叫作"白相城隍庙",说的就是这个意思。豫园还因此成为国内外享有盛名的小吃王国和小商品王国。在豫园内长年人流如潮,而一到节假日更是人山人海,形成了上海一大特色景观。据统计,豫园商城的营业额多年来高居全国第三。

然而,随着现代商业的发展,豫园传统商业受到挑战,它的商业优势地位渐渐被新兴的连锁超市所替代。豫园的小商品王国也面临危机,其名声也渐渐被浙江义乌全国最大的小商品市场所掩盖。况且,豫园的小商品王国长年经销着大量的针头线脑等廉价日用品,档次过低,既不适应现代旅游商业,也无法提供现代旅游商业的经济支持,豫园的商业改造便被推到了首要地位。此外,老城厢的民宅长期拥挤,设施落后,生活不便,远远落后于上海发展速度,况且还有100多处历史文化景观及遗迹有待开发,因此,老城厢改造已是势在必行。有位领导说过这样一句话:"老城厢是上海的根,老城厢面貌没有改变,上海的面貌也就没有改变。"进入21世纪,老城厢改造工程终于由黄浦区新一任领导拉开了帷幕。

老城厢改造定位于豫园文化旅游城

老城厢改造的功能定位是一个令人费心的课题。以豫园为核心的上海老城厢改造无疑是极具旅游商业价值的。可是它不能像南京路改造和外滩改造那样,完全定位于现代化形式,因为豫园拥有它独特的资源——江南古典园林文化。

为此,老城厢改造开发指挥部有关人员,奔赴山东曲阜、山西平遥以及安徽屯溪，学习人家的成功经验，同时还深入研究日本、新加坡、荷兰等国家改造旧城区的成功范例，得出结论：上海老城厢的改造，应该充分保留和发挥它自有的个性及长处。老城厢改造最终定位于豫园文化旅游城。把老城厢地区建成一座既保留中国和上海传统文化、又具有世界性影响的文化旅游城，使改造后的老城厢成为一个集展览、购物、娱乐和会议功能的旅游观光休闲区，让人们在这里看到一个不同于南京路外滩的上海。中外游客若要看上海的现代美，就请到南京路外滩；而要看上海的古典美，那么就请到上海老城厢。

"4块1环"改造计划美妙动人

依据上海老城厢改造的准确定位，规划将人民路和中华路的环城区域建成旅游文化城。其中以纵向的河南南路和横向的复兴东路交叉为界限，把这一区域分为东北块、西北块、西南块和东南块。再加上环城地域，形成"4块1环"改造工程。这个工程计划为人们展现了一幅美妙动人的画卷。

东北块，主要用于旅游商业。这里被列为老城厢改造的重中之重。这里也是老城厢率先启动的突破口工程，老城厢改造核心内容在这里得到最大的体现。

古城公园建设是这一地块上的重要项目，2002年已经开工。古城公园总面积7.6公顷，由两部分组成。东块位于人民路、福佑路和安仁街之间，西块位于人民路和福佑路之间、河南南路东西两侧。在公园内，以艺术手法恢复一段上海古城的城墙，造一个城楼，建一条护城河，并且配上吊桥。在公园里面迁入一些老城厢内具有地方历史特色的著名建筑，让人们在这里感受到上海700年历史的文化气韵。同时，古城公园内所有的绿化树木都采用具有江南特色的植物，种植成片的香樟树、桂树，间以竹林小道，就连公园的道路及小径，也铺设有古典特色的青水砖和石子路，营造出一个充满江南古意的环境，让古城公园成为上海老城厢的门户，人们一走进这里就仿佛看到了一座700年前的上海古城。

为造成这一地块的旅游观赏景点和集聚效应,主事者还将把老城厢里一些著名的历史文化景观和特色建筑如白云观、钱业公所、驸马厅(咸宜堂)等,采用易地迁建的办法,集中到古城公园和豫园附近。在易地迁移钱业公所时,迁建人员对这所上海历史上的最早的银行倍加小心,他们将拆下来的砖木进行编号排序,使它迁到豫园附近重建时能保持原有的风貌。

以豫园商城为中心的老城厢改造,重点将突出旅游商业结构的调整。作为豫园文化旅游城商业核心区,老城区改造将从战略上调整和迁移经济效益低、环境形象差的小商品市场,以提升它的旅游及与传统文化相关的经济功能,建立面向旅游者的多种娱乐和零售体系。

首先,将开发旅游纪念品作为这里经济调整的重点,带动传统文化产业如工艺品、古董、中式服装等产业的发展。

其次,餐饮业不仅仅局限于传统小吃,还要和传统文化相结合,发展更广泛意义上的传统特色餐饮,以吸引更多的国内外宾客。

第三,要引进传统文化娱乐项目。上海原有的极具影响的三大舞台——共舞台、大舞台和天蟾舞台,现在不是消失了就是改变了。在未来的豫园文化旅游城中,将把南京路附近的大舞台置换进来,在豫园地区建造一个既有露天戏台、又有室内戏台的多功能舞台,以适应多层次演出需要,而且要建造成如同法国巴黎可以一边吃饭一边看戏的"丽都"那样,让游客在豫园一边喝茶一边看戏。此外,还将把这里建成传统文化人的聚集地,创造条件让更多的人来此表演说唱、绘画、书法和雕刻等。

位于方浜路上的上海老街,将在现在的基础上作适当的延长。沿路开设适应游客需要的传统商店,在改建中保留原来步行街的功能,并且将路面改造成为青砖和石子路面,以此体现出古城地区的风情。

为提升豫园地区的消费购买力,这一地区也将新建办公楼、中高档住宅以及一些高档宾馆,以此引入购买力较强的消费群。豫园地区的交通也将重新组织,把十六铺码头改造搬迁出来的许多公交终点站搬到豫园地区来。同时，把旧校场路和方浜路建成旅游线路，拓展、辟通昼锦路和福佑路，以畅通交通，引进更多的旅游消费群，从而支持豫园的文化旅游商业。

老城厢改造实施滚动开发

老城厢改造将采取逐步推进滚动开发的方法进行，率先拉开东北块核心地区改造的同时，其余3块1环也已绘出蓝图。

西北块，主要用于建造高档商住楼。这一地区共70公顷，目前已建成太阳都市住宅小区，现正在建设西门广场，还将建立高容积率的高档办公楼、商业用房以及中高档商品房。此外，这一地块还将建设集餐饮休闲为一体的大型多功能组合项目。而这一区域内具有文物价值的特色建筑——大境阁、万竹小学和慈修庵，将在改建中完整地保留下来。

西南块，主要用于建设古今结合的综合文化中心，将老城厢的文化教育设施集中到这一地区来。享有盛名的文庙、书市、商铺，上海最早的学校敬业书院（即敬业中学）等都在这里。显然，这里作为建立老城厢文化中心是有基础的。黄浦区政府还要在这里设立图书馆，并将国家级的旅游高级职校从南京路附近迁到这里。

东南块，主要用于多等级住宅建设。这一地区恰好与黄浦区集居区改造相重合，因此将对区内人群密集居住的大量旧房、简屋，实施重点改造，一举摘除老城厢住宅落后的帽子。在这一地区新建的多档住宅群，包括特色民居、多层住宅、小高层住宅以及别墅群。尤其在上海老城厢这样的繁华闹市修建别墅群，令人耳目一新，这将对改变老城厢形象具有深远意义。

"1环"即建立融入古城墙特色的环城绿带。环城绿带地处老城厢外围，由环形的人民路和中华路连成，长5.1公里，平均宽度15米。这里原是上海古城的护城河，有城墙。1912年拆墙、填河、筑路，形成现在的环路。今后通过建环城绿带，用绿化手段保留城墙的感觉，把环城内仅存的西段古城墙显露出来，同时将用绿化造型体现出原来的古城门形象。环城绿带全部取用江南园林特色的植物——香樟、桂树和竹子，以体现出上海古城的韵味，让人们一走近这里就自然产生一种思古之幽情。

挖掘老城厢每一个部位的独特资源

老城厢深厚的传统文化特色，深藏在独特的建筑形式、建筑空间、景物、地名以及脍炙人口的故事传说中，可以说存在于老城厢的每一个部位。主事者非常注重对这些传统文化的开掘。

老城厢中一些著名的文物景观如豫园、文庙、沉香阁、书隐楼，一些特色民居建筑如龙门村、集贤村、九间楼，都被列入保护、保留项目，规定对这些项目的维护和修建必须报有关文物专管部门批准，并由专业人员实施。为保护这些特色文化景观，还规定必须拆除老城厢内有碍观瞻的破坏性、不协调的建筑，新建建筑必须保持类似的风格，同时高度不得超过这些特色建筑。

老城厢里的许许多多街名、路名和地名，或蕴藏着历史典故，或与历史人物有关。这些特色街名、路名和地名也被全部保留下来。正如黄浦区区长徐建国所说，老城厢原有的文物不足以支持2平方公里内的旅游文化景观，因此要扩大老城厢文物保护内涵，可以涵盖到街道、街名、路灯，乃至于门牌、路牌。老城厢内富有特色的生活街巷和交通街巷均得以保留。为了老城厢传统风貌的保护和再现，主事者还制定了总体规划，确定了从景观到建筑、从地名到门牌、从照明到植物的全方位的保护和保留范围。

黄浦区政府将用8年时间完成老城厢的改造。届时，上海老城厢将如一位娴静优雅的东方古典美人亭亭玉立在世人的面前，给上海增添一道更为绚丽的风景线。

（原载2002年第4期）

上海商品房大战

叶永烈

纵瞰上海商品房态势

别以为在东南亚才有新加坡,上海也有"新加坡"!如今,上海人把莘庄、嘉定、浦东合称为"新加坡"——"莘嘉浦"。

莘庄、嘉定、浦东分别在上海的南面、西北和东面,怎么会被合称为"莘嘉浦"呢?这是因为随着上海经济的腾飞,上海在不断"长大",从市区向郊区扩展,大批市民迁往"莘嘉浦","莘嘉浦"是上海商品房最多、最集中的地区。

莘庄原本是上海县的县城所在地,离市中心较远。1997年7月1日起,地铁1号线全线贯通,从上海火车站可以直达莘庄。从莘庄乘地铁,20多分钟便可以到达上海最繁华的人民广场一带。这样,也就带动了莘庄房地产业的迅猛发展。除了莘庄之外,上海西南郊地铁沿线,也都成了房地产开发的热点。笔者曾随房地产公司的车子沿西南沪闵线采访,见到沿线两侧新楼比比皆是,内中大部分新楼都是商品房。其中还有不少是高层商品房。这一带的商品房价格一般在每平方米3 000元左右,有的每平方米2 000多元,只及上海市中心的商品房的二分之一、三分之一或者四分之一。

嘉定则由于沪嘉高速公路的建成,交通大为改善,于是便成为上海西北方向的商品房密集区。

浦东正在大建设之中,那里原是大片农田。很自然,在那里建造大批商品房是最合适不过的了。随着南浦、杨浦和徐浦三座横跨黄浦江的大桥通车。浦东陆家嘴一带商品房的价格,每平方米已经卖到七八千元人民币,已在直追浦西的南京路了。

上海西郊是上海机场所在地,那里还是虹桥开发区。不过,西郊的商品房大都比较高档,是公寓和别墅集中之处。据统计,虹桥地区的外销公寓,在1995年为4 009套,外销别墅为564幢。在1996年,又增加外销公寓和别墅2 261处。内中,钻石公寓、世界花园、罗马花园、明鸿别墅、中华别墅等,在上海房地产界颇具知名度。

由于上海火车站的北移,共和新路、沪太路的拓宽,于是,在共和新路两侧、沪太路两侧也涌现了一大批新建的商品房。

在上海市中心,商品房以高层为主,尤其以商住楼为多。

20世纪80年代的上海曲阳新村

上海市中心的商品房,主要是靠动迁危棚简屋或者拆迁工厂而建设的。由于动迁的成本越来越高,市中心区的工厂成了房地产商"争夺"的重点。因为拆迁工厂的成本要比动迁密集的居民区低得多。上海市中心的商品房,建造精致,交通便捷,商业发达,生活方便,但是房价不菲。

上海人的"恐高症"

有趣的是,医学上的"恐高症",如今在上海也有了"新义"。

可是,上海人所患的"恐高症",并不是怕从高层建筑上往下瞧,却是惧怕高层商品房的高房价、高杂费……

平心而论,高层建筑的居住质量远远胜于多层。高处空气新鲜、灰尘少、杂音少、蚊蝇少,而且凭窗远眺,越高越好。所以,尽管高层价高,许多人还是愿意买高层的"高"处。上海人并不是不知道住高层建筑的舒适,而是高层建筑的高房价,使上海人却步。

据调查,在上海,在相同地段和档次的条件下,购房者选择买多层住宅的占94.3%,而选择买高层住宅的只有5.7%。

上海人这么"喜欢"多层住宅,主要就在于多层的房价比同地段、同档次的高层住宅便宜。

上海北蔡住宅区

但是，在上海已经出现这样的趋势：同地段的多层商品房的每平方米基价，日益接近高层商品房，甚至超过高层商品房，出现所谓"倒挂"。

为什么会出现这种"倒挂"现象呢？

这是因为上海人喜欢住多层商品房。我请教了房地产商，得知内中的原因颇多，主要有三：

第一，多层商品房的"得房率"远比高层高。

高层建筑起码要有两部电梯，占了不少公用面积，再加上配电室、过道、倒垃圾的通道等等，公用面积很多。这样，高层建筑得房率不如多层。所以，同样是100平方米建筑面积，多层的使用面积可达70多以至80多平方米，而高层则往往只有60多平方米甚至更少。多层的基价一般比高层低，加上得房率又高，所以以多层要比高层便宜得多。

第二，住进高层之后，住户要负担电梯费用，而多层无此项开支。高层的管理费用也比多层要贵。

上海人对于电梯有一种畏惧心理，这是因为内销高层商品房大都安装国产电梯，有的质量不好，或者安装有问题，电梯常出故障。

另外，电梯夜深停开，对于喜欢夜生活的人就很不方便。一旦遇上停电，则更是苦不堪言。

第三，难于表达的是"隐衷"。

由于上海的高层建筑电梯大都由电梯工操纵，不管你出门、回家还是购物、朋友来访，这一切都在电梯工眼中。

许多上海人不喜欢一切都"曝光"于人前，所以喜欢住进出自由的多层。从20世纪20年代起，石库门房子便曾风靡上海。上海人喜欢石库门房子，内中的原因之一便是"独门独户，独进独出"。

上海人讲究"独"。尽管现在没有条件住"独门独户，独进独出"的别墅型商品房，但是起码可以住多层。特别是有的多层是"一梯一户"或者"一梯两户"，更配上海人的胃口。

上海商品房成了"高价姑娘"

上海人的"恐高症",最重要的还是对高房价的恐惧。跟房地产商打交道,笔者发现,他们在向你介绍商品房时,会很热心地向你提供各种资料,如房型图、小区图、附近交通图等;还有的印有豪华的未来小区的展望图——尽管在当时还是一片脚手架,甚至还是一片荒地。然而,当我向他们索要价目表时,他们则变得小心谨慎起来。他们一般是不给的。经再三索要,则总是要向你说明,这是当月的价格,价格是要不断"调整"的……

在种种商品之中,要算商品房的价格"调整"最为频繁。股票行情、外汇汇率虽说每天在变,但是有涨有落,而商品房的价格这几年以来一直在攀升,一个劲儿地涨、涨、涨。上海许多商品房的价格,差不多每个月或者两个月"调整"一次。其实,所谓"调整",也就是"涨价"的"美称"。

就上海商品房涨价的幅度而言,在1992年至1993年期间,在那里大步流星地前进。此后,开始迈"小步"。到了1995年,上涨的幅度明显趋缓。在1996年,只是"细步前进"了。进入1997年,开始"原地踏步"。

上海的商品房房价也已经涨得很高。上海市中心每平方米建筑面积商品房房价在万元人民币以上的,比比皆是。就连上海内环线周围的内销商品房,也已高达每平方米建筑面积4 000—5 000元人民币。就全国而言,商品房房价最高的是北京,其次便是上海,居第三位的是深圳。

按照国际惯例,以一套房子的价格相当于一个家庭年收入的5倍为合理。上海家庭以双职工计,工资加奖金,平均年收入算2万多元人民币,5倍也就是10多万元人民币。可是,一套30万元人民币的商品房,在上海算是便宜的了,却已经相当于居民家庭平均年收入的15倍以上,尤其是上海市中心的商品房,每套在100万元人民币以上,已经相当多。一般的家庭望而却步。商品房贵得远离工薪阶层,而"先富起来"的人们毕竟有限。

上海人购买商品房,第一是房价!第二是房价!第三还是房价!房价太高造成的后果，就是大批商品房积压。高房价，使商品房这"高价姑娘"不得不"待字闺中"！

市中心的商品房因价格奇贵而问津者寥寥，而远郊的商品房，则又因交通不便而购者稀少。商品房已经成了一本难念的经！

降价，让商品房从高高的价格台阶上走下来，成了解决商品房积压的必然途径。

外行人常以为，造房子的成本无非就是建筑工程费用。其实，那只是"硬费用"。此外，还有许许多多"软费用"，不断地追加到商品房的成本之中，使商品房的成本连连"翻跟斗"。据说，房地产开发企业在商品房建设的全过程中，要跑200多个部门，盖200多个公章，交200多种费用。

商品房的成本包括征地费、拆迁安置补偿费、勘察设施前期工程费、住宅建筑及安装工程费、管理费以及贷款利息。这几年，地价迅速上升，大大加重了商品房的成本。所谓"地价"，也就是指土地使用权的出让金。商品房开发时，要一次性缴纳70年的土地使用权出让金。

拆迁安置费这几年也在猛升。建筑材料价格、建筑工程费，也涨了许多。特别是钢材、木材涨价，使商品房的建造成本大大增加。

商品房的利润率究竟是多少，仿佛是个谜。有人夸大，有人缩小，而权威性的种种年鉴上又没有记载。在国外，男人的工资，女人的年龄，是不能问的——因为这是"秘密"。眼下，商品房的利润率，也是"秘密"——房地产商的"商业秘密"。

按照国家规定，房地产公司从商品房中所获取的利润只占成本的10%—15%。

可是，实际上，有的房地产开发商的利润率在30%左右——这还只是内销住宅商品房的利润。外销公寓、别墅以及商住楼、写字楼的利润更高。由于房地产商大大提高了利润率，使商品房的价格上升。

在国际上，房地产的平均利润基本上维持在2%—3%，有些国家的房地产利润高一些，为6%—8%。据了解，中国房地产商的平均利润为15%—

20%，大大地超过了其他国家。

税费负担也过重。近几年来税费种类增加过多，乱收费现象严重。据对七个城市的调查，税费种类由过去的十几种增加到60—180多种，平均在80种左右。

还有各种收费，又多又杂。如"管理费和手续费"，就有立项管理费、开发管理费、征地管理费、拆迁管理费、施工管理费、规划审核费、工程预算审核费、消防设施费、房价审核费、固定资产投资方向许可证押金、划红线费、土地出让金业务费、土地补偿保证金、土地登记费、消防设施保证金、界址费、合同鉴证费、商品房房屋市场管理费，等等。

各种"项目性收费"数额巨大，已经成了商品房极为沉重的负担，是商品房成本不断提高的最重要原因之一。项目性收费有市政配套费、电增容费、水增容费、煤气增容费、邮政文体集资费等。还有商业网点费、教师住房建设费。各种"项目性收费"占商品房房价的37%，光是商业网点费就占商品房房价的6%！

所以，占商品房房价一半以上的，是税费和各种名目的收费。

商品房成了"高价姑娘"，其根本原因就在于税费和各种名目的收费太多、太高，在于房地产商的利润太高。

商品房承受着重荷。这些重荷全部化为高昂的价格，全部转嫁到购房者头上。

五花八门的促销手段

由于商品房的房价居高不下，商品房市场日益清淡，商品房积压日益严重，如何激活商品房市场成为社会焦点。

人们纷纷奉献良策。现在，许多房地产商与银行联手，推出了商品房"按揭"，便成了最新采用的促销手段。按揭，实际上也就是住房抵押贷款。现在，按揭的年限，有的为5年，也有10年，最长为20年。

按揭，十分适合于有稳定收入的购房者。有许多购房者，一下子无力付清全部房款，但是可以细水长流，按月分期付款。这样，实行按揭的商品房，当然要比那些没有按揭的商品房容易售出。所以，按揭成了上海房地产公司争取购房者的新手段。

上海天安保险公司宣布推出"按揭商品房保证保险"，又使商品房按揭多了一项活力，投保人为购房者，被保险人为贷款银行。所承担的保险责任是如果购房者未履行或者未完全履行与贷款银行签订的贷款合同中的偿还贷款责任，则保险公司按照有关条款向被保险银行负责赔偿。由于保险公司的介入，使商品房按揭业务更加完备。

上海是我国第一个全面推行住房公积金制度的城市。从1991年5月开始推行以来，单位和职工的住房公积金缴存比例为5%。从1997年7月1日起，上海市住房公积金缴存比例从5%提高到6%。

上海在1994年成立"上海市安居房发展中心"，这个中心不以盈利为目的，是上海市唯一可以直接利用公积金投资建设安居房的部门。

三年来，这个中心已经利用公积金启动了60多万平方米建筑面积安居房基地。其中已经交付使用的有12万平方米建筑面积。在1997年年内，还可以交付使用18万平方米建筑面积。

房地产商们的促销手段，五花八门。

上海佳信房地产公司树起了"播绿使者"的形象，使自己的商品房别具一格。这家房地产公司所开发的"佳信都市花园"，地处上海延安西路、番禺路口，是5万平方米建筑面积的小高层花园住宅区。这一地段，在上海市区，是很不错的了。佳信房地产公司居然拿出6 000平方米，用于绿化。这在寸土寸金的上海，拿出这么多地皮用于绿化，是房地产界所罕见的。为此，佳信房地产公司赢得了"播绿使者"的美誉，人称"住宅绿化建设的领头羊"。

笔者采访了佳信房地产公司总经理章协镶。据悉，这家佳信房地产公司来自陕西，是陕西省国际信托投资公司在上海的全资子公司。他们重视绿化,既为"绿播上海"作出贡献,也为自己的公司树立了良好的声誉。

由于绿化率高,尽管"佳信城市花园"的售价不菲,仍销售看好。所以,虽然由于绿化面积大而失去了一部分建房地皮,但是售价提高了,售房率提高了,失有所得。

上海的医院也卷入房地产业。上海中山医院是上海的名牌医院,所办的房地产公司叫"立大房地产开发公司"。这家房地产公司在上海地铁漕宝路站附近建造了一幢高层商品房。由于这座大楼的外形看上去像蝴蝶,便取名"梦蝶苑"。

虽说"梦蝶苑"在1996年年底才完工,但是在一年多以前,立大房地产公司就已经在预售这幢商品房了。这幢商品房在上海内环线之外,又是高层,基价为每平方米4 500元人民币,照理是不大好卖的。可是,居然销售情况不错。

为什么呢?这是因为"立大"针对客户的购房心理,推出了特殊的措施——"无风险投资"。

"立大"考虑到在购房者之中,有不少人购房并不用来给自己住,而是投资——等房子造好后,房价涨了,把房子转手卖掉,从中盈利。可是,这样的投资者最怕的是在房子造好后,房价不涨,甚至跌价。因为这房子是在一年多之后才建成,谁也难料这一年多时间里的房地产市场的动向。即便是一年多之后,房价涨了,但是如果所涨的幅度不及银行的利息,对于投资者来说,也是亏本了。

"立大"推出"无风险投资",购房者只要一次性付清房款,那么,在房子交付使用时,购房者如果要求退房,可以不说明任何理由退房,"立大"一次性退还房款,而且给予20%的风险补偿金!

这就是说,到了交房时,即便房价跌了,购房者仍可退房,而且获得比银行利息高得多的补偿——20%。

"立大"的这一促销手段,果真灵验,使他们的售房率大大提高。

另外,"立大"还利用他们是上海名牌医院中山医院的房地产公司的优势,推行独特的"生命绿卡",买了他们的商品房,客户可以享受一流的医疗服务,即五年内免费全身体检,终身健康电脑档案,专家特约社区门诊。

上海的中利房地产公司推出了"可以先住两周再买房"的促销花样。其实,只有想买房的人,才会去试住。一旦住了进去,买房的可能性就很大了。再说,那些商品房没有人来试住,反正也空关在那里。

还有一家房地产公司推出了"住了之后仍可以换房"的促销办法:你买了这家房地产公司的商品房,住进去以后,觉得不如意,你可以随便换住别的商品房——先决条件是这些商品房必须是这家公司建造,而且还空着的。换住时,你原先买房花的钱,可以折算,多还少补。其实,对于这家房地产公司来说,你换来换去,都是他们公司的商品房,没有跳出"如来佛"的手掌,所以于他们无损。

"差价调房"普遍受到上海人欢迎。房地产商的一句诱人的口号,概括了差价调房的含义:"你的旧房+部分房款=理想新居"。也就是说,你想买新房,把你的旧房拿出来,补上旧房与新房之间的差价,就能换房了。

差价调房受到上海人的普遍欢迎,原因在于:旧房可以作为购新房的"资本",一下子使付出的房款大为减少,购房者只需负担其中的差价,这样,使得上海普通百姓在经济上能够承受。

小心商品房广告上的美丽词藻

如今,打开上海报纸,要数商品房的广告最多、最大了。有的商品房,甚至天天登广告。对于房地产商来说,花个几万元、几十万元的广告费,不过是"毛毛雨"。

在商品房广告上,如今"花园""花苑""广场"满天飞,只是为了虚张声势罢了。其实,"花园""花苑"无花,"广场"不广,徒有虚名而已。

为了招徕顾客,商品房广告用语也变得越来越"巧妙":

比如,一家房地产公司的广告称他们的商品房"邻近地铁口",结果我去实地一看，从地铁口走了半个多小时才到！我这才"体会"到，那"邻近"一词是伸缩性很大的，纯属"模糊性"形容词，因为谁都没有规定过，距离地铁口多少米之内，才算"邻近"。许多与我同去看房的顾客，连呼上当——因为如果在广告上写明"步行半个多小时到达地铁口"，那么很多人根本不会来看房。自然，那生意便会告吹。

又如，一家房地产公司的广告称，有多少路公共汽车"直达"，实际上，下车后还得在坑坑洼洼的路上走二十多分钟！

还有，什么"离西郊机场只一刻钟车程"，那"一刻钟"是指上了小轿车以高速行驶、路上无任何阻塞的行车时间。

笔者还见到一则商品房广告称"离某某商业区四分钟车程"，笔者去看过那商品房，实际上从那里坐公共汽车到"某某商业中心"，有三站路。所以，所谓"四分钟车程"，纯属广告误导。

商品房广告，大都附有商品房所在地的地段示意图。这些示意图，经过"简化"，成了"误导图"，把本来远离黄金地段的"本案"（学香港的叫法，称本商品为"本案"），变成仿佛就在黄金地段"附近"。为了防止这种"地图误导"，上海市现在规定的商品房广告上必须采用实际地图按比例缩小，不可画那种任意"简化"的"示意图"。

所以，这些广告上关于地段的美丽词藻，人称"地段陷阱"。

再有，"只剩五套，欲购从速"，那是在虚张声势，仿佛稍晚一步就买不到了。其实，他们手中上百套商品房无主！

还有，有些广告上称"入住已过半"之类，而实际上也纯属虚张声势。

房地产广告上的"房价陷阱"也很常见。

一般来说，为了使读者一目了然，应该在房地产广告上清楚写明商品房的基价。但是，很多房地产商故意不标价格。不在广告上标明房价的，往往是房价很高，不便标明。待顾客打电话去询问时，他们在电话中可以再作"宣传"。

有的在广告上把基价特地写得很低，以招徕顾客。仔细一问，二楼的房价比底层高出20%！按一般的习惯，多层楼房二楼比底楼的房价高3%。也就是说，他们把底楼房价的损失从二楼赚了回来。这样的广告，很容易使一些不熟悉房地产的买主误以为基价很低而上当。

也有的广告上的基价，看上去似乎比左邻右舍的商品房便宜。实际上，这家房地产公司卖的是九个月后交房的期房，却要求买主先交款90%。按房地产业的习惯，买现房是一手交钱，一手交房，买期房一般是先交1万元或2万元定金，半个月内交50%，结构封顶时交40%，交房时再交10%。由于商品房是大笔交易，先交款90%，那利息相当可观。把利息加上去的话，那家房地产公司所定的基价，实际上比左邻右舍的要高得多。

房地产商在房价上的花样，如今已经"玩"到阳台上去了。

按照上海市《关于异产同幢房屋建筑面积摊算办法》规定：凹、挑阳台建筑面积按其投影面积的一半计算。然而，如今不少房地产商把阳台用铝合金封闭，然后作为房间面积计算。这样一来，原本阳台的建筑面积只按一半计算，而房地产商却把阳台以全价出售了。

特别是在黄金地段，房地产商玩弄这样小小的花样，光是一个阳台面积不减半，便可以多收好几万元。而把阳台用铝合金封闭，不过千把元。所以，精于计算的房地产商可谓"吃小亏占大便宜"。

在房地产广告上，常见各种诱人的许诺，由此又产生"许诺陷阱"。

比如，最常见的是"绝对升值""升值潜力无穷"之类广告词，仿佛房地产商在那里拍着胸脯作"升值"保证。

实际上，眼下上海房地产市场处于大波动之中，谁能保证买了房子之后"绝对升值"？如果买了房子之后，房价下降，并没有"绝对升值"，你去找谁去？房地产商会赔给你吗？所以，那些关于"绝对升值"的许诺本身，倒"绝对"是"许诺陷阱"！

买房子当然最好是买现房。现房，又称"钥匙房"，亦即一手交钱，一手交房门钥匙。现房看得见、摸得着，不大受广告的美丽词藻所迷惑。

尽管明知买现房的"陷阱"要少（虽说也有"陷阱"），但是许多人还是买期房。内中有种种原因：

第一，买现房要一次付清房款（按揭除外），而买期房一般是分四次支付的，这样经济压力会小一些；

第二，期房的价格一般比现房便宜；

第三，也正因为期房比现房便宜，所以很多"炒楼族"一般是买期房，卖现房，从中渔利。

买期房，房子尚在动工之中，特别是买那些"图纸上的房子"，要格外小心，别掉进"陷阱"！

这期房的"期"，本是在合同上写明的，即何时交房。但是，有的房地产公司往往逾期不能交房。这种"期限陷阱"，使房地产公司多赚了买主的利息。由于商品房是大宗买卖，房地产公司从中赚取的利润也就相当可观。

常常发生这类问题：图纸上画得是这样，而交房时一看，根本不是那么回事！于是，买主与房地产公司之间发生纠纷，以至打起官司来……

还有的房地产商经常用这样的"面积陷阱"坑人：

在签期房合同时，言明使用面积多少、建筑面积多少。可是在交房时，使用面积变小了，而建筑面积却增大了！房价是按建筑面积计算的，这就要买主再付一笔钱！

本来竣工时，竣工面积跟设计面积之间有点误差，这是正常的。可是，这样的误差不应该大到几平方米以至几十平方米。何况，房地产商的胳膊总是朝里弯，建筑面积总是越变越大。

房地产商在交钥匙时，对买主来这么一手，是够辣的。因为不补交一大笔钱吧，拿不到钥匙，交吧，又太冤枉了……

实际上，交房时面积"增大"，常常是房地产商玩的"斩"人的把戏。他们借口面积"增大"，多"斩"购房者几万元！

人们幽默地把面积不断"增大"的商品房，称为"成长的一代"！

人们幽默地把购买这种面积不断"增大"的商品房所带来的烦恼,称为"成长的烦恼"!

据统计,在上海市最近发生的200多起购房纠纷中,因"成长的烦恼"而引起的纠纷占了七成。

(原载1997年第9期)

何时告别百万马桶

丁志良

困扰了大上海多少年的马桶问题，今天又一次被提到重要议事日程上来了。

1972年以前，全市约有85.69万只马桶。1973年开始，倒粪站逐渐代替了马桶车，许多人家用痰盂代替了马桶，可以随拉随倒。1986年，全市3 537座倒粪站，每天收倒马桶痰盂111.26万只。以后马桶、痰盂时有增减，但总数始终在百万上下波动。痰盂是当作马桶使用的，为行文简洁起见，一律归入马桶。话说这百万只马桶，每天倾倒的粪便竟达4 500吨之多。如果用四吨卡车装载，则要动用1 125辆卡车，一字长蛇阵可以从外滩排到虹桥机场！

马桶在寻常百姓家的故事

晨曦初露，喧嚣的街巷回荡起躁动的市声。那马桶洗刷声，已成了这座大都市的晨曲之一。

南市区草鞋街的居民住宅，二层板房加小瓦盖顶，颤颤抖抖的木楼梯配上颇有弹性的地板，令人战战兢兢，不知什么时候要塌下来似的。

某号二楼李家有位属龙的4岁儿子，平时用惯了痰盂大小便，这一天恰巧父母外出，他那好奇的童心竟落到了那只马桶上，想试试坐马桶的味道，可惜人小坐不稳，一下子将马桶坐翻了，半桶"黄汤"渗过地板缝隙，直往楼下朱家新婚房内滴落。瞬间，从绣花床罩到锦被缎单，从精美时装到真皮沙发，全部沾满了污秽。新婚夫妇一回家，差一点昏倒。于是上下两家唇枪

上海弄堂里的马桶

舌战,这场打翻马桶"官司"足足折腾了半个月。尽管小孩父母赔足了不是,两家的怨恨却从此难消。

如今,小青年找对象,如果家里使用马桶,十之八九会成为婚姻的障碍。卢湾区济南街道的黄德先生,已到不惑之年。他为人诚恳、宽厚、勤劳,相貌堂堂,与母亲同住在一间15.3平方米的前楼,使用的是马桶。这只马桶隐藏在墙角里,垂以布帘。他找对象已找了10个年头,女朋友可以组成一个加强排,但没有一个成功。原因十分简单:结婚没有抽水马桶怎么行!黄先生至今独身,倒也豁达,他说:"结婚以后,要让人家天天拎马桶,还要走那条颤颤巍巍的狭窄扶梯,的确让人受不了。我并不责怪她们……"

大千世界,无奇不有。这马桶的故事也在闸北区阿三头上出现了。阿三住的是旧式里弄,热天酷暑难熬,他索性下得楼来睡在地板上,脑袋则伸到门外,想获得一丝可怜兮兮的凉风。谁知,黎明之际,好梦方甜,祸从天降:一股黏乎乎的液体劈头盖脑淋来。原来,三楼70多岁的王老太太拎着马桶下楼去倒马桶,脚底一滑,马桶从楼梯上直滚而下,阿三气得一佛出世,二佛涅槃。老太特地买了香烛,给阿三消灾……

制造新式马桶

旧式马桶的确是生活的累赘,精明的上海人弃之不能,用之难受,于是,想着法子要改造它。前几年,一种新式马桶应运而生了。

这是一种方柜形便携式卫生桶。它采用化学方法，将使用者一周内排泄物加以分解干化，使之成为体积大大缩小了的无臭干物。使用这种20世纪80年代的新马桶，免去了天天倒马桶之劳，市民们刮目相看。可惜，使用以后一言难尽。首先，这种新马桶，虽不必天天倒，但粪便仍然留在家中，许多人在习惯上就受不了。人们似乎更愿意每天倒一次来得爽气，而不要一周后去处理那些干物质，尽管这些干物质已经

20世纪60年代初期，送肥下乡的马桶车队

不臭了。其次，用于粪便化学分解干化的投药费用较高，大多数居民不乐意花费这笔钱去换个一周不倒粪便的方便。

于是，热闹一阵子以后，这种新式马桶便销声匿迹，无疾而终。

抽水马桶是人们心向往之的。为了抛弃马桶，有些居民就来个自己动手安装抽水马桶。谁知，这抽水马桶可是个系统工程，自己动手装了抽水马桶，居住地区没有化粪池怎么办？有的居民也自己动手自挖化粪池，甚至自埋管道通向倒粪站。可是，倒粪站容量有限，而且是定期抽吸，再要承受抽水马桶排泄过来的大容量，那就只有一途：大量粪便外溢，污染一个地区。这也是此路不通。

上海人到底聪明，有人又想出安装超新式电动抽水马桶的法儿。所谓电动抽水马桶，就是经过电动粉碎机将粪便粉碎，通过小口径排放污水的管道，将粪便排入下水道，直接到达黄浦江。便当倒是便当了，可是缺德也很明显，为公众所不容。

改造旧住宅，安装卫生设备

事实上，马桶与旧房紧紧地联在一起，消灭马桶，首先要解决旧房问题。这是一对难分难舍的"连体婴儿"。

据最近统计资料表明：1990年，上海共有居民住宅8 901万平方米。其中，没有卫生设备的有5 113万平方米，要占住房总面积一半以上。新中国建立42年来，本市新建住宅6 774万平方米，尤其是十一届三中全会以来，上海住宅建设发展更快，共建住宅4 779万平方米，已有90多万居民乔迁新居。使用旧式马桶的户数相应减少了一些，但趋势并不明显。因而改造旧宅，消灭马桶，今天成了势在必行的主攻方向。

设想是有的：对旧式里弄，结合房屋大修，调整布局，增设卫生设备；对简易工房，补建卫生设备；对暂不改造的私房旧宅，指导居民个别安装抽水马桶；对棚户区，则以里弄为单位安装公用抽水马桶。

计划也是有的："七五"期间，本市旧宅改造规划涉及300个街坊，改造面积为470公顷，拆迁旧宅建筑面积为320万平方米，动迁13万户居民，改造后可安排15.47万户居民乔迁。1991年，本市编制了"八五"规划，提出迫切改造点57处，面积达68公顷，要拆除面积达64万平方米，2.3万户居民可动迁。按照这两个规划，本市将有17万多户居民可以告别马桶和煤炉。到1995年，本市马桶数的坐标线将出现下跌形态，但依然将维持在43.1万只这样可观的纪录。

行动早已开始：

早在1956年，南市方浜西路恒安坊，原是二层砖木结构旧式弄堂，有4 840平方米，该地区房管部门采取拆除石库门围墙、加高二层的办法，增加了建筑面积4 390平方米，使每幢房屋的底层安装了一套抽水马桶，从而一举消灭了旧式马桶。

蓬莱路303弄是1923年建造的旧式里弄，1981年，采取在原结构上加层及内部调整的办法，增加一半面积，使每户的建筑面积从原来的30.8平方米提高到44.3平方米，从而增设了独用卫生间，同样消灭了马桶和煤炉。

虹口区有一街坊对三排旧式房屋采取加层办法，使每层面增设了两套三户合用的厕所，也达到了取消马桶的目的。

这些例子给尚未改造的旧宅居民带来了消灭马桶的希望，他们翘首以待，盼着这一天的到来。

为改造化粪池的种种努力

当然，也不是凡旧宅都可以采取加层的办法来消灭马桶的。上海有不少简屋棚户区，是加不了层的。这些地区，要消灭马桶，还得另辟蹊径。

杨浦区江浦路93弄内原有一座面积仅3.8平方米的小型倒粪站，外加60厘米长的小便池，弄内40户居民拥有18只马桶45只痰盂，全靠这座小型倒粪站解决出路，因而常常满溢，怨声载道。杨浦区环卫局于1991年8月对这个老大难进行了改造，将倒粪站改建成9平方米的甲级小型公厕，男女各设1个蹲位，还保留了原小便池和倒粪口，并变原蓄粪池为2号化粪池，这样便取消了这40户居民的马桶，大家也乐意承担这公厕的保洁义务。

杨浦区成功经验给卢湾区以极大的启示。卢湾区延安中路545弄明德里分东西两大片，西片有卫生设备，东片四排房子和沿街51幢房子计276户居民得天天倒马桶，靠的是弄堂内一座倒粪池和小便池。卢湾区环卫局率先对四排楼房增设6只化粪池。每户设置独用抽水马桶，同时拆除了倒粪池和小便池。这个试点项目，获得公众一致好评，被作为"社会发展综合示范点"之一，并被上海市科委列为1991年度的发展基金项目。

长宁区中山西路504号是一个居住着5户居民的独立小宅。由于三面被工厂和高层建筑包围，居民的马桶无处倒，以致都倒在垃圾箱内，严重影响了环境卫生。该区环卫局决定在该楼建造一个小型公厕和化粪池，以消灭马桶，而公厕的保洁由居民承担，定期抽粪由环卫部门解决，此举深得大家支持。

因而,增建公厕和化粪池,或改原蓄粪池为化粪池同样成为消灭马桶的一个行之有效的好办法。

纵然,大上海的各级环卫、房管部门作了不少努力,也各自吹响了"围剿"马桶的冲锋号,其中不乏许多动人的故事;但最终都不得不面临一个艰涩而难堪的问题:钱!

14亿人民币的思索

综上所述,本市若有心要告别这一百万只马桶痰盂的大前提,便是要从根本上来解决居民的住房结构,这就非同小可了。

其一,本市无卫生设备的住宅为3 613万平方米,其中旧里弄为3 067平方米,这里面又由公私两个部分组成,公房为1 456万平方米;私房为1 611万平方米,总户数为109.52万户。无论公房私房,倘每户卫生间改造费以2 200元计,共需9.15亿元。尽管私房改造可部分采取居民自理,室外铺设管线和化粪池则可由居民及其单位资助,政府有关部门补贴的"三合一"办法解决,那么,政府部门对每户的投资以800元计,现有57.52万户,仍将需4.6亿元。

其二,本市尚有无卫生设备简易工房346万平方米(当时由于没有超前考虑而仓促上马而建),大都没有倒粪口、蓄粪池或化粪池,故在改造中只需将原倒粪口改造成抽水马桶,蓄粪池改造为化粪池即可。但按每户1 000元计,也需0.4亿元。

其三,本市尚有简棚房屋200万平方米,至2000年可拆除一半,余下一半约有3.03万户需设置卫生设施。市环卫局拟采取平均每50户建一座小型公厕以消灭马桶,这样需建610座公厕,按每座造价4万元计,共需要投资2 440万元。

其四,建公厕难!有人说建一座公厕的选址比造一座宾馆难。此话有些夸张，但在居住密度如此之高的大上海建造公厕确非易事。据有关人士透露，上海现有公厕1 022座，而北京则有6 000座，跟国务院有关规定的标准相距350座，需投资7 500万元才能符合"国标"。可叹的是这些未建的公厕若要兴建，必定得动迁一些房屋，如按每处动迁费4万元计，则需2 440万元，两项相加，没有4 880万元解决不了问题。

简单的四项测算表明，为消灭马桶将投资14.63亿元，这怎能不令决策者沉吟再三呢？钱从何来？因此，专家们经过反复论证和核算，认为要在短时间内消灭上海的百万只马桶痰盂，难度太大，也不切合实际情况，于是设想在2000年前逐步消灭它们。这样给人们有9年的努力时间，每年投资1.63亿元便不是一句空话了。

中共上海市委书记吴邦国曾在1992年年初强调过，要尽快消灭上海的两个"一百万只"（即马桶和煤炉），相信在不远的将来，理想定会实现，旧式马桶将成为历史的陈迹。

（原载1992年第6期）

民间大使：曹杨新村的居民们

范小锋

缠绕着一条玉带般清澈的小溪，葱绿的树丛中，一幢幢、一排排住宅楼群，分散在这片1.36平方公里的土地上。这就是新中国第一个工人新村——上海曹杨新村。从1953年建成第一批住宅曹杨一村起，几十年来这里已经陆续建成了九个新村。最初分配到这里居住的是几十户上海第一代劳动模范的家庭，如今居民人口已经超过9万人了。

曹杨新村也是上海解放后第一个对外开放的居住小区。至1995年为止，这里先后迎送了150个以上的国家和地区海内外友人10多万人次，从国王、总统到中小学生。1987年以后，曹杨新村连续5年被评为市级外事接待旅游先进单位，人们戏称她是民间大使的摇篮。一个工人新村能获得这种荣誉称号，她吸引"老外"的魅力可想而知。

木匠总统逛家具商场

1987年，美国前总统杰米·卡特在华访问期间，特地来到曹杨新村做客，执意要上商场逛一逛。

尽管曹杨新村接待过的国家元首、政府首脑很多，但迎接世界第一经济大国的总统，当时还是头一回。那天下午，当卡特一行进入曹杨商场后，一位礼仪小姐操着英语热情地迎上前来，她引导卡特先生转了一个柜台又一个柜台。七拐八转领到一组家具前，卡特似乎眼睛一亮，一边用手抚摸家具，一边仔细询问款式、价格。一会儿又拉开抽屉、大衣柜门，眯起眼睛仔细察看榫头，他指着一套仿红木家具幽默地说："做工不错，木匠一定是个老手，如果到美国来,我可能还要拜他为师哩!"说完哈哈大笑,旁人也直乐,气氛瞬间活跃起来。几位营业员索性拿来做木工的锯子、锄头,请总统先生评判,卡特做了个拉锯动作,又很内行地伸出手臂,看看锯子的斜度,竖起手指:"OK!"后来,随行的美国外交官员告诉中方人员,总统先生到过许多国家,这是第一次来中国,上海的曹杨商场给他留下了良好、难忘的印象。

卡特总统回国了,他在曹杨商场度过的一个小时,被各国新闻传媒广为宣扬。于是乎,中国上海曹杨新村被众多的美国人所认识。

一对"回头客"

1992年,一位名叫威廉的美国旅游者偕妻子来到曹杨新村,住进居民家中,过一天普通中国市民的生活,作"特色旅游"。早上,他们随主妇"马大嫂"上街买菜。集市上各色蔬菜、家禽、猪牛羊肉琳琅满目,价格也不高。他颇为惊讶,几乎走遍了每个菜摊、肉摊,问遍了摊摊棚棚的小贩们,饶有兴趣地停下来观看讨价还价的场面,认为这是他第一次真正领略了中国的风土人情。他操着生硬的汉语,比比划划地说:"没来中国之前,我们在美国听说中国市场萧条,人民生活穷困,现在事实证明,那些话都是偏见。"

"曹杨游"给这对美国夫妇留下了深刻的印象。临走前,他们详细询问了曹杨新村所在的地区、街道、电话号码、接待人员的姓名,还一个劲地打听其他游览项目。对一些新奇的项目,他惊喜得瞪圆眼,张大嘴,一个劲地耸肩。他的夫人还拿出笔记在本子上。接待人员估计,威廉先生大概会"卷土重来"。

果然,仅隔半年,威廉头戴彩色遮阳帽,重又兴致勃勃地来到曹杨新村。所不同的是,他这回不是一个人,还带了一批新的旅游者,他已经是一位导游哩!原来,威廉先生回美国后,写了一篇报道,把在曹杨新村的所见所闻告诉左邻右舍,告诉亲戚朋友。许多人看了他的报道和照片,听了他的生动描述,引起强烈兴趣,渴望能亲眼来看一看。于是,热情的威廉先生当上了导游。但是,细心的曹杨人发现威廉先生在游览之际,似乎隐隐带着一丝惆怅。翻译透露，原来威廉先生回国后，就与妻子分了手，因此，他走进曹场新村，旧地重游，触景不免生情。

更妙的是，曹杨人没有想到，威廉先生带着他的旅游团回国后不久，另一位熟悉的身影又出现了。"嗬，她不是威廉先生的前妻吗？"曹杨人一下子认了出来。她虽已与丈夫离异，但对曹杨的感情却依旧。这回她也组了一个旅游团，带到上海曹杨新村当起导游来了。

一个旅游景点能屡屡赢得国外的"回头客"是不容易的，"回头客"还带来一批新客人就更可贵了。可是，一份统计资料表明，曹杨新村的"回头客"竟达到相当大的比例。

新一代跨世纪的友谊

1994年7月28日，家住曹杨新村的曹杨二中22位高中生的家里，像过年般热闹，家家都打扫得窗明几净，鲜鱼、鲜肉、时鲜蔬菜准备充足，小主

外国游客在曹杨新村菜市场买菜。"做一天上海人"已经在当地发展成旅游项目

人和他们的父母早早在家守候着。原来这一天，日本横滨青少年交流团的88位大、中学生，每4人一组，被分别安排到22位中国同学家里做客，展开丰富多彩的友谊活动。

25岁的大场研治、23岁的神谷亮一郎和两位女同学刚走进姚家，小姚的母亲愣了半晌，心中直嘀咕：大场的相貌活像儿子的表哥。她高兴地对儿子说了，他儿子又告诉了日本同学，大场将信将疑，小姚翻开相册，拿出表哥的照片，他们也不能不承认：嘿，真像！小姚父亲展示他珍藏了10多年的"火花贴"簿，请客人们欣赏他的藏品，一枚枚山水鸟兽、建筑桥梁等的火花贴，令客人们赞赏不已。小姚又送给每人一套火花贴，一罐"铁观音"，还有曹杨新村建村40周年首日封笺：题辞"你很英俊"，令男同学激动；"你很美丽"叫女同学开心。日本学生的礼品是寓意深刻的日式精巧的针线包，象征着中日两国的未来友谊要靠两国人民共同编织。在另一幢房子的贺燕萍家里，来访的日本学生关根明生正逢22岁生日。贺燕萍按照中国的传统，大家围坐吃面祝福，还送上一盒特制的蛋糕，关根感动不已，一个劲地道谢。

曹杨二中学生陈量，原来是上海小荧星歌舞团的演员。她的安排更别出心裁，她领着高濑拓郎、伊藤裕子、富永英里子、铃木久美子四位新朋友，去附近的长风公园划船、照相；下午回家，又举办一场家庭卡拉OK比赛，高濑弹奏一支日本名曲《森林水车》，陈量则唱中外著名歌曲，两国青年的心贴得更近了。

夜深了，中国的同学把东邻朋友一一送回宾馆。赵悦在送小平修嗣、伊藤昌、田沼满里子、新罗顺子4位同学途中，一路行一路谈，说不完的话，道不尽的情。最后，大家相拥话别。目睹此情此景的一位日本电视记者感慨地说：中日友谊世代相传，寄托在这一代呵。

曹杨兵库心相连

1995年年初，日本神户兵库地区发生强烈地震，灾情严重。消息传来，急坏了曹杨新村居民英莉莉，她担心日本朋友百田洋子一家的安危，因为百田洋子就住在兵库县呀，会不会遭灾呢？英莉莉马上写了一封航空信去询问情况，表达关切慰问之情。

英莉莉怎么和千里之外的百田洋子相识的呢？原来，1994年日本兵库县市民代表团男女团员10多人，来到曹杨新村参观访问，还与街道医院的气功班交流经验。他们在日本就对中国的气功治病、保健、增智的独特功效早有所闻，并且也尝试学过一点。带队的一位妇女百田洋子，身体瘦弱，对气功特别有兴趣。尽管在上海的旅游日程已经结束，行将回国，可是，洋子意犹未尽，还想进一步体验气功。于是，曹杨街道的同志特意安排洋子到曹杨五村居民英莉莉家中做客，住了一天。英莉莉曾经在气功学习班练过气功，掌握了一定的气功功法，当她听到这位日本客人也酷爱气功时，非常高兴。她一面忙碌地招待客人，一面拿出学习气功的笔记资料，给洋子解释。英莉莉告诉洋子，练气功不但能强身健体，还能调动人体内部潜在的功能。洋子请英莉莉展示一招，试探自己身上的疾病。英莉莉便摆开架式，伸手朝洋子身体各个部位发功。过了大概10分钟，她指出洋子的胃好像有毛病。洋子惊异地点点头，说自己的胃动过手术，到现在饮食都不正常。英莉莉告诉她，因为发功到她胃部时有气感，这就会有毛病。洋子得此体验，更增加了锻炼气功的兴趣。这两位异国妇女就此成了姐妹。

洋子回国后，双方经常通信，好在汉字的意思半读半猜大致能看懂。这一次日本地震消息传来，英莉莉日夜不安，写了信又找会日语的人打电话，好不容易和洋子联系上了，知道洋子一家平安，英莉莉心中的一块石头才落了地。

前不久，有人去日本神户，英莉莉托带去一盘磁带，和一只工艺品吉祥小猪，保佑洋子一家平安。几天后，英莉莉收到了洋子的来信，报了平安后，又说因为坚持练功，她的虚弱体质已经增强不少。

曹杨新村的魅力何在？

曹杨新村为什么如此吸引异域的朋友？魅力在哪里？这里参观项目丰富

多彩是一个重要原因,例如:体验生活游、文化娱乐游、康复健身游、各种佳节游,还有利用社区优势让外宾共同参与的节目,如像老年晨练,舞台同乐,"做24小时曹杨人","当一天中国学生"。还有进行高雅艺术交流的活动:绘画、书法、气功。此外还有观光性质的参观新村新貌、城乡一日游、逛集贸市场和商场等。同时街道还制作了具有曹杨特色的村徽,来访者每人一枚,永志纪念。特别值得一提的是,曹杨新村还有一个诞生于60年代初的老妈妈合唱团,这是一个出色的群体,成员虽都是退休女工,但是经过艰苦学习,她们已能用英、日等多种外语演唱,会时装表演,能跳迪斯科舞,很受海内外旅游者的欢迎。

(原载1995年第5期)

外来妹上海滩出人头地

李汉琳

据1995年统计,上海外来人口近几年流入已达281万人,其中务工、经商等经济型流入人口达165.7万人,其中女性占28.8%,约93万人,这些外来妹已构成上海庞大的群体。

"海纳百川,有容乃大。"上海以博大的胸怀,不断接纳天南海北的来客,外来妹在上海接受上海文化的熏陶,今天,已日益出人头地。

"没有本事,很难在上海滩站住脚!"

来自太湖之滨陶瓷古都宜兴的黄美娟,高考落榜后,当上了乡村小学英文教师。一次偶然的机遇,刷新她一生的命运,小黄来上海探望上大学的女友,老同学带她到一位老师家做客。这位老师学问深邃,4岁那年得了小儿麻痹症,他依靠勤奋自学,获得文理双学士学位,被企业聘为工程师。小黄非常敬佩老师的学问,更为他在逆境中顽强拼搏精神所感动,经过一段来往,决定同老师共同生活,一起拼搏。

婚后,她和婆婆亲密合作,掌管起"马大嫂"的家务活,照顾80多岁的公公。公婆都是20世纪30年代的知识分子,可眼下家境清贫,生活来源主要靠她丈夫每天摇着残疾人车,风里来雨里去,挣钱养家糊口。小黄为了减轻家庭负担,坚持出去找工作。丈夫慎重地对她说:"上海滩上竞争激烈,没有一点真才实学,是不行的。何况,你又是外来妹。"起初,小黄很自信,自恃是高中生,当过小学英文教员。但招聘单位一看是外来妹,英语功底也不深,自然,均被婉言谢绝了。回到家,她痛苦了好几天。之后,她冷静下来，想到丈夫的话是对的，是自己的文化知识水平还不能适应上海发展的需要。她开始重新学习，以期增长才干，增强自己的竞争能力。她请丈夫做她的英文老师，一段时间下来，她的英语水平有了较大的提高。机会终于来到，上海江宁中学聘她为英语代课老师，每堂课她都认真研究教材，精心备课，得到学校老师的赞扬。她也为自己在上海初战告捷而兴奋，然而，高兴之余，她又冷静下来，思考着自己下一步该作何努力。她想，要在上海真正站住脚跟，只懂一点英语还不行，还必须掌握一门乃至几门技能。于是，代课结束后，她又去学着当营业员，同时，还报考了业余中等会计专业。每日，白天上班，晚上学习，三年里从不缺课，期末考试，她的成绩总是名列前茅。现在，她可以比较自由地选择自己满意的工作了。她先被中外合资礼品商店聘为会计，由于使用电脑既快又正确，得到老板的赞赏。她获得市财政局颁发的会计上岗证书和珠算等级证书后，又跳槽到虹桥开发区一家中外合资企业担任会计，并能得心应手地工作。当笔者去采访时，她深有体会地说："没有真本事，是很难在上海滩上站住脚的，但我年轻，只要肯学习，机会一定很多！"

当上副总经理的安徽妹子

青浦县徐泾乡有一家长毛绒厂，共有职工500多人，外来妹186人，占职工总数的37.2%。厂里十分重视外来妹的工作，对一些有事业心的、工作能力强的外来妹，还注意大胆培养和使用。

王芳在17岁那年，从安徽嘉山县农村来到上海县（现为闵行区）一家玩具厂，当上一名车工。王芳聪颖好学，有较强的组织能力。三年下来，不仅掌握了熟练的操作技术，而且在外来妹中享有一定的威信。20岁那年，她"跳"到青浦县徐泾乡长毛绒厂工作，受到更好的培养和重用，从生产组长，到车间主任，直至被提升为该厂金皖公司的副总经理，由她负责着重培训200多名外来妹的业务素质。业余时间她自己则刻苦学习企业管理知识，设计了7种新的长毛绒玩具产品，使厂内产品远销美国、欧洲等20个国家和地区。

在工作实践中，王芳经常看到，不少小姐妹刚来上海时，由于对上海不了解，思想跟不上，工作节奏不能适应，常常急得抱头痛哭，经常想家；有的心情急躁，影响产品质量，而被淘汰。王芳看在眼里，急在心里，她意识到，稳定外来妹情绪是个关键。她一面展开谈心活动，一面和厂领导研究更好的教育方法。不久，她策划拍摄了厂里外来妹在上海生活、工作、学习的电视录像，带到家乡进行家访，将录像放给外来妹的亲人看。然后，再录下外来妹的父母们对女儿的嘱咐，带回厂里放给外来妹听，使外来妹非常感动。她们说，为了感谢王经理这一番苦心，我们一定要以厂为家，努力学技术，埋头干工作，为振兴长毛绒厂作贡献。

王芳对小姐妹的身体、生活非常关心。一天，外来妹小谢患了阑尾炎，王芳和领导用车把她急送医院，并替她付了全部医药费，并派专人护理，直到病愈出院。王芳代表厂领导关心她并劝她回家休息，小谢心中十分感动，坚决不肯休息，她离不开工作，离不开姐妹，更离不开待她像亲人一般的王芳经理。

1995年，王芳的合同期满回到家乡，成了当地的技术骨干，正在积极筹备家乡的长毛绒厂。她要将在上海学到的本领，贡献给家乡的父老乡亲，为家乡的振兴出力。

80多位外来妹成为共产党员

上海各级党团组织积极关心外来妹成长，不仅组织她们学技术，关心她们的生活，而且还从政治上关心她们，帮助她们健康成长。至1994年年底，上海已有80多位外来妹加入了中国共产党，另外，还有数百名外来妹成为积极分子，交了入党申请书。上海第21棉纺织厂党委，多年来注意在外来妹中选先进、扶苗子，先后发展了400多名外来工人入了团，全厂60多名团干部中外来妹已占到80%，12名外来妹已光荣地加入中国共产党。笔者问外来妹马丽，是怎样想到要入党的？她诚恳地说："因为我看到在我们厂里党员都是工作最好，最关心人的，我觉得像他们那样做人有价值。所以，我想到了入党。"马丽17岁那年就离开黄土高原，来到了上棉21厂，当了一名农民轮换工。刚来时，她也和其他外来妹一样，对上海不熟悉，遇到困难就打退堂鼓，在厂党团组织的教育帮助下，她稳定了情绪，严格要求自己，技术上刻苦钻研，政治上要求上进，以周围党员的模范事迹要求自己。入党后，她对自己要求更严，特别在做好本职工作，刻苦钻研技术方面表现突出，操作水平始终保持优一级，在操作运动会上多次得奖；她还在保证完成小组生产任务上，起到了重要作用。厂党委抓住马丽这一典型，把她推上团支部工作，她主动关心自己的小姐妹们，做好她们的思想工作，组织她们开展操作练兵，学习各种文化知识，义务为厂里做好事。根据马丽的良好表现，厂党委慎重地推荐她为上海市纺织局优秀党员。这在全厂外来妹中引起了极大的震动，在外来妹的家乡和上海纺织系统也引起了强烈的反响，许多外来妹也纷纷向党组织递交了入党申请书。

和马丽同时来上棉21厂打工的安徽颍上县姑娘桑华丽在党组织教育下也不甘落后，进厂6个月就能独立操作，和马丽一起比学赶帮，多次被评为公司操作能手。不久，她也加入了中国共产党，还当上了技术教练员，专门帮助刚进厂的轮换工提高业务操作技术水平。有位叫张小霞的安徽外来妹，做生活手脚快，但脾气急躁，断头现象严重，曾受到车间主任批评。桑华丽就主动在业余时间手把手教她，并激励她，决不能让外来妹丢脸。在桑华丽的耐心指导下，张小霞的操作水平有了很大提高，并通过了优级考核。

外来妹成为全国特等劳模

外来妹中，不仅涌现了一大批优秀工人，而且还出现了一批杰出人才，上棉九厂的陆丽萍就是一名代表。陆丽萍是渔民的女儿，1986年进了上棉九厂当合同工。她天资聪敏，勤奋好学，虚心求教师傅。下班回到宿舍，刻苦钻研技术，常到深更半夜。有一次，她从乡下度假回到厂里，小姐妹们发现她的大拇指、食指的皮都破了，还淌着血。一问才知道，原来，她在家休息，还让妹妹替她看钟计时，不停地练习抬、绕、结头，以致磨破了手指，小姐妹们无不钦佩。功夫不负苦心人，陆丽萍终于练就出一身过硬本领，形成自己独特的"一小、二稳、三快"的技术操作风格。不久，在上棉14厂举行的"康达集团操作技术比武"中，她娴熟的动作令在场领导和专家们赞叹不已。厂领导打破惯例下令，所有布机挡车工在吃饭时间关车，到现场观摩陆丽萍的操作表演。

对此殊荣，陆丽萍并没有陶醉，她仍然在每天下班后，到操作难度更大的布机上练习操作，还翻阅资料，结合操作实践，总结出棉麻、人造纤维、合成纤维之间的操作技术差异，终于使自己的操作技术更熟练、更全面，无论产量、质量均处于领先水平。纺织女工都知道，换车位是挡车工最头痛的。1994年，陆丽萍先后换了3次车位，加工的品种又是难度极大的细支纱。她迎难而上，每天提前30分钟进车间，仔细检查24台布机的盘头和交经架。根据生产要求，不断修正自己操作方法，结果，同样的品种，陆丽萍总是第一个达标，第一个超产，成为名副其实的产量、质量双超的标兵。不久，她在强手如林的全国纺织技术比武中打入"十强"，成为上海地区唯一的获奖选手；接着，她又在津沪苏鄂纺织技术操作比赛中勇夺全能冠军；后来，又在公司、集团技术比武中再度夺魁。

如今，陆丽萍已经成为一名操作技师，和厂里签订了"终身合同"。她已被评为1994年全国新长征突击手、1994年全国劳动模范、1995年上海唯一的全国特等劳模、1995年上海市三八红旗手。在组织的关心下，她参加了"劳动模范高考复习班"学习，自然，她已拥有上海市户口，成为上海市纺织局第一个获得上海"蓝卡"的外来妹。

（原载1995年第6期）

上海百万下岗工人再就业

青 舟

进入20世纪90年代以来,为适应国际大市场的竞争,上海逐步进行了一场大规模产业结构调整和国有企业经营机制的大转换,由此成千上万的产业工人离开了自己工作多年的岗位和企业,而后在各级党、政机关以及工会的关心帮助下,经过重新培训和心理调整,纷纷走上新的工作岗位。据新华社报道:7年中,上海累计有109万人次下岗,同时已有89万人次重新就业。仅1996年一年,上海市就分流安置下岗待工人员23.5万人次。其间,也涌现出一批勤奋学习、钻研技术、勇于进取的先进人物。

"职业介绍状元"陈敏

在再就业工程中,涌现了一批热心为下岗职工服务的"职业介绍状元",上海长宁区职业介绍所副所长陈敏就是其中的一位。陈敏是7年前到职业介绍所工作的。以前,他当过工人,做过出租汽车司机,也在家待过业。那阵子,职业介绍所成立不久,需要一位合适的工作人员,陈敏就走马上任了。来自基层,自己又下岗待过业,这使他对下岗待业人员有一种特殊感情,他总是竭尽全力为下岗待业人员介绍工作。

一天上午,有位姓曹的姑娘来到了职业介绍所。这位回沪知青子女,没有住房,上海话不大会讲,干起活来手脚又慢。这也难怪,到上海7年了,还没有一家单位肯与她签订5年以上的工作合同。想不到这天一登记,就给安排到森大木业有限公司,而且有住宿;但两星期后,因姑娘不能适应公司制度而被辞退。陈敏不泄气,又为她安排进海上皇宫海鲜酒楼做清洁工,谁知姑娘在上班乘车途中手臂骨折,再次下岗。伤病痊愈,他又先后数次为姑娘介绍单位,但均被退回。就在姑娘自己也感到绝望时,陈敏终于联系到了愿意接受姑娘工作的单位。

7年来,陈敏和同事们为4 000多名下岗待业人员介绍到新的工作岗位,成功率达80%以上;介绍所与800多个企事业单位建立了用工合作关系;先后组织1 500余名下岗待业人员参加了电脑、缝纫、制冷、烹饪、家政等50多期专业技术培训。

挡车工马玉芳成了地铁站长

在下岗待业人员中,绝大多数是"老三届"和"新三届"。这是一个在坎坷中长大的群体,在新一轮产业结构调整中,他们人到中年,身体差,文化低,技能少,不少人面对人才市场招聘中"35岁以下"和"大专以上学历"的先决条件,只好低声叹息。在择业竞争中,他们的劣势实在是太明显了。

其实,他们也有自己的长处:肯吃苦,有生活经验,责任心强。当他们一旦重新找到了自己的位置,又会创造性地谱写起生活的新篇章。

1992年,效益滑坡的统益袜厂被针织九厂兼并,当时还是挡车工的马玉芳面临新的抉择。恰逢地铁公司开始招聘下岗和转岗女工。于是,她和仪表、纺织、粮食、公交、市政等各系统282名女工一起,成为上海第一代"地嫂"。初到新岗位任职时,马玉芳对自己的评价十分清醒:什么都不懂,唯一的特长是"肯吃苦"。

其实,也正是"肯吃苦",使她获得了成功。那阵子,马玉芳不仅每天清晨6点准时上班,而且利用业余时间,抓住一切机会向服务行业的同行学习,出门乘车、上饭店吃饭、到电影院看电影,都成了学习取经的好机会。于是,她的业务水平提高很快,她自己感到过得很充实。两年后,在地铁站长的公开招聘中,她击败40多名对手,担任了地铁衡山路站站长;1996年又担任了陕西南路中心站的站长。马玉芳成为行业十佳青年、十佳明星、服务标兵。

马玉芳还有一个特长,那就是丰富的生活经验。那天,马玉芳组织工作人员大扫除,一个刚从职校毕业的小姑娘怎么也使不好手中的拖把,手上还起了泡。马玉芳一连三天为她示范,并使小姑娘按照规定完成了任务,使得这个娇气的姑娘口服心服。从此,职工们都亲切地叫她"马姐"。

遇到特殊情况,马玉芳果断、妥善的处理方式,也使同事们对她刮目相看。一天下午,一位乘客手持超长钢管硬是要乘车,服务员怎么也拦不住,正要喊乘警时,"马姐"闻讯而来。了解情况后,她问这位乘客:"如果服务员是你家人,你就忍心看着她们由于你的违章而被扣奖金?"一句话把这位乘客问得不好意思了。最后,他接受了马玉芳的建议:把钢管暂存站长办公室,稍后再来取。但下午6点下班了,这位乘客还未来,马玉芳一直等到7点多,才见他大汗淋漓地赶来,连声说:"不好意思,不好意思!"

"要家政,找金娣"

市面上曾流传过这样一句话:"要家政,找金娣。"

老三届高中生吴金娣1991年下岗,她插过队,吃过苦。下岗后,一家人的生活陷入了困境。为了生活,她先后到商店当过营业员,到台资企业做过部门经理,到私人企业做过冲床工。有一次,连续十几个夜班,导致心脏病发作,倒在机器旁;后来在私营旅馆当客房服务员,每天工作12小时以上,劳累过度,又病倒在床上。

轻活找不到,重活做不动,难哪!吴金娣流下了眼泪。1993年,有人建议她去干"钟点工"。吴金娣非常矛盾:自己出身书香门第,亲朋好友都是大学生,如果自己去做"佣人",岂不丢人?但是,家里的老人看病要钱,两个孩子读书要钱,靠自己的那点待业金,家里每天每人只有两三元生活费。有时实在买不起菜,只好给孩子吃糖泡饭。

于是，吴金娣终于迈出了艰难的第一步。几年来，她做过各种各样的家政服务：全日工，钟点工；既在中国人家干，也在外国人家干。最多时，她同时做5家的活，那才叫辛苦呢。她以自己的勤快能干赢得了用户的肯定。

干家政服务，做钟点工，不仅要有拉得下面子的勇气，而且还要有良好的心理承受力。有一次，吴金娣服务的德国人邀请上司到家吃饭，丰盛的晚餐准备好了，马上就要开饭了。满头大汗的吴金娣却听到了德国太太冷漠的吩咐："你的，在厨房吃饭，没有事情不要出来。"吴金娣愣了半天也没回过神来，疲劳和着屈辱一并涌上了心头。她真想一甩手不干了，可最后理智战胜了一切，她忍住了。又有一次，吴金娣按照女主人的要求把地板吸干净，又用抹布擦得一尘不染。可女主人把面包屑切在地上后，硬是说吴金娣没有把地板擦干净。这次她再也忍不住了，委屈地哭了。连东家的小女孩也在一旁批评妈妈不讲道理："妈妈坏！妈妈坏！"不知是童言无忌触动了这位母亲，还是金娣的反应使她良心发现，这位德国太太主动向吴金娣道了歉。新年到来时，德国太太居然还送了一束鲜花给吴金娣。

现在，她认为，关键是自己要看得起自己，要敢于理直气壮地对社会偏见说一声"不！"当然，也得有真才实学做底子。为了充实自己，她曾参加过上海市长宁区劳动局举办的第一期"家庭服务员培训班"，接受"礼仪""烹调""英语口语"等方面的专题培训。在德国人家里打工时，她又抓住机会努力学习德语，并记下了厚厚的一本"家庭服务员日记"，打算好好写一本书。她由衷地希望，有更多的下岗姐妹能摒弃偏见，投身到家政服务中去。

1996年，她被评为上海仪电系统再就业"十佳"先进；1997年五一节，又荣获"上海市首届家政服务明星"称号，受到总工会领导的亲切慰问。

空嫂吴尔愉的微笑

1995年年初，上海航空公司在纺织局下岗女工中公开招聘"空嫂"，经过层层筛选,吴尔愉成为应聘的18位成功者之一。与那些初出校门的空姐不同,吴尔愉是一个妻子,又是一个母亲,所以,对自己的新工作充满自信和喜悦。

1996年初春的一天,上海航空公司波音757客机正在"上海—福州"的航线上飞行。吴尔愉在为旅客送饮料时发现,一个穿着有点土气的小女孩正瞪大眼睛看她,问她要什么饮料,女孩根本叫不出名。吴尔愉就根据自己女儿的口味,给这个小女孩倒了一杯美能达汽水。喝着甜甜的汽水,小女孩笑了。事后,

空嫂吴尔愉在为飞机上乘客服务

机组收到了小女孩的父亲写来的感谢信。在信的末尾,小女孩用自己稚气的笔画,表达了对这位"漂亮阿姨"的感谢。6月19日小女孩在自己生日这一天,又收到了这位"漂亮阿姨"的祝福卡片。

吴尔愉脸上总是挂着真诚的微笑,她那热情周到的服务,使几乎所有乘过她班机的旅客都能记得她。她还乐于管"分外事",喜欢用自己的生活经验来帮助人。有一次,飞机抵达上海虹桥机场时,她帮一对年轻夫妇抱一个婴儿时发现,这个七八个月大的婴儿脖子非常软,就提醒这对父母:"孩子可能缺钙!你们最好带她去医院查一查。""有这么严重吗?"年轻的母亲问。"嗯,最好查一查。"吴尔愉又重复了一句,并介绍了上海儿童医院的地址、专家门诊的时间、交通车辆等。一位旅客不解地问她:"小姐,你怎么这样内行啊?"吴尔愉自豪地说:"因为我是个妈妈呀!"

莫以为当乘务员一直是那么开心,这份工作自有其辛劳,有时还会受到莫名其妙的责难。一次,吴尔愉正巧发现一位旅客在洗手间抽烟,就和气地告诫这位旅客:"飞机上是不能抽烟的,洗手间也不例外。"那旅客一开始不承认,后来总算表示不再抽烟了。可是不一会儿,他居然操着一口流利的日

语向乘务长反映,说吴尔愉服务态度不好,一旁同行的另一名旅客还口口声声说他是日本人,从不会讲中国话,言语中还带着侮辱性的口气。吴尔愉百口难辩,委屈和泪水刷刷地流了下来。她的师傅阮佳萌心疼地拍拍肩膀让她到洗手间去。这下,吴尔愉把离开"娘家"后的种种辛苦和委屈一股脑地翻腾了出来,痛痛快快地哭了个泪泉奔涌。可走出洗手间,在旅客面前,又是一个笑盈盈的吴尔愉。

下岗工人当上大学讲师

1997年已45岁的周如扬长得圆头圆脑,天生一副大嗓门,说起话来当当响,为人豪爽乐观。他原是上海新沪钢窗厂工人,1995年前下岗。这位69届初中生,到黑龙江种了10年地,回沪后就开始补习文化。他从初中开始补,考出初中再考高中,然后又考取了华东师大历史系,业余5年苦读,获得了本科文凭。接着又去参加复旦大学新闻系自学考试……他曾经当过上钢十厂的厂报编辑,又做过业余导游,还与妻子一起在南京路上摆过摊。说起这些年的经历,他说得很实在:"没创下什么家当,唯有文凭一抽屉。"也正是这"一抽屉文凭",为周如扬下岗后再就业奠定了扎实的功底。

下岗时,周如扬每月可从厂里领取185元生活费;妻子在街道小厂,比他下岗还要早。读初中的女儿正是需要用钱的时候,经济压力很大,可一家人开开心心。不久前,家里还添置了一台586奔腾电脑。你可别以为他们是在用阿Q的"精神胜利法"自我安慰,这是周如扬多年来的自学积累所带来的正面效应。他知识面广,适应性强,下岗后不愁没活干,有时甚至忙得"转"不过来!周如扬颇为自豪地说:"只要肯吃苦,没有克服不了的困难。天生我材必有用。"

1995年下岗后不久,就有人介绍他到上海第三继续教育学院搞教务。院长一看他有本科文凭,二话不说,就爽快地答应聘他做讲师。为了适应课程需要，周如扬又找来一大堆书，在一个多月时间里，硬是把珠算课啃了下来，晚上上课时，他不慌不忙地站到了讲台上，面对一大群和自己年龄相仿的"大"学生们，侃侃而谈。那通俗易懂、深入浅出的讲课方式，很快就吸引了同学们。按照与学校的约定，他拿的是计件工资，按上课次数多少来领取报酬，课上得多报酬也多。但一开始，根据他所学的专业，学校只安排他教"政治经济学"和"哲学"两门课。在电脑热逐渐形成时，学校由于缺少教师，课开得较少。他对院长说："我去学电脑吧。"院长说："如果你想登上电脑课的讲台，起码得获得中级证书。"

周如扬指导学生操作电脑

周如扬对着电脑键盘愣看了一阵子，每月花上200元租一台电脑回家，有一阵子，他干脆就住到母亲的那间空屋里，把自己关在里面，没日没夜地钻研。60天过去了，他在不识电脑"ABC"的基础上，考出了计算机应用初级证书；接着，又考出了中级证书。院长让他上了讲台，先教"初级班"，再教"办公自动化"。周如扬找准了"电脑热"这个节拍，忙得不亦乐乎。课讲得好，请他的人也多。他就那么一部"老坦克"，从浦东到浦西，从杨浦到普陀，横穿上海城，连他自己也记不清到底在多少学校讲过课。

当然，当"客座讲师"也是不得已而为之。他很想当一名有着正式编制的教师，捧一捧那"名正言顺"的铁饭碗。可学校一听他的年龄，就不予考虑。周如扬也不管那么多，他说："只要有地方能发挥自己的才能就行了。"他觉得，自己这么多年一以贯之，紧跟时代步伐，不断学习新知识新技能，值！

"为富更仁"的刘树生

上海纺织行业实施产业结构调整，灯芯绒总厂4 000名职工陆续下岗。刘树生是最早"争取"下岗的，当时车间里下岗有比例，他说："我这个大男人，怎么好看着工友姐妹们先下岗呢？"

下岗后，刘树生默默地吃了不少苦，在社会上没日没夜地拼搏，跌打滚爬，终于"杀"出了一条"血路"，开始奔上了小康：他自己经营纺织品，不仅做面料，也做服装，小日子过得红红火火。别人不眼红，倒是他自己先"眼红"了：看着昔日的工友们又要下岗，没有了方向，自己怎能心安理得？

于是，他主动向灯芯绒总厂提出，帮助工友们渡难关。接着，他一连挑选了8位下岗待业的挡车工、辅助工当伙计，创办了"万绒纺织品贸易商行"。厂里没有资金，他掏尽了自己近年来的全部积蓄，又向亲朋好友商借了10万元作启动资金。厂里没有场地，他说服了父母、妻子，腾出了家中本已十分紧张的8平方米用房，充当商行办公室。培训这8位伙计上岗又得花钱，刘树生二话没说："我来付！"

可好事多磨，商行经营的头笔生意就砸了锅！他们为外商染色加工3万件童装面料，由于颜料固色不牢，送交外商加工成品后才发现，事情闹大了！人家开口就是40万元索赔。刘树生不慌不忙，他对工友们说，在关键时刻，9个人要抱成一团，共渡难关。就这样，一连两个星期，他们夜以继日地扑在外商成衣厂，硬是靠手工拆下了已缀上的8万套商标，运回厂里砂洗后重新再固色，烘干后再贴上商标、熨烫平整装箱出口。他们用自己的双手，把砸了的牌子重新树了起来！就这样，"万绒纺织品贸易商行"开始步入了良性循环……

女干部摆摊卖猪肉

一点没有思想准备,1992年已38岁的李永华在企业干部岗位上被精减了下来。在家待了1个月,终于忍不住了。她先是悄悄地给做生意的老同学帮帮摊,后来就到一个批发门市部管理账目,反正觉得日子过得很清淡,自己的能量还远远没有发挥出来。

干什么呢?思忖了半天,最后还是决定:自己摆摊卖猪肉。

有一天一大早,她先到肉食品厂批发了一些排骨、蹄髈和猪爪等。然后学着旁边摊主的样子,操着刀吆喝了几声。不一会儿,她忽然远远看见来了隔壁邻居张家姆妈,声音顿时哑了,还有意装模作样地把身子转过去;好不容易等张家姆妈走过去,李家爷叔又来了,她又不好意思地别转了身。就这样,一个又一个星期过去了,一个月下来,竟亏了几百元。

那天晚上,她翻来覆去难以成眠。"为什么人家能做的,我却不能做呢?怪谁?还不是怪自己!面子放不下来,自己把自己框死了。"痛定思痛,她终于下定了决心:光明正大地干!

第二天,她又站在肉摊上。不过,她不再回避熟人了。不仅大声地吆喝,而且见到熟人还主动地打招呼。这样一来,买卖就兴旺了,因为熟人本身就是生意嘛。

李永华所在的市场有肉摊20多个,竞争十分激烈。要想站住脚,在竞争中取胜,就要货真价实,服务到位。李永华始终坚持不进皮软肉,不进注水肉,不赚昧心钱,童叟无欺。社区里有体弱多病的老人,她坚持送货上门。人心换人心,李永华坚持薄利多销,打出了牌子,生意越来越红火。下岗5年来,不但解决了自家的生活问题,而且还向国家缴纳税金3万元。前不久,她又买下了3个摊位,雇了3个帮工,进一步扩大了业务,受到社区居民的好评。

托儿所老师当厂长

1994年9月1日，杨家渡托儿所25个老师，瞧着新招来的16个孩子干瞪眼：生源不足，托儿所办不下去了。下岗，成了她们唯一的选择。

老师中有一个69届初中生夏卫平，回家后心里一直不能平静。那天晚上，突然冒出了一个念头，她对老公说："我想办个小厂，你看行不？"

"别开玩笑了，要养活20多个人呢。你有什么把握？"

可夏卫平就是不认输，夫妻俩合计了半天，丈夫终于同意与妻子一起干，并做妻子的助手——副厂长。

在街道办事处的支持下，他们利用托儿所的场地，贷款12万元改建装修，很快钱就用光了。夏卫平就动员大家集资买机器，每人2 000元，他们夫妻拿出1万元，再加上给街道的1万元保证金，家里已是负债累累了。从托儿所老师到生产工人，职工们一下子很难适应这一改变，但见夏卫平已经"破釜沉舟"，大家的劲都被她鼓动起来，纷纷拿出自己原就不多的积蓄。就这样，专门做洁肤用品小包装活的"利旁塑料包装厂"在艰难中启动了。

刚开始可真难。老师们拿着一只只瓶子和小袋子，用机器往里面"喂奶"，可不是多了就是少了，"唉，过去喂孩子也没这么难啊！"包装一瓶沐浴露才几分钱，而委托单位合资企业的活儿又是最挑剔的，质量检验的标准很严。有一次，一批货检验发现有溢漏，委托方要求立即返工。面对那整整1 000大箱48万包沐浴露，夏卫平没有退缩，他和大家一起返工，将100斤重的沐浴露一桶一桶地抬进抬出，直到全部合格为止。

苦尽甘来，三年不到，利旁厂发展了。1997年，该厂已经有了5名工程师，2个加工分厂，固定资产达400万元人民币。厂里还从社会上吸纳了一批下岗、待业人员。固定员工每人年均收入接近2万元，另外还有70个季节工。当年那些与夏卫平一起创业的老师，现在个个成了生产骨干和管理人员，独当一面。

工程师当上推销员

1995年夏,大学毕业后坐了近20年办公室的周始光突然被通知下岗待工!"男人下岗,待在家里像什么样子?"周始光心里面暗暗自忖,开始几天,要面子的他每天仍提着公文包,"上班"去,"下班"来。但这事还是被妻子知道了。于是,妻子也不动声色,特意请了假"跟踪追击"了一整天,终于发现了丈夫在公园里一只包、一张报混上大半天的踪迹。真是又好气又好笑,不过,妻子这下子还真的笑不出,下岗毕竟会对家庭生活带来极大的影响,但这又能怪谁呢?谁让他分配进那倒了八辈子霉的仪表厂?谜底揭穿后,周始光难受得差点掉泪,但这又有什么用呢?

姐姐知道后,叫他去卖冰棍。"这种有伤大雅的事我会去做?"周始光嘴里没说什么,但心里还真有点恼火。晚上,妻子在枕边一席话说得他动了心:"干总比不干强,你要是个男人,就要真的能屈能伸!万事开头难嘛。"第二天,周始光大着胆子在上海动物园门前摆起了冰棍摊,一天下来,还挣了5元钱,这使他非常兴奋,因为他看到了自己的潜在能力。冰棍卖了三个月,他又开始摆地摊,搞零售、批发,甚至跪在地上给人量体裁衣。一年后,妻子为他算了一笔账,发现这一年的收入竟大大高于在厂里的工资加奖金!一天,家中的抽水马桶堵塞,周始光从报上看到了"神奇一袋通"的广告,一试果然灵验,于是从顾客转变成了推销员。他每天拿着样品出入于宾馆、企事业单位,每到一地都实际操作,半年下来,就拥有了一大批客户。生意渐渐搞大了,现在周始光的年收入已超过10万元,小日子过得有滋有味。

为下岗姐妹编织新生活

刘光英至今仍清晰地记得,那一天上午,她穿着下岗姐妹们编织出的第一件羊毛衫，兴冲冲地来到机关大楼，从一楼至四楼连着跑了好几个来回！

1995年年初，上海真空电子器件股份有限公司对产品结构进行了调整，一些下属厂家大规模精减人员，一批大龄女工下岗了。不少人暗自落泪叹息。面对此情此景，公司女工委员刘光英的心揪紧了！她想，这些姐妹并不比别人笨啊，只是文化程度低点，何不将她们组织起来，搞生产自救？她思来想去，最后决定搞一个编织社，为服装市场设计编织羊毛衫。因为这行当姐妹们容易学，投资也少。

她的想法得到了公司工会的大力支持，工会当即决定贷款5万元。刘光英立即出发到无锡、常熟摸行情，学习那里搞编织的成功经验；又多方联络，落实生产场地。半个月后，第一台横机编织机买回来了，"伊人编结社"宣告成立。

孰料万事开头难。开张第一个月，为了拿到订单，刘光英和姐妹们动脑筋设计了10个样式，结果自己也不满意。几经周折，总算定了稿。为了达到设计效果，姐妹们通宵达旦地连续苦干，忙了将近一个月，总算拿出了样衫。望着这第一件布满修改痕迹的羊毛衫，不少人落泪了。尽管这件羊毛衫的样式非常简单，乍一看并不起眼，可它毕竟凝聚着大家的心血。"伊人编结社"有了第一张订单，接着又有了第二张、第三张……女工们以自己的聪明才智编织起五彩的新生活。

如今，坐落在泾东路这条不足百米小路上的伊人编结社，已经拥有17台编结机、60多位职工，工作场所也已从当年的8平方米场地扩大为80多平方米，创造了良好的经济效益和社会效益。

（原载1997年第6期）

驻港部队中的上海兵

江跃中　闵继祥

1997年7月1日，中国人民解放军驻港部队进驻香港，标志着我国政府恢复对香港行使主权。

在这肩负特殊历史使命的人民军队里，有不少来自国际大都市的上海兵，其中还有女兵。这些姑娘小伙放弃优裕的生活环境，应征入伍，经过层层遴选，光荣加入了驻港部队的行列。

1997年4月上旬，上海市征兵办公室、市民政局、部分新闻单位和部分区县人武部同志组成的慰问团，来到驻港部队看望上海籍的士兵。

弱小伙入选仪仗队

上海兵大多是独生子女，在家娇生惯养，浸在糖罐里长大。刚到驻港部队，首先就面临着艰苦生活、铁的纪律和大运动量训练的严峻考验。

1996年在上海市欢送新兵大会上，代表上海新战士发言的原上海海运集团职工陈磊，由于平时缺乏锻炼，训练课目经常落在后面。体能训练是陈磊的弱项，尤其是5公里武装越野，最为头疼了。尽管他使足了劲，班长拉着他跑，他还是跑不快，成绩勉强及格。经过班、排长的分析，陈磊找到了自己长跑跟不上的原因，在掌握长跑要领的同时，苦练身体耐力，采取多种办法，增加身体的负重量，并科学施训，使他的成绩直线上升，达到了优秀。眼下陈磊被选入驻港部队仪仗队，担负起表现人民军队光辉形象的重任。据悉，除陈磊外，仪仗队中还有2名上海兵。

陈磊的毛笔字在学校时就小有名气。到部队后，他利用业余时间继续练习书法。1996年，驻港部队新兵团的所有春联都是陈磊写的，直写得胳膊都抬不起来了。由于他表现突出，入伍才几个月，已多次受到部队嘉奖。

新锦江调酒师当兵无怨无悔

曾在上海新锦江大酒店做调酒师的许沈杰、在花园饭店工作的曹煜寰和在宝钢工作的施寄中，来部队以前每月都有几千元的收入。到部队后，每月只有63元的津贴，伙食和业余文化生活皆不如上海。但他们无怨无悔，以一个共和国士兵的标准严格要求自己，生活上只求低标准，训练上向高标准看齐，成了部队领导经常表扬的优秀士兵。

上海慰问团到达驻港部队的当天上午，新兵团大礼堂里掌声雷动，全团1 000多名官兵正在进行"迎香港回归，看身负重任，做合格战士"为主题的演讲比赛。结果，来自上海黄浦区的新战士金岚获得这次演讲的一等奖，令代表团成员十分欣喜。

上海兵向慰问团汇报了工作、生活情况。他们说，驻港部队对所有新兵都给予了无微不至的关怀。他们的连长、指导员和班排长是良师益友好兄长。来自杨浦区的刘国华说，一次他身体不适，班长为他买来奶粉。训练时脚受伤，排长用药酒为他擦脚。上海兵现在工作好、训练好、学习好、生活好、伙食好、文化娱乐好，一切都好，请上海的亲人放心。

部队首长称赞上海兵

上海慰问团在驻港部队驻地看到：高达19.97米的旗杆上，五星红旗在蓝天下高高飘扬。在机关、在连队、在训练场，处处可见我国政府恢复对香港行使主权的倒计时牌，电子显示牌上分分秒秒跳动的数码在催人奋进。部队领导及各级干部，从春节开始大多数都蹲在连队，为进驻香港"建设一流

黄浦区有关部门欢送新兵参加驻港部队

部队,培养一流人才"。官和兵一样黝黑的皮肤,一身汗渍的作训服。官兵们三人成伍、两人成行,连、排、班操课往返,官兵精神之抖擞,口令之洪亮,凸显出威武之师的风采。

驻港部队副司令员周伯荣少将、政治部副主任应世康大校等领导在会见上海慰问团时,一致肯定了上海兵的出色表现。某教导团团长刘耳良说,上海兵有四个特点。一是接受能力强,思想比较敏锐,能讲政治,能观察、分析问题,正确处理问题。二是知识面比较宽,有驾驶、修理、烹饪特长的人很多,写作、书法、音乐爱好者也不少。三是文化程度比较高,大部分是高中以上文化。四是身体健康,素质高。上海兵整体素质很好。目前,在17项训练课目中,包括法律知识、英语、粤语学习,上海兵的成绩都不错。1996年年底,已有20多名上海籍战士被选送到院校或专业部门学习专业知识,有10多人担任了班长或副班长。

女兵苏晓琴有一位伟大的母亲

家住宝山区的苏晓琴非常幸运：1996年年底，经过层层遴选，她成了上海市选送驻港部队的女兵之一。

几年前，苏晓琴以优异的成绩从旅游中专毕业后，不恋红妆，不贪享受，却坚决要求当一名女兵。从初检到复检，从初审到复审，苏晓琴关关顺利通过。当她拿到入伍通知书的时候，兴奋得跳了起来，迫不及待地告诉父母、亲友和同学。

然而，苏晓琴此刻的心情又是十分复杂的：她的父亲正被白血病折磨得死去活来，且病情日益恶化。

苏晓琴兄妹两人，哥哥正在读大学四年级，母亲在一家村办企业上班。这个本该幸福、欢乐的家庭因为父亲的不治之症而蒙上了一层阴影。苏晓琴手捧入伍通知书，看着病重的父亲，心里充满了矛盾。她非常清楚：父亲的人生之路不会太长了。此次一别，可能永远也见不到父亲了。想着父亲含辛茹苦地把自己抚养成人，想着父亲带她上公园，逛商场，为她买新衣服，做好吃的，她噙着眼泪对母亲说："爸爸病成这样，我真不忍心在这个时候离开他。"母亲虽然是个普普通通的农家妇女，但她知道丈夫得的是不治之症，她更懂得没有国家这个大家的富强就没有自己小家的幸福的道理。她对女儿说："保卫国家，依法服兵役，是你应尽的义务。你又是第一批驻港部队的一员，身上的责任更重。你父亲有我照顾，只要你在部队好好干，多出成绩，就对得起你爸爸了。"父亲也用微弱的声音，关照女儿到了部队要保重身体，锻炼成长。苏晓琴用力地点点头，帮妈妈擦去眼泪，给躺在病床上的父亲敬了一个庄严的军礼，转身上了南下的火车。1997年3月3日苏晓琴的父亲病逝，母亲悲痛欲绝，但为使女儿安心服役，就强忍悲痛，瞒着女儿，还在回信中说父亲希望她在部队刻苦训练，不要牵挂家里。上海慰问团到驻港部队看望1996年入伍的新战士前，派人来苏家录像，母亲周秀珍对着摄像机镜头满怀深情地对女儿说:"小琴,你不要担心爸爸的病,要当好兵……"闻者无不动容。

看完录像后,苏晓琴写信向母亲汇报了近来的训练情况和决心。她说:"每天的训练测试,我全部通过,有的还拿到了优秀。我一定努力,不辜负上海人民的期望。"她还提醒父亲要好好调养,祝他早日康复。其实,她哪里知道,父亲早就离她而去了。

读着女儿来信,周秀珍的脸上露出了难得的一丝笑容。这是悲痛中的欣慰,是一位普通母亲的伟大情怀!

秦峰掂出母亲信中沉甸甸的爱

上海市电话局空调维护中心职工秦峰,1996年从市内电话局技校毕业,他不但技术好,而且工作认真负责,深受领导和同事好评。1996年11月,秦峰认真地对家人说:"我决定当兵去,而且初次体检已经通过了。"

秦峰的母亲因为腰间盘突出引起下肢肌肉收缩性瘫痪,1991年和1993年先后两次动手术,又因单位经济效益不好,转岗在家。奶奶被确诊为食道癌。秦峰是独生子,长辈们寄予厚望,要求严格。但听了秦峰要当兵的请求,全家人还是感到吃惊。可秦峰父亲的几句话使他赢得了多数支持票。父亲说:"我19岁到江苏下乡插队,秦峰19岁要去当兵,这是好事,应该到外面去锻炼。部队要求严,秦峰会有出息的。"

秦峰和外公的感情最深。他还在吃奶的时候,就和外公一起生活,直到读小学三年级的时候,还是外公接送。听说外孙要去当兵,73岁的老人坐不住了,连着找了几位当过兵的同事了解部队的情况。得知部队确实是一所教育人、锻炼人的大学校,老人怕说不清楚,连夜给秦峰写了一封长信,嘱咐他在部队要不怕吃苦,还要勇于找苦吃,学好本领,早日进步。

1996年年底,因各方面素质较好,秦峰被批准参加驻港部队。那天,他穿上崭新的军装,恭敬地来到奶奶的床前告别。奶奶塞给他200元钱,哽咽着说:"你去这么远,奶奶真的十分舍不得。但只要你在部队有奔头,奶奶就放心。不过,你下次回来,肯定见不到奶奶了。"懂事的秦峰一边安慰奶奶,一边将200元钱交给父亲,请父亲代他为奶奶买点补品。

秦峰入伍后,父母亲经常写信给他,询问情况,并再三叮嘱儿子要听部队首长的话,对自己严格要求。父亲还把当年插队时的感受告诉儿子,让秦峰努力当一名好兵。就在秦峰离开仅仅3个月,奶奶和外公就相继病逝。同样,父母亲也没有将这悲痛的消息告诉秦峰。两位老人临终前都再三叮嘱不要告诉秦峰。如今,秦峰父母写给儿子的信,还一直是报平安。

一次,秦峰给同学写信说,部队训练量大,他的手掌和脚掌都磨出了血,而且伙食也不太对胃口。母亲听说后怕秦峰出现畏难情绪,立即写信对他说:"你是一名解放军战士,又是驻港部队的一员,是跨世纪的新一代。苦是磨刀石,能磨出你的意志、勇气和智慧。"

秦峰深切地感觉到这封信寄托着父母亲的殷切希望。秦峰用行动来回报这希望。入伍不到一年,他学习、工作样样走在前,成了部队的训练尖子。前不久,在部队组织的实弹射击中,他打出了5发子弹命中47环的好成绩,还得了全连5公里武装越野第一名。

慰问团带来了上海人民的关爱

上海人民用喧天的锣鼓、热烈的掌声、火红的鲜花,送自己的子弟加入驻港部队。为了让他们在部队放心、安心、称心,全市各级党政机关、企事业单位和广大群众热情帮助驻港部队战士家庭排忧解难,送上关心和温暖。

在深圳,上海慰问团和上海兵代表座谈,勉励他们认真学习、努力工作、刻苦训练,为驻港部队的全面建设作贡献。代表团还把家乡亲人的问候和嘱咐录制成《浦江人民对你说》录像带,放给上海兵们看。谁的家长出现在屏幕上,谁就立即起立、立正,将亲人的嘱咐一字一句铭记在心。不论是男兵,还是女兵,平时在训练场像钢铁一样坚强,此时却泪流满面,不停地

战斗英雄麦贤得给驻港部队海军官兵讲革命传统

说：爸、妈，您放心，我一定在部队好好干。上海兵也请慰问团拍下了他们的军营生活和威武形象，带回去让亲人们欣赏。他们还托慰问团把广东人民政府赠送给他们的纪念表寄给远在上海的亲人。

黄浦区的劳模们来信了。在驻港部队战士入伍前夕，他们和区里的马桂宁、陶依嘉等12位劳模结成了帮教对子，劳模们叮嘱战士们不辱使命。战士们走后，劳模们和驻港部队建立了通信联系，黄浦区的驻港部队战士，常常从信中受到启发、鼓励……

杨猛的姐姐工作解决了

黄浦区人武部的领导张兆国、罗敏走访了区内所有驻港部队战士的家庭，把战士家庭的困难和要求一一记下，想方设法帮助解决。

驻港部队战士杨猛的老家在江苏省宿迁市的一个农村。父亲当兵长年在外。勤劳的母亲靠种田耕地、养猪喂鸡供三个孩子读书，而且杨猛和姐姐杨平都读到了高中毕业。在部队工作了30多年的父亲转业到上海某海运公司当了一名海员，通过努力学习和勤奋工作，获取了大专学历，并升为大副。1993年下半年，根据国家有关政策，杨猛的全家迁到了上海安家落户。来上海不到半年，母亲因为软肠瘤进行了一次大手术。杨平和杨猛一直在家待业，小儿子继续读初中，勤奋的母亲离开了稻田和麦地，也变得无用武之地了。全家五口人的生活全靠父亲的工资开支，生活过得非常清贫。1996年，50岁的母亲去一家食品店当临时工，每天早上3点钟就起床上班，每逢天气不好，母亲的腰痛就加剧，但她一直咬牙坚持上班。

1996年年底，杨猛征兵体检、政审合格后，他想到自己是家中的长子，父亲又长年出海在外，他应该为体弱多病的母亲分忧，为这个家庭分担重任，便犹豫了。母亲对他说："你生在农村，长在农村。部队是大学校，一定会比在家里好。我和你爸爸都支持你当兵。"

为帮助杨猛的姐姐找到一份合适的工作，黄浦区武装部的领导不辞劳苦多方联系，终于落实。外滩街道领导也热心地表示，为驻港部队军属办实事是应该的。

金岚一家有了新住房

上海各级有关部门领导对子弟兵及其家属倾注了无限热情和关心。

驻港部队战士金岚一家三口住房只有16.6平方米，挤在走廊里烧饭。金岚在家的时候，或是借宿，或在家里搭地铺。金岚的母亲又患有高血压病。黄浦区武装部罗政委多次上门了解情况，并向有关领导做了汇报。经过努力，金岚母亲所在单位的上级、黄浦区卫生局的领导表示，在符合文件规定的条件下，对金岚家优先增配住房。

上海市电话局武装部部长钱忠民到驻港部队战士秦峰家里访问，了解了秦峰的家庭困难后，给予了各方面的帮助。秦峰的父母激动地说："有你这样的关怀,我们一定让儿子在部队好好干!"

闸北区委常委、区人武部政委陶七一,区人武部部长缪明俊得知住宝山路街道的驻港部队战士费炯家因房屋动迁,电话移机发生困难,便多方奔走,协助解决……

据上海市人民政府征兵办公室副主任朱留家介绍,自从上海子弟奔赴驻港部队后,从市领导到各有关区县、委办局领导,都以不同方式表达了对驻港部队上海兵的关怀之情。各级党政机关、人武部已到所有驻港部队上海兵的家庭进行了访问,并建立了上海兵的家庭困难档案,许多上海兵的家庭困难得到了及时解决。有一位家长在写给在驻港部队服役的儿子的信中这样说:"政府非常关心我们,家里一切都好,现在就看你了,一定不能辜负家乡人民的期望和厚爱,要争当好兵,为国效劳!"

(摄影:彭侃、宗和、麦国平)

(原载1997年第7期)

上海港百年巨变

金宝山

1984年12月29日零点，上海港向全世界宣告：当年本港货物吞吐量达到1亿吨，首次跻身世界亿吨大港行列！1998年创1.63亿吨吞吐量纪录，相当于1949年吞吐量的近80倍。翻开解放前上海港最高纪录——1931年的吞吐量1 400万吨；这个数字与今日吞吐量相比，也相差10倍以上。

1999年，上海港已与世界上200多个国家和地区的500多个港口发生了贸易运输业务，在我国国民经济和世界水运业中占有重要的位置。

1843年11月17日，上海港开始与外国开展运输业务，迄今已有150多年历史。然而，上海港的飞速发展还是在1949年上海解放之后，尤其是改革开放以来的20年间。

明代尚书夏元吉奉旨开拓黄浦江

隋唐时代朝廷在松江的华亭、青浦的青龙地区相继设镇，标志着上海地区贸易港口的形成。到了宋代，上海地区的港口就以优越的地理位置、优良的港湾条件而逐渐闻名于世。那时万商云集，货畅其流，形成我国重要的水陆交通枢纽和外贸港口。元代初年，上海港脱颖而出，成为我国较大的一个外贸港口。吴淞口淤塞严重，两岸港口衰退，继江苏太仓浏河之后，黄浦（黄浦江的前身）这条吴淞江的支流小河，渐渐发育成较大的河流。明代太湖流域水灾不断，永乐元年（1403）明成祖朱棣登基不久，就委派户部尚书夏元吉治水苏松（苏州与松江一带）。

夏元吉是当时著名的理财和水利专家。他领命后，采纳以"导"为主的治浦方案，工程在永乐二年基本形成，共开掘大黄浦、范家浜12 000丈，形成了上海的母亲河——黄浦江。以后又经过多次的浚治，至明正德年间，黄浦江已宽约2里，水深能容巨舰航行。及至清代，康熙开放海禁，并在上海设立江海关以后，上海港发展迅速。鸦片战争前的上海港已成为沙船的基地、海运漕运的中心，港口吞吐量达到150万吨至200万吨，是当时中国最大的内贸港。

列强胁迫下开放的自由港

鸦片战争以后，上海被迫辟为五个通商口岸之一。1843年夏天，英国选派驻印度的英军炮兵上尉、参加攻打上海吴淞的巴富尔担任驻上海第一任英国领事。他于1843年11月8日抵达上海，到任当天下午就向上海道台宫慕久投递了照会，第二天双方便议定了开港日期。一周后的11月14日，巴富尔用英文发布了领事馆《第1号告示》，向外界宣布上海开港日期。

1843年11月17日，上海正式开港，对外开放。160年前，康熙在维护国家主权的前提下自行设关开放，而这次是在外来侵略的武力威胁下被迫开放的。160年前上海港开放度是有限的，主要与日本、朝鲜和东南亚地区的外商往来。这次范围较广，逐渐向世界各国开放，使封闭型的上海港再度转变为开放型自由港。

上海港一开放，资本主义国家的船舶蜂拥而来。到1858年，仅仅15年，进口外籍船舶数就达754艘，为1844年的17.1倍；船舶总吨位为1844年的28.3倍。英国船带头不向清政府的江海关交纳税款，其他各国的商船照此办理，堂而皇之地自由进出上海港，同样都不报关纳税。

1919年到1937年，是现代上海港最繁荣的时期，它已成为国际贸易大港，并大规模兴建与改造了码头、仓库，万吨级巨轮可乘潮进出港口。上海作为一个国际金融与贸易中心和国际中转大港的地位，到1941年珍珠港事件后才消失。抗战胜利后，由于国民党政府醉心于大打内战和其他各种原

大量船民来上海谋生

因，对上海港未能实行自由港政策。上海港昔日的地位、功能，逐步被亚洲大陆外边缘岛屿链上的香港、新加坡等一系列港口所代替。这些港口还成为中国大陆货物进出口的中转港口。

第一个外籍港务长

上海港对外开放初期，由于港口洋船停泊区还没有明确的管理机构和管理制度，一时间黄浦江上外轮横冲直撞，致使航道经常堵塞，屡屡发生船只碰撞事故，纠纷随之增加，各国领事都为此事而感到头痛。为了列强利益，由美、英、丹麦、荷兰和葡萄牙五国领事提名，强迫上海道台同意，于1851年9月24日联名在上海《北华捷报》上发表了一份通告，宣布上海道台任命美国人贝莱士为上海港第一任港务长。

贝莱士原是一名船长，1847年来到上海，担任过引水员，对黄浦江和长江口航道等情况比较熟悉。港务长是港口的行政长官，相当于现在的港务监督长，其主要职责是维护国家利益，管理在港的所有船舶（包括外国船舶），维持港内秩序。可悲可笑的是，这样重要的职务当时竟由洋人担任。贝莱士名义上是清政府的官员，薪俸也由上海道台支付，实际上他直接听命于各国领事，根本不受上海道台的约束。在《北华捷报》公布贝莱士为上海港务长的同时，还刊登了以上海道台名义公布的《上海港口管理章程》。

贝莱士上任后正巧遇上一艘英国商船无法无天，违反港章停泊。他执法还算严格，打算第一次行使港务长的职权，对违章的英国商船罚款。消息传出，英国领事十分恼火，率先反对。各国领事和船主、商人原以为外籍人担任港务长会处处帮他们的忙，想不到贝莱士要动真格，也纷纷跟着英国领事鼓噪，要求撤换贝莱士。拖到第二年，贝莱士被迫离职。1852年他离任后，上海港又陷入无政府状态，船只违章只能送交各国领事处理，他们各自为政，常常不了了之。直到1862年又任命了一个英籍港务长。外籍港务长一任接一任，一直到1945年抗战胜利，长达94年之久。

列强抢占瓜分优良泊位

码头泊位、仓库和堆场，是港口的重要设施，其中深水泊位是各国列强争夺的"肥肉"。他们利用在华的特权，豪夺巧取，恣意瓜分。20世纪30年代，英、日、美三国在上海港拥有的码头，占全港码头总长度的67.1%，其中英国居首位占34.5%，日本占25.6%，美国占6.9%。

黄浦江过外滩转而向东，沿江一带水位深，可靠泊万吨级巨轮。那里水流缓慢，而且沙泥淤积少，选码头一般不用挖泥，大大减少成本。岸上又有大片空地可造仓库、堆场，是建造轮船码头的宝地。1860年至1861年，在本国领事的支持下，英商怡和、宝顺洋行和美商旗昌等洋行在外虹桥至提篮桥一带抢先造好了码头。1863年英美租界合并，在苏州河上架设桥梁之后，虹口一带建造的码头就更多了。1864年，不甘落后的法国商人在今延安东路外滩至新开河之间，造了一座当时算是规模最大的长1 649英尺的法兰西轮船公司码头。

19世纪70年代中叶，苏伊士运河通航，缩短了通往中国的航程，远洋轮船猛增。此后，英商、美商、德商等更加肆无忌惮地在黄浦江深水地带抢占岸线，新建和扩建了大型轮船码头。浦东虽与浦西隔江相望，无桥无隧道可通，陆上交通不便，但那里是未开垦的处女地，深水泊位颇多，也是外商争夺的地盘。上海港就这样被外商洋行分割得支离破碎。当时中国除招商局和民族资本仅拥有5座码头外，其他19座优良的深水码头都被外商夺占。当时码头工人说："浦东到浦西，大英、花旗、法兰西；日本不落后，一溜杨树浦。"

按照清朝政府规定，不得违章超出水域建造码头，但外商依靠特权的庇护，视中国政府的规定为一纸空文。外籍港务长也跟着故意包庇，对洋商申请建筑码头，总是大笔一挥即批准，而对中国人申请建造码头却百般刁难。上海机器局在杨树浦一处建造码头，外籍港务长就以"该处淤积泥沙，若在该处添建码头，诚恐淤积更易"为由，严令该局停止建造，已建部分强令拆除。

"陆家嘴难过"系英商造成

当时清朝政府为了保证航道宽度，使船舶航行畅通，规定退潮线是一条法定的界线，在此线以下属于官地，任何人不得侵占。而外商根本不理这些规定，依然无限制地向水域伸展建造码头。1863年，英国商人连那士与合勒子为造码头仓库，在浦东陆家嘴用低价买了一块约20亩的地皮。这块地恰好连接陆家嘴水域弯道。由于泥沙的多年淤积，退潮时便露出了大片滩地。他们在退潮线以下的滩地四周放了许多木桶，扣成一排，用来拦水。潮水一涨，江水将泥沙带上滩；潮水退后，泥沙被连成排的木桶拦住，

1960年1月13日,上海港黄浦码头上装运货物的繁忙景象

沉淀淤积在沙滩上。久而久之,大面积滩地突出江面,使航道变窄,妨碍了船舶航行。中国船工群起反对,强烈要求上海道台出面交涉,按章执法。上海道台担心民众造反,不得不与英国驻沪领事交涉,声明"黄浦江系官河",凡"施占官民水场、湖泊、茶园、芦荡者,不计亩数,杖一百流千里"。但英国领事依仗治外法权,我行我素,支持连那士、合勒子。不到两年,那两个英国商人已将滩地垫出水面50多亩。1865年以后,他们在这块垫高的滩地上建造了一座长171英尺的码头。从此,陆家嘴一段弯曲险峻,水势湍急,成为黄浦江航道上最危险的地段之一。轮船驶到此处,必须倍加小心地转一个大弯,慢慢地向前航行。一些船长说:"船长好当,陆家嘴难过。"

周总理：三年改变港口面貌

列强欺凌，加之中国政府腐败和连年内战，使上海港萧条萎缩，货物吞吐量一落千丈，1949年仅有194万吨，其中绝大多数还是上海解放以后半年中完成的。这个数字与解放前上海港历史最高纪录——1936年吞吐量1 440万吨相比，只有七分之一不到。

上海是全国经济贸易中心，中央领导对上海历来非常关心。1955年秋和1957年初夏，毛主席两次乘坐领航船，视察了上海港。航行途中，他不仅谈论黄浦江的历史，还询问了两岸码头、仓库和工厂企业的情况，给上海港干部、职工以莫大的关怀和鼓舞。陈毅同志在上海任市长时，曾规划过浦东的开发，对港口事业也寄予厚望。周恩来总理更是时刻关心着上海港的建设和发展。

上海港经过三年恢复，生产迅速发展，1952年货物吞吐量达到560万吨，比1949年增长近2倍。正当码头工人敲锣打鼓、扭着秧歌、欢庆这个成就的时刻，1953年年初，周总理顶风冒雪，亲自到上海港视察来了。曾经参加过上海工人第三次武装起义的"老码头"激动地说："周总理对上海港非常熟悉，他十分关心我们上海码头工人。"周总理对陪同的港口领导同志说："你们要加强学习，留心国内国际的一切事务，更好地为人民服务。"同时作了许多重要的指示，要上海港抓紧建设与改造，适应国民经济发展的需

1984年9月1日，繁忙的上海港

要。遵照党中央和周总理的指示,上海港经过10年奋斗,基本上结束了肩挑人扛的历史,普遍使用机械进行货物装卸。1963年货物吞吐量达到2 575万吨,相当于1949年的14倍。

1964年4月,周总理又飞赴上海,视察江湾飞机场和上海港装卸作业区张华浜码头、开平码头,研究上海国际机场的选址和上海港的航道及码头建设情况。他和蔼地问上海港务局局长田光涛:"黄浦江航道张华浜装卸作业区江面来往船只的密度多少?停泊码头和航行中的船只桅杆最高度多少?码头建筑物和装卸机械的最高度多少?上海港现在装卸作业机械化程度多高?码头工人的生活怎样?"周总理还问:"驶进上海港的最大轮船多大吨位?"田光涛思索片刻,答道:"34 000吨。"周总理当时纠正:"你说的不对。1921年我乘过一条船,是4万吨以上的大船,记得船名叫'皇后号'。"他语重心长地说:"你是局长嘛。上海港的历史你应该了解,类似这样的知识你都应该了解。"接着,他谆谆告诫陪同干部:当局长的一定要学习马列主义,但这还不够,还要学习航运知识、船舶与机械知识、港口管理知识;不但要了解港口的今天,还要了解港口的昨天,学习航运史、港口史;不但要学中国的,还要了解世界航运与港口的发展与变化。周总理最后强调指出:要从港口历史中找出带规律性的东西,更好地掌握主动权,建设好社会主义新海港!田光涛听了这些话,为自己的知识贫乏而深感内疚。回到局里,他就查阅1921年卷宗,仔细一看,那一年确有一艘49 000吨大船在上海港其昌栈停泊过。它就是荷兰的"皇后号"邮船。这种邮船载货也载客,当时在吴淞口外卸货后驶入上海市区。这完全证实了周总理的惊人记忆力,也可见周总理对港口事业的关心。这件事在上海港务局上下震动很大,激发了领导干部学习业务的积极性,并采取了请专家上课、自编教材、编写港史等一系列措施,推动了港口的生产和建设事业。

1973年,身患癌症的周总理,仍念念不忘上海港的发展。在当年2月的一次会议上,周总理反复指出:"交通是先行官,全国深水泊位少,这些是国民经济的基础,一定要努力搞上去。"他提出了"三年改变港口面貌"的号召，并要求中央部门和各地政府协调行动。随后，成立了国务院港口建设领导小组，周总理选派粟裕任组长，负责抓各地的港口建设。力排"四人帮"的干扰，上海港的基本建设继1959年至1962年之后，进入新中国成立后的第二次高潮，也是新中国成立以来规模最大的一次建港高潮。1973年9月17日，周总理冒雨在虹桥机场为外国客人送行后，几乎没有休息，下午3时就同邓颖超一起，风尘仆仆地赶到上海港码头视察。这是他生前最后一次视察上海港。这天，他身穿银灰色中山装，面带笑容，健步登上了"友谊号"。航行途中，他不时地走出船厅，指点着两岸码头、工厂和来往的船只，仔细地询问上海港码头的建设、黄浦江的航道管理和造船工业发展等情况，并做了一系列重要指示。

1973年至1978年，上海港新建与改建了24个泊位（其中万吨级泊位19个），占全港泊位的近四分之一。1978年上海港货物吞吐量达到7 955万吨，比1931年历史最高纪录增长5.5倍以上。上海港干部职工以港口建设的巨大成就告慰了敬爱的周总理。

上海港吞吐量跃居世界第三

党的十一届三中全会的春风吹遍了百里海港。继70年代中期扩建张华浜、军工路两处港区之后，又建成宝山、龙吴、外高桥、罗泾、朱家门等5个大型新港区，还投资86亿元，共新建28个泊位，改造和扩建64个老泊位，增加吞吐能力近4 000万吨，大大加快了港口现代化建设的步伐。为使老码头转变为煤炭、粮食、化肥、木材、矿石等大型现代化专业化码头，满足上海、华东和全国各地对上述货物快捷中转的需要，仅煤炭一项最高时年吞吐量就达八九千万吨。1994年全港吞吐量达到1.69亿吨，2000年，上海港吞吐量突破2亿吨，位居"中国第一、世界第三"。一些"老码头"激动地说："上海港天翻地覆，年年变样。旧社会肩挑人扛，如今都由现代化机械代替，还'玩'上了电脑，连我们这些老码头都认不得'娘家'了！"

集装箱运输是当今世界新型、便捷的运输方式。上海港自1979年起，开辟首条集装箱航线。1985年以来，共新建、改建了13个集装箱泊位，使集装箱年吞吐量增加近250倍，1998年达306万标准箱，年均递增保持超过20%的高速度。1999年，上海港集装箱国际航线已达21条，经营国际航线的世界航运公司增至50多家，连接着世界五大洲的120多个港口，海外侨胞无不为之自豪。同时，由"抓斗大王"包起帆任经理的龙吴港务公司，在1996年开通了国内首条内贸集装箱班轮航线，至今已累计吞吐13万多箱。中国海运集团以"龙吴"为基地，进行内贸集装箱中转，"龙吴"也将加大投资，着手新一轮码头改造，购置全新的集装箱桥吊等设备，1999年内贸集装箱吞吐量可望突破20万箱。包起帆说："没有改革开放，哪有我们今天的成就！"

外高桥新港区年吞吐量已达68万标准箱

外高桥新港区作为浦东新区开发开放的"龙头"，策马扬鞭，加速推进，在1991年党的生日那天动工，各路大军齐心奋战，工程于1992年11月投产。昔日芦苇荒滩，如今桥吊耸立，集装箱堆叠如山。2万吨级以上巨轮在此装卸，集装箱年吞吐量最初为六七千标准箱，1998年猛增到68万标准箱。外高桥新港区与吴淞口北岸上海港最大的张华浜等集装箱港区形成掎角之势，展示了一幅气势磅礴的壮丽画卷。上海港还是我国最大的水上客运枢纽。

描绘21世纪上海港绚丽画卷

上海港是对外开放的"窗口"，是上海发展的一个缩影，如今黄浦江被赋予了新的功能定位。上海港适应新形势的变化，对黄浦江两岸的"黄金地段"重新作了规划，将形成融商业、旅游、休闲、娱乐于一体的崭新江岸，描绘出21世纪上海港的绚丽画面。上海港最老的港埠之一的十六铺、大达

1984年9月1日，上海港的集装箱码头

地区，经过彻底改造，将与数百米之遥的豫园商业旅游点呼应，成为申城又一金融、商业、商贸热点。在该区域兴建的上海第一条横跨黄浦江的弧形索道缆车，将成为上海新景观。与陆家嘴隔江相望的高阳港区，着手大规模改造，首期26万平方米的地域将建成具有滨江特色的现代化小区。与该区紧邻的客运中心将成为北外滩的标志性建筑，成为体现上海国际大都市形象的水上门户。上海航运交易所的所在地汇山码头，将开发成设备一流、服务便利、环境优雅的综合商贸、商办区。在浦东南栈码头地区，将沿着南浦大桥防护绿化地带辟出风格独特的民俗风情游览区，为黄浦江增添浓郁的文化气息。

上海港将以自己的崭新面貌跨入21世纪。

（原载1999年第3期）

东海明珠：洋山深水港

戴鹏安

上海国际航运中心洋山深水港区工程全面开工，消息传来，令人振奋。这是我国进入新世纪积极参与国际竞争的重大战略决策，不仅有利于加快上海国际航运中心的形成，有利于加快上海现代化国际大都市的建设，而且还有利于促进长江三角洲及整个长江流域的对外经济联系和经济发展，提升我国的国际竞争能力。

深水港建设所以这样重要，是因为它是上海实现国际贸易中心的关键性基础设施和载体，是上海形成国际大都市的基本条件。众所周知，港口是一个中心城市吞吐的咽喉。空运固然重要，必不可少，但毕竟运量有限，且价格昂贵。以吨公里运输成本计算，水运基本上是空运的十分之一、铁路的三分之二、公路的三分之一，而且运量大，一艘万吨轮，相当于5列列车或1250辆8吨卡车载货量。目前一个车皮，一般是载50吨货，1万吨就要200个车皮，而柴油机火车头大多一次只能拉40个车皮。因此，世界各大经济中心城市都大力发展国际枢纽大港。国际竞争越激烈，国际经济交往越频繁，对港口的依赖率就越高。

城以港兴，宋朝青龙镇繁华已如"小杭州"

城以港兴。翻开各国城市的发展史看，无不证明凡有港口的地方，城市发展便快。纽约、东京、鹿特丹、汉堡等国际著名城市是这样，我国的天津、武汉、广州等城市也是这样，而上海的发展就更具典型了。

上海早先不过是一个滨海的渔村，居民寥寥无几，后来所以能成为"江海之通津，东南之都会"，也首先得力于港口。上海地区最早的对外贸易港门是青龙镇港口（即今青浦区城北14公里处，亦即吴淞江与蕴藻浜交汇处的青龙镇）。唐天宝五年（746）青龙镇建镇时，因据吴淞江下游沪渎之口，镇东临海，江面宽阔，是个天然的良港，因此航运贸易相当繁盛，之后成了上海地区最早的对外贸易港口，青龙镇也因此兴旺起来。到了宋代，已有"小杭州"之称，可见其繁荣。后因吴淞江上游日益淤浅，下游日益缩狭，往来船只不能溯沪渎驶入青龙港。宋代后期，青龙港已不能作为长江主要港口，而由华亭东北一带、长江南岸的浏河港取而代之，成了上海地区的重要港口。历史上有名的郑和下西洋（1405—1433）至少有两次是从浏河港出发的。明永乐十年（1412），为航运需要，当时政府在今川沙高桥镇北临海处构筑了一座方圆百丈、高三十余丈的土山，上设烽燧，昼举烟、夜明火，以利船舶进出长江。因其意义重大，故被称为"宝山"。

30年代，上海港年吞吐量已达1 400万吨

明初，黄浦江经治理，渐成良港，吴淞蕴藻浜一带热闹起来，成了主要港口。十六铺一带，则成了南北货物的集散地。当时闽、粤的船只，大都停泊在今大、小东门的地方。随之，黄浦江、苏州河沿岸，纷纷设栈、建厂、开码头。上海港逐步形成了5条航线：一是北洋航线，主要驶往牛庄、天津、芝罘；二是南洋航线，主要驶往浙、闽、台、粤等地；三是长江航线；四是连接江、浙、皖、鲁、冀的内河航线；五是国外航线，主要驶往日本、朝鲜及东南亚各国。当时上海港年吞吐量约100万吨。航运的发达，大大促进了上海百业的繁荣，上海也因此而成为国内有数的繁华都市。

五口通商后，对外贸易中心迅速由广州移到上海，在帝国主义列强的胁迫下，中国的进口税是世界上最低的，列强装载着大量廉价商品包括鸦片、军火的轮船自由驶入黄浦江，使上海港实际上成了一个国际自由港。之后，黄浦江经多次整治，低潮时，吃水7米的船就能进港，高潮时，吃水9米的

码头工人在装运粮食

停泊在十六铺码头的外轮

位于王家码头的公共码头

早期的上海港

大船也能驶进来了。1936年，上海港吞吐量已达1 400万吨，上海也成为名列前茅的国际大都市。

跃居三甲，但与国际航运中心相差甚远

新中国成立后，特别是改革开放以来，由于国家大力投资港口建设，上海港吞吐量猛增。1994年，上海港吞吐量已高达1.69亿吨，是名列当时世界前十位的亿吨级大港。到2000年，更是一个飞跃，上海港全年货物吞吐量已突破2亿吨（2.04亿吨），一跃而为世界第三大港，其中集装箱吞吐量达561.2万标准箱，成为世界集装箱运输第五大港。2002年集装箱吞吐量有望突破800万标准箱，这意味着上海港的集装箱吞吐量将与高雄港非常接近，甚至可能超过它而跻身世界第四。2002年一季度，上海港还相继增开了10条国际航线，其中6条是干线，集装箱航班密度达到了世界领先水平。

然而，我们还需清醒地看到，上海的航运事业虽然取得了巨大的成就，但距建成一个国际航运中心的目标，还有很大的差距。目前，上海港的港域面积太小，无法作为国际航运中心的主体港；上海港的通过能力和集装箱处理能力，与国际航运中心要求还不相称；尤其是上海港的航道线缺少深水泊位。

国际航运中心，一般是指国际贸易货物大运量集散的多功能枢纽港（或组合港），并与现代化空港和便捷的陆上通道相衔接，是国际经济中心特别是国际贸易中心的载体。纵观世界各大航运中心，一般应有如下几个条件：一是有现代化大城市和广袤的经济腹地作依托，以保证有源源不断增长的国际贸易运量，开辟众多的国际航线。如荷兰鹿特丹集北欧和莱茵河流域诸国的贸易运量，一般每年都在几亿吨以上，辟有几百条国际航线。中国香港、新加坡凭借其大自由港城市及洲际通道要冲地位，引来了大量的中转运量和四通八达的国际航线。二是有良好的港口条件。一般都有数百个深浅配套、功能齐全的泊位，特别是有一定数量能接纳10万吨以上巨轮的深水港区。

如鹿特丹、纽约、新加坡、香港等,一般都有10—30个14米以上的深水泊位,并有宽阔的港域锚地,可供数百条国际航线班轮及注册船队作业、锚泊,还有畅通的深水航道,有足够的陆域面积建设库场和前沿作业区等等。三是有完善的配套设施和服务功能,包括现代化的导航系统、通信设施、修配基地以及可供各国海员休息和娱乐的生活基地等等。四是有灵活、方便、优惠的开放政策,给人、货、船的进出和资金的进出,提供最大的方便。总之,现在的国际航运中心必须要在集装箱运输能力、接纳5万吨级以上大型货轮的能力以及由单一功能向多功能发展的三个方面具备足够的条件。

各方协作,尽快建成洋山深水港

近年来,国内外许多有识之士纷纷指出,如果没有国际航运中心作为依托,上海要真正发挥"一个龙头,四个中心"的作用,就是一句空话。所以,历届上海市委、市府领导都十分重视上海深水港的建设,自1996年以

上海洋山深水港

来，有关部门围绕建设洋山深水港，做了大量的科学论证、设计和前期准备工作。环顾周边国家和地区，新加坡、釜山、高雄等港口，都在雄心勃勃地建设深水泊位，都想争当亚洲及太平洋地区的"营运中心"。面对这种咄咄逼人的竞争态势，我们要尽快建设上海的最佳深水港。其实，建设上海国际航运中心，不仅是上海的任务，也是长江三角洲和长江流域各省市的共同任务。浙江省领导高瞻远瞩，决定和上海联合开发建设洋山深水港，这为上海深水泊位选址提供了极为有利的条件。

大小洋山深水岸段位于杭州湾长江口外的崎岖列岛，其西北距上海南汇区的芦潮港约30公里，距国际航线仅45海里，是离上海最近的具备15米水深的天然港址。根据规划，至2020年，整个洋山港区建设码头深水岸线，总长超过10公里，布置集装箱深水泊位30多个，设计年吞吐能力1 300万标准箱以上。到那时，上海的经济发展又将跃上一个新的台阶。

洋山深水港区一期工程，是"十五"期间上海最大的城市基础设施建设项目，总投资143亿元，计划于2005年竣工建成。一期工程由港区、东海大桥（又称芦洋跨海大桥）、沪芦高速公路、芦潮港陆域配套工程等四部分组成。港区工程先期建设码头岸线1 600米，将建5个集装箱深水泊位，可停靠第五、六代集装箱船，同时兼顾8 000标准箱的第八代集装箱船舶的靠泊，设计年吞吐能力220万标准箱，陆域面积约1.7平方公里。东海大桥始于南汇芦潮港客运码头东侧约4公里、靠北约1.4公里的海滩与现大堤的交接处，终于浙江省嵊泗县崎岖列岛小城子山，总长31公里，其中跨海部分25公里，按双向六车道高速公路标准设计，桥宽31.5米。沪芦高速公路北起A20公路（外环线）环东二大道立交南，至东海大桥登陆点，全长43公里。芦潮港陆域配套的重要组成部分是海港新城，新城以深水港建设为契机，规划建设用地90平方公里，居住人口30万，最终将建成一个生态型、信息化、港口产业发达、具有国际通行制度、有着独特风貌的滨海园林城市。洋山深水港建成后，将使大量的集装箱不再需要通过韩国釜山港等国外深水港中转，一个集装箱就可节约数百美元中转费。它将使整个长江流域范围内的运输成本下降。

不仅如此，浦东还将建造铁路，总长113公里，从金山铁路支线起始，经漕泾化工区至南汇芦潮港的海港新城，再到浦东国际机场、外高桥、何家湾，最后到张庙。预计2005年建成，年运输量可达100万标准集装箱。规划中的浦东铁路建造，将与洋山深水港联动，以实现海、陆、空大联运的宏伟规划。我们深信，在上海市委、市府领导下，各方密切配合、通力合作，洋山深水港工程必将成为一项世纪精品工程而永载史册。

（原载2002年第10期）

一箭三星发射成功秘闻

余仲舒

初试失败，叶帅致电鼓励再战

1978年，用上海研制的一枚"风暴一号"运载火箭发射一组"实践二号"等3颗科学实验卫星的任务列入了国家计划。在"四人帮"刚粉碎不久，国家把如此重大任务交给我们上海机电二局（上海航天局的前身），无疑是十分鼓舞人心的。

用一枚火箭同时发射3颗卫星，必须在技术上要有新的突破，这在我国刚摆脱十年动乱所造成的灾难仅两年多的航天战线，确实具有相当大的难度。

1979年7月，"风暴一号"运载火箭第一次发射"实践二号"3颗卫星，因二级游动发射机故障而失败。当时我们心情十分沉重。由于我们工作没有做好，不仅把火箭而且把七机部和中科院研制的卫星一并损失了，造成了巨大的经济损失和政治上的不利影响。就在我们心情沉重、担惊受怕之际，叶剑英元帅及时发来电报，指出"失败是成功之母，总结经验，再接再厉"，给了我们很大力量！可是，有关部门某些领导仍欲采取派遣工作组的方法，到有关厂所去抓阶级斗争。我在向上海市委书记韩哲一汇报时特别强调，幸亏这次发射失败是在粉碎"四人帮"之后，不然，在一线从事攻克技术难关的科技人员又将首当其冲蒙受打击。韩哲一给我们以鼓励，嘱咐我们认真分析事故原因，采取措施做好工作。

9月，国防科工委马捷副主任和七机部任新民副部长到上海主持召开火箭故障分析会。经过充分的讨论，任新民在总结发言中强调了两点：一是对二级游动发动机必须进行彻底修改，下决心改出一个可靠的游动发动机，在飞行试验之前，必须按严格的规定进行充分的地面试验，所需试验费用由七机部拨给；二是在整个研制过程中，必须把可靠性放在头等重要的地位，不带任何疑点、隐患上天，要全面、全员、全过程加强质量管理。什么时候你们认为没有问题了，可以出厂了，由你们上报，国防科工委审批决定。

攻克难关，航天人日夜奋战

任新民这两点意见，充分体现了中共十一届三中全会重新确立的"解放思想，实事求是"的思想路线，我们受到极大鼓舞，消除了"心有余悸"的情绪。大家清醒地意识到，领导上给我们试验费用、给我们时间，能不能把三星送上天，我们的责任更重了。在为国争光、为民造福、开创航天事业新局面的岗位上，谁不愿意多贡献一分力量？从1979年9月到1981年9月，整整两年中，很多同志没有节假日，甚至连春节和元旦也坚守岗位奋力拼搏。目标很明确，在质量上产品不带任何疑点和隐患上天，在进度上"列车不在我这里误点"，以心血和汗水把因"四人帮"的干扰而损

1981年9月20日，中国第一次用一枚火箭成功发射一组三颗卫星——"科学实验卫星9号"

失的时间抢回来!

新新机器厂和21研究所的同志全面动员起来,游动发动机的设计人员彻底克服了由于游机涡轮泵设计余量太小带来的缺陷,更换了密封材料等,排除一切不可靠因素,改进后的游动发动机经过三次涡轮泵联动试验,三次游机试车,证明方案可靠。1981年6月进行二级五机组合试车,在主机大推力按正常程序关机后,游机又继续工作,创造了连续工作3 600秒正常关机的记录。

随后,上海仪表厂又解决了惯性平台漏脉冲现象可能产生的卫星入轨时的偏差等技术难题。同时,新跃仪表厂为了提高阀门质量,与生产厂紧密配合,反复试验,解决了伺服机构渗漏油的问题。

那时没有物质刺激可言,加一个深夜班最初只有3角7分钱,加上一碗面条充饥,但大家以满腔的爱国热情、无私奉献的精神而日夜奋战。

指挥若定,总设计师建立质量控制体系

我们这支队伍政治素质、业务素质都是较高的。造就这样一支队伍原因是多方面的,其中领导的表率作用无疑十分重要。尤其是时任七机部副部长、卫星工程总设计师任新民。过去我没有机会接近他,在发射"一箭三星"的过程中,才有机会在他直接领导下进行工作(以后在"长征三号"发射地球同步卫星第一发、第二发时继续在他领导下工作直至离休),他给我留下了极为深刻的印象。

任新民20世纪50年代回国,是我国导弹与航天事业的重要创始人之一。他身兼中国宇航学会理事长、国务院学位委员会委员、全国人大常委会委员等多项职务,但平日却为人朴实、穿着随便。他常常是天暖和时穿一身灰布中山装,天冷了换上一身藏青色中山装,戴一顶八角帽(1993年在太原发射"长征四号"火箭时遇到他,改装了,穿了一件夹克衫)。来上海,他不愿意住宾馆大厦,多半住在科工委或部里的物资供应站招待所,常在基层吃一般

客饭,不接受宴请。他总是白天下基层或参加一些会议,晚上有空就阅读报刊书籍或整理资料。他尊重群众的实践,不仅是一位具有丰富经验的高级专家,而且具有高度的党性原则。他在1979年9月事故分析会总结发言中提出的两点意见,如春风拂面,冰融雪化,一扫沉闷的气氛。在这两年时间里,几乎每个季度他都来上海一次,并且和七机部质量司司长于云步一起来,帮助我们全面、全员、全过程整顿,初步建立起比较完整的质量控制体系。其间,连续进行8次质量大检查。每一次总有几百个问题暴露出来,我们自己都感到心里很不安:怎么会没完没了地暴露问题?但是,任新民始终没有说一句责备的话或有不耐烦的表现,他总是脸带笑容,深入班组和试验现场,耐心地倾听大家发言,详细地记录,启发大家进一步深思、深挖。他认为大家能勇于自我暴露问题,提出疑点,并采取措施解决问题,这是对质量极端负责的表现,应当鼓励。他甚至和我们一起到阀门厂、仪表局跟踪了解阀门、元件质量和供应情况。在任新民看来,在我们国家现在的工业基础、科技水平、管理水平以及技术装备等都还比较落后的情况下,研制如此庞大的高技术综合性很强的大型航天产品是相当吃力的;必须最大限度地调动全体人员的积极性和创造能力,人人把好质量关,使产品质量做到大家满意、大家放心才行。

发射成功,航天人情系太空

经过8次大检查、七机部评审、国防科工委批准,"风暴一号"运载火箭终于在1981年8月出厂。当我们的专列经过丰台兵站时,天气炎热,车厢里温度很高,我只穿一件汗衫和一条西装短裤,和曹扬宝匆匆下车,与兵站联系。没想到国防科工委主任陈彬、副主任马捷、七机部部长郑天翔和副部长张钧竟在烈日下等候我们,当时我狼狈不堪,自觉失礼(至今想起来仍感汗颜)。领导如此重视关心,期待之情殷切,我向全体参试的同志传达后,同志们非常感动,更感肩负重任,一定要争取这次发射圆满成功。兴奋之余,我们在车厢里纷纷开展"预想"活动,假设可能出现的"万一"。

8月18日专列安全抵达酒泉卫星发射中心。仅花了20天时间,所有各项检查都一次通过,这是历史上没有过的。当检查完毕准备封舱时,却发现一级发动机壳体上方有一滴油。为了搞清这一滴油的来源,反复查询并用医用注射器吸取微量油脂送上海有机所化验,最后证实是因照明灯泡的热度融化了箭体上的润滑油滴落所致,大家心里一块石头才落了地。

9月17日完成发射阵地第三次总检查。19日晚,陈彬主任在司令部举行招待甘肃省党、政、军、人大、政协及其他方面人士的宴会上表示,热情欢迎他们前来观看第二天的卫星发射。来宾发言都表示预祝发射成功。我在大厅一旁听着,真是坐立不安:第二天大家要看我们上海航天人的戏了!宴会散席,客人走后,陈彬主任走了过来,叫警卫员拿茅台酒来和我干了一杯,不发一言抬腿就走。平生我喝过很多酒,唯有这杯酒令人难忘!

我匆匆离开司令部,驱车疾奔发射场。此时已是晚间七八点钟,大漠寂静,只听得车轮沙沙声,空气似乎变得异常沉闷,远处灯火辉煌,我们的火箭冲天竖立着,明天,它就将离我们而去。两年了,今晚是我们最后一次相聚。我和发射团阎副团长一起乘电梯直达发射塔第11层最高处。我手抚着卫星罩壳,阎副团长说了很多有关这几天检查的情况,说是明天发射准能成功。我一边听着,一边仰望着天空。夜空万里无云,天上闪烁着许多星星,其中有一些在游动,那是人造卫星。我默默地嘱咐着我们的火箭:你一定要把两年来我们为你上天所做的努力带上天去,你一定不能辜负上海航天战士对党和人民的忠诚。别了!让我们在明天晚上看到"实践二号"3颗星加入群星的行列,从我们头上飞越,遨游太空!

9月20日清晨5时28分准时点火,运载火箭携带3颗卫星从发射台起飞,7秒钟后,火箭开始朝东南方向转弯,起飞后7分20秒,3颗卫星按程序与火箭逐一分离,进入预定轨道。众人欢呼,互相祝贺,欢腾的海洋里有人大笑,有人热泪盈眶,两年的辛勤终于换来了7分20秒的成功!国内的电视广播、报刊纷纷发表了我国首次用一枚火箭发射3颗卫星获得成功的消息,国

2013年7月20日,我国在太原卫星发射中心用长征四号丙运载火箭,以"一箭三星"方式,成功将创新三号、试验七号和实践十五号3颗技术科学试验卫星发射升空,卫星顺利进入预定轨道

外新闻报道评论:"这是一项重大成就,是空间计划的一项技术发展,是中国太空科技又一重大突破。"

这次发射,是对被"四人帮"搞乱了的科研队伍的全面整顿,为以后上海航天基地研制的"长征三号""长征四号"火箭飞行试验发射成功打下了坚实的基础。

(原载1999年第8期)

加入WTO，上海已做好准备

龚柏顺

北京时间2001年9月17日深夜，中国加入世界贸易组织的所有法律文件获得通过，从而结束了长达15年的入世进程，这意味着WTO向中国敞开了大门。上海，作为处在改革开放最前沿的经济中心城市，将率先面对入世带来的机遇和挑战。来自申城各行各业有关部门的信息显示，上海已做好充分准备应对入世。

启动"50/100工程"

上海对WTO的敏感和热情，可以从上海市民踊跃参加WTO知识学习的热潮中略见一斑。笔者从上海一些图书馆、书店和部分高等院校的培训机构了解到：近年来，有关WTO的书籍一直是非常热门的畅销书，同时，各类有关WTO的培训班、讲座等也颇受市民青睐。而2001年7月在中共上海市委、市政府领导的直接指示和关心下推出的"50/100WTO事务高级专业人才培训工程"，则表明在尽可能短的时间内培养更多的WTO事务高级专业人才，已经成为上海应对入世的重要举措。

由上海WTO事务咨询中心与市委组织部、市人事局合作启动的"50/100工程"，其宗旨是率先在全国范围内建设一支高素质、高水平的WTO事务专业人才队伍。据上海WTO事务咨询中心的工作人员介绍，"50/100工程"中的"50"指的是覆盖的范围，意味着"50/100工程"的实施将覆盖上海约50个政府部门、大型国有企业、专业服务机构和行业协会；"100"指的是为这50个单位培养出约100名WTO事务高级专业人才，即通过实施"50/100工程",用三年时间为这50个单位滚动培养出100名能够正确理解世界贸易组织的基本原则,熟悉世界贸易组织各项协定的基本精神,掌握全球多边贸易体制运行机制的WTO事务高级专业人才。

"50/100工程"的启动得到了全社会的支持。2001年7月21日、22日两天,该项培训计划的第一期招生在接受社会公开报名的过程中,即引起了各界的关注。尽管那两天的气温高达38℃,可很早就有许多人冒着酷暑排队等候报名。现场报名之踊跃让工作人员吃了一惊。第一期培训计划招生人数为100人,而参加咨询报名的超过300人,以至原定报名场地已无法容纳,报名工作不得不转往别处分批进行。结果,有200多人被接受参加入学考试。据介绍,"50/100工程"采取组织调训和社会招考相结合的方法,并实行四级考核制:即申请人通过入学考核后进入综合培训;通过综合培训经初级考核合格者,再进入深度培训;深度培训后再进行中级考核,合格者将赴境外参加专业培训;最后,回国后再进行高级考核。据悉,经考核获得各级证书的人都将进入"上海WTO事务专业人才库"。这个培训计划采用滚动的方式分批进行,最终约有100名学员获得高级证书。

值得一提的是,早在"九五"期间,上海市政府已开始考虑加入WTO后国内外环境的变化。2000年8月,"中国加入WTO上海行动计划纲要"出台,其中一项内容就是要建立WTO咨询服务机构。2000年10月,上海WTO事务咨询中心正式成立,作为市政府有关WTO事务领导小组的执行机构。据了解,该中心的主要工作是培训人才、建立信息共享平台、组织专家为政府和企业提供咨询服务等。其中,已经建立的WTO资料库和正在实施的培训项目,为上海市民了解WTO提供了十分有效的渠道。

各行各业坦然应对入世

据媒体报道,世界500强中,已有250多家进入上海,其中25家已在浦东设立中国或地区总部。近年来,跨国公司地区总部出现了向上海作战略性转移以及亚太地区制造中心向以上海为龙头的华东沿海转移的动向，而且30%的跨国公司表示若干年内将考虑在上海设立地区总部。

面对挑战，面对加入WTO，中国的企业首先要把自己做大做强。近年来，上海已经涌现出如宝钢、广电、上汽等有一定实力和条件跻身世界500强企业的大型集团；"九五"期间，上海信息产业以年均40%的速度递增，工业增加值年均增长29%，利润年均增长49%，大大高于全市工业增长的平均水平，位于六大支柱产业之首，IT企业大集团的销售产值占全市信息制造业的比重已经达到70%左右，显示了上海追赶世界经济的潜在后劲；2001年1月正式开工的一期总投资为1 500亿元的上海化工区，将云集拜耳、巴斯夫等一大批世界化工巨头，这样的规模和水平堪称"世界级"。

9月18日，就在中国加入世界贸易组织的所有法律文件获得通过的第二天，上海市政府副秘书长、市经委主任黄奇帆提出"上海工业要努力成为全国工业的五大运行中心"的要求，这五大运行中心包括研发运行中心、品牌运营中心、行业活动中心、资本运作中心和各类贸工技一体化大集团的总部所在地，据悉这是上海"十五"期间工业发展的一项重要目标。

近年来，上海商业系统为应对加入WTO后面临的挑战，普遍增加技术含量，加大技术投入，信息技术被广泛运用。据统计，到2000年，上海的大中型商业企业已普遍应用计算机管理，500个大中型商场基本建立了MIS系统，大型连锁超市、便利店实现了计算机联网管理，80多个商场和联华、中汇、家得利等超市的5 000多台POS机与商业增值网联网，通过与银行的合作，实现了各家银行信用卡的兼容受理；同时，小型商业企业中也有30%应用了计算机管理；电子商务已初露端倪，上海商业增值网、上海商业网、上海商情、易购365、联华OK网、网上南京路、开开网等网站的电子商务量上升趋势明显。

上海的金融业感受到的压力特别大。为此，上海金融业把深化金融创新作为重点，努力开发新业务、推出新产品、探索新机制，加强对跨国公司、外商投资企业和有发展潜力的民营企业及中小企业的金融服务，积极迎接入世带来的挑战。2001年上半年,上海金融机构的各项贷款新增额同比增长265.81%。金融创新和金融业发展,已成为提高城市综合服务功能的直接推动力。

同时,上海金融业还加强金融业的对外辐射和服务功能,不仅要进一步繁荣证券、期货、外汇、保险等市场,而且要加快建立黄金交易市场,发展离岸金融,培育证券经纪、投资咨询、租赁、信托等金融服务业,不断完善金融市场体系,使上海金融业在一个更高的层次上与国际同行进行竞争。

总之,上海各行各业都已做好准备,昂首入世。

强化政府部门的公共服务功能

中国入世首先是政府入世,提高政府工作的透明度和提高政府的工作效率,应成为各级政府应对入世的实质性举措。2001年年初,上海市政府在"八五"和"九五"发展的基础上,适时地提出将"发挥城市综合竞争优势、提高城市的综合竞争力"作为"十五"期间上海的发展主线和奋斗目标,这也是上海应对入世所进行的战略性调整。

城市综合竞争力包括了城市的综合经济实力、综合服务功能、综合发展环境、综合创新能力、综合管理水平和市民综合素质六大方面的内容。其中,就有强化政府公共服务职能的内涵。根据WTO规则,政府的政策法规要有透明度。上海市政府于2001年年初开始以政府公报的形式定期向社会公布政府制订的各项政策法规,市民可在邮政支局、书报亭、书店等公开发行地点获得政府公报。上海市市长徐匡迪在发刊词中指出,把政府工作置于全社会的监督之下,必将促进政府强化服务功能,建立起廉洁勤政、务实高效、政令畅通、运转协调、行为规范的行政管理体制,使政府工作更加充满活力。

同时,上海电子政务已初具雏形:触摸屏上轻轻一碰,便可知晓"区内大事";互联网上鼠标轻点,文件通知便一览无遗;"区长信箱"直接关注民生；民政局的社区服务网络还延伸到居民家庭；上海工商局的"网上工商局"设有"办事指南""政策法规"等窗口，为准备申请办理各类营业执照的企业和个人指点迷津。电子政务大大提高了工作效率，过去，企业登记时的名称核准至少要半个月，现在只要几分钟就能完成。有关方面透露，本市对外统一发布政务等信息和提供海内外人士在网上办理有关事务的"上海公务网"，也将于2001年基本建成。

此外，上海正积极推进行政审批制度的改革。据悉，这次改革的目标是清理减少行政审批事项50%左右，重点是经济领域。配合行政审批制度的改革，市人大常委会2001年在制定新法规的同时，将对原有的一批法规进行修订，取消或降低那些设置不合理的"门槛"，这无疑将为投资者和经营者在上海创造更大的自由度和更为宽松的环境。

从2001年起，上海市各区县、系统、开发区等对外资项目的审批，逐步由原来的"串联"改为"并联"，即不再是一个部门一个部门"公文旅行"式的审批，而是各有关部门同时审批，有效地提高了吸收外资的工作效率。2001年上半年，新批外商投资项目、吸收合同外资同比增长44.4%和82.16%。有关部门预测，随着入世后国民待遇的逐步实施，新一轮外商投资高潮即将兴起。

（原载2001年第11期）

遗体捐献：上海人献出最后的爱

韩建刚

　　1982年3月，上海红十字会率先在全国开展遗体捐献工作。2001年3月1日，全国第一部有关遗体捐献的地方性法规——《上海市遗体捐献条例》正式施行。35年来，上海红十字会、遗体捐献者联谊会、高等院校、上海福寿园等相关单位和团体紧密合作，致力帮助捐献者献出最后一份爱，为这些平凡的人完成了一件不平凡的事。截至2016年年底，上海累计登记遗体和角膜捐献44 106人，约占全国的三分之一；累计实现捐献9 573人，约占全国的三分之二。遗体捐献，这个曾经讳莫如深的话题，正渐渐被越来越多的人所接受，并付诸行动。

上海福寿园里的红十字遗体捐献者纪念碑

2002年3月，全国第一座红十字遗体捐献者纪念碑在上海福寿园落成。纪念碑的主碑由一块近2米高的透明玻璃构成，上面刻有红十字会的会标以及上海市遗体捐献工作纪事；碑前横卧着的大理石上，刻着上海市原副市长谢丽娟的题词"精神与日月同辉，爱心与天地共存"；两侧一男一女人体镂空雕像，则寓意"人道、博爱、奉献"。主碑的周围，是三座同样近2米高的书型石碑，数千名遗体捐献实现者的名字被镌刻在上面。

福寿园办公室主任廖财明介绍说："这几年，遗体捐献者的队伍在不断壮大，从刚开始的几年才能写满一本'书'，到现在一年已经写满一本'书'了。这是好现象，因为遗体捐献工作是一项系统工程，需要全社会的共同参与。"目前，"石书"上已载有包括上海市第七届政协主席、著名物理学家谢希德和上海市红十字会原会长白备伍等在内的6 000多名捐献者的名字，年龄最大的110岁，最小的出生仅2个月。在这些捐献者中，流传着许许多多动人的故事。

一人捐献　带动一个家族

蒋百平是嘉定区娄塘地区生前办理遗体捐献的第一人。他年轻时因病丧失了劳动能力，曾对弟弟说："我对社会贡献不大，死后想将遗体捐献给医疗科学机构，这比火化要有价值。"1986年年底，蒋百平将一份《遗体捐献登记表》摊开在弟弟蒋乃平的眼前，让他在登记表的"执行人"一栏里签了字。1993年6月，蒋百平逝世后，当时的上海医科大学接收了他的遗体，用于医学研究。

现在，蒋百平的家族中已有17人在嘉定区红十字会办理了遗体捐献登记手续。他的外甥女金莹是嘉定区遗体捐献登记者联谊会嘉定工业区组长，主要负责宣传、组织和服务工作。金莹说："现在人类对许多疾病仍束手无策，捐献遗体供医学研究，意义重大，我很愿意为此奔走！"提起家族中第一个捐献遗体的蒋百平，金莹话语里充满敬意："我很佩服大舅舅，他很勇敢。现在，家里有不少人都受他的影响，加入了遗体捐献的队伍，包括我的父母和小舅舅。"

2008年，当金莹从报纸上得知中国遗体捐献者少、缺口很大时，就对女儿表示想在去世后捐献遗体。女儿一听就哭了，说什么也不同意。金莹耐心地向女儿解释："人去世后就没感觉了，不会觉得痛，你不用心疼妈妈。妈妈捐献了遗体，让医学院的学生多划几刀、多做些研究，他们当医生后，病人就可以少受点痛苦。"金莹承认，捐献遗体的决定，的确让她受到了一些压力。在农村，人们的观念相对保守，误以为捐献遗体不吉利，或子女不孝顺，甚至有人猜想捐献遗体会不会有什么好处。面对猜疑，金莹只是笑笑，说："没有的事，你再说也不会有，网上一查就知道遗体捐献是无偿的。而孝顺父母要在生前。人死后还能为社会作出点贡献，这是好事情。"最后，金莹在得到家属的理解和支持后，毅然走进嘉定区红十字会，办妥了遗体捐献手续。

我问："遗体捐献后能保留骨灰吗？""当然可以，家属如果要保留骨灰，遗体使用完毕火化后会把骨灰交给家属。"她回答。让金莹感到欣慰的是，在她的带动下，自己的丈夫、弟弟和弟媳、小叔子、表妹等都加入了遗体捐献登记的行列。

金莹一直在为扩大捐献者队伍而忙碌。在她的努力下，嘉定工业区的遗体捐献志愿者已从2013年的29人增加到了现在的64人。2015年端午节前夕，金莹得知70多岁的张忠兴老人在病床上表示想捐献遗体，她马上联系区红十字会，当天就赶去为老人办理手续，第二天便将遗体捐献证书送到了张忠兴的手里。老人在弥留之际，紧紧握着金莹的手，轻声说了句"谢谢"。

可喜的是，奉献者的努力得到了社会的认可。2016年2月，《解放日报》等多家主流媒体报道了蒋百平家族争献大爱的事迹，而金莹一家也被选为全国最美家庭之一。

父母捐献　六兄妹紧随其后

浦东周家渡街道的戎宏之家庭，从父母到兄弟姐妹，再到配偶和亲戚，共有15人办理了遗体捐献手续。其中，戎宏之的父亲戎镇远和母亲靳安庸等5位长辈已经实现捐献，他们的名字被刻在了青浦福寿园的"石书"上。

戎宏之爷爷戎肇敏是一位留学日本的医学博士，回国后在北京和上海两地行医，并在上海创办"戎肇敏医庐"，治愈过许多病人。戎宏之的父亲戎镇远在上海一家企业当医生，母亲靳安庸则在上海医科大学搞组织胚胎学研究，做人体解剖、标本制作等工作。戎宏之说："小时候到妈妈单位，看到她在研究人体标本，就觉得很了不起。"

1997年，80岁的戎镇远和78岁的靳安庸向子女提出想办理遗体捐献登记。六个兄弟姐妹十分不舍，劝父母"入土为安"，但老人态度坚定，说："你们的爷爷是医生，我俩也是医生，对生死从来没有什么避讳，医学院供教学的遗体太少了，我们想捐出自己的。"戎宏之清楚地记得，去办理手续那天，父亲穿着西装、打着领带，而母亲特地抹了口红，还戴上了心爱的项链。戎宏之的大哥在签同意书时，忍不住流下了眼泪。母亲见了，小声安慰道："我和你们爸爸这一生平凡渺小，在生命的最后一刻为人类做点贡献，是我们的心愿。"

1997年3月6日，戎宏之的父母分别收到了上海红十字会颁发的遗体捐献纪念证。老夫妇俩把这两张证件和当年的行医执照放在一起，收藏在枕边的匣子里。2000年12月，父亲戎镇远过世。五年后，母亲靳安庸也去世了。子女们先后把两位老人的遗体捐献给了复旦大学上海医学院，并在医学院的一间小房间里举办了简单的告别仪式。

母亲去世那年，在美国生活的戎宏之二哥赶回上海奔丧。告别仪式上，二哥语气坚定地说："爸爸妈妈，我要追随你们，要在死后捐出遗体。"其他兄弟姐妹听了，立即表示要和二哥一起捐献遗体。2006年3月，戎家六兄妹拿到了写有自己名字的捐献证书。随后，其他家人也纷纷加入，办妥了遗体捐献证书。戎宏之的邻居老太太，被戎家兄妹的举动所感动，也在说服家人后加入了遗体捐献者的队伍。

戎宏之说："虽然自己和家人都登记了捐献遗体，现在愿意捐献的人也越来越多了，但和医学研究的需求量相比，还是有不小的差距。其实，捐献遗体能减轻子女的负担，能节约土地资源，能促进医学发展，更能给后人更多生的机会。"

"春蚕之家"竭诚为遗体捐献者服务

上海的遗体捐献在全国名列第一，而嘉定区的遗体捐献在上海各区中名列前茅，其中"春蚕之家"功不可没。在上海福寿园的"石书"上，有很多名字就是来自"春蚕之家"。

嘉定区遗体（角膜）捐献登记者联谊会，又称"春蚕之家"联谊会，其成员主要为遗体捐献志愿者。联谊会最初是嘉定红十字会为了解决遗体捐献志愿者分散无序、不易联系等问题而成立的。成立后，联谊会建立了联系关爱、住院探望、慰问走访等制度。志愿者骨干热心服务会员，会员之间相互关心帮助，使联谊会更像志愿者的一个"家"。

在嘉定区红十字会，"春蚕之家"联谊会会长卢秀臻说："联谊会以小组为单位，努力把工作做到家。由于遗体捐献工作的环节多、事情杂，在每个遗体捐献实现者的背后，都有志愿者默默的支撑。""春蚕之家"联谊会章程规定：凡在嘉定区红十字会进行遗体（角膜）捐献登记者，即成为联谊会会员。联谊会建立了覆盖全区的网络体系，将会员按区域划分到小组，每组确定一名组长，因地制宜开展工作。组长每年组织一次集中联谊活动，开联欢会、听讲座，或组织参观，不断增加联谊会的凝聚力。

2015年，江桥组长张绪西得知家住江宁社区的居民吴解明患了重症，正在医院抢救，他有捐献遗体的愿望。张绪西马上赶到医院，帮助吴解明填写表格并签名，完成了他捐献遗体的愿望。办理完登记手续后不到24小时，吴老伯就去世了。张绪西没有离开，而是继续帮忙联系接收站、料理后事，令吴解明的家人很感动。事后，吴解明的家人也登记成为捐献遗体志愿者，成了"春蚕之家"的会员。

联谊会中有一位独居老人，长期患病，志愿者一直对他进行关心照顾。老人去世后，由于联系不到他在美国的儿子，无法执行遗体捐献。于是，志愿者放弃休息，跑了6个派出所，前后忙了一个月，终于找到他儿子的联系方式，得到了执行人的委托书，让老人实现了遗体捐献的愿望。

嘉定区红十字会每年会为60岁以上捐献登记者进行健康体检，并将体检报告送到家。谈起遗体捐献工作的经验，嘉定区红十字会副会长朱培玲说："这事靠志愿者的奉献，也需要领导的重视。嘉定区认真做好'三个保障'：人员保障，选择优秀退休骨干管理'春蚕之家'；制度保障，遗体捐献有计划、有总结、有宣传、有培训；经费保障，落实专门经费，专款专用。"

嘉定区遗体捐献工作业绩出色，在上海市红十字会举办的星级志愿者表彰中，"春蚕之家"的多名志愿者受到表彰。联谊会副会长瞿大我作为优秀志愿者代表，出席了2015年在北京召开的第十届全国红十字代表大会，受到习近平等中央领导接见。

"大体老师"照亮我们求医之路

在复旦大学上海医学院临床解剖中心，遗体捐献实现者被学生们又称为"大体老师"。每堂解剖课前，师生们都会对"大体老师"默哀一分钟，并每人献上一支菊花，以表敬意。而在每年清明节前，师生们也都会在本校和福寿园举行感恩缅怀仪式。

医学院的解剖室里，终年散发着福尔马林的气味。那天，老师掀开盖在解剖台上"大体老师"身上的白布，是一位老伯平静而苍白的脸。在解剖与组织胚胎学系的一堂解剖课上，8个身穿白大褂、戴着口罩的学生正围绕着

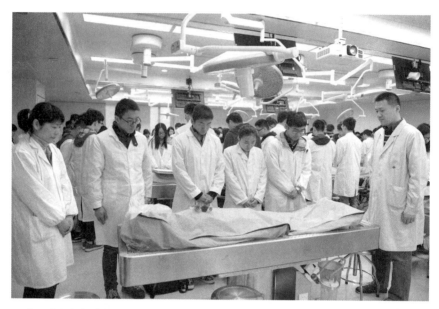

医学院学生在解剖课前向"大体老师"默哀致敬

遗体,准备开始解剖。解剖室里很安静,只有手术器械放入托盘时的清脆碰撞声。这位"大体老师"将陪伴学生2个月,为他们提供一次难得的、允许犯错的实验机会。

受传统习俗的影响,中国目前捐献遗体者人数并不多。在上海,平均每8名医学生才分配到一具遗体实习,而西方国家培养一名医生需要10具遗体。一具遗体的用处很多,能做器官和角膜移植,能给大专院校解剖教研当"大体老师",能做病理解剖分析实验,能制作人体标本。一个医学院学生在笔记上曾写下这样一句话:"大体老师,您用生命中最后一束光,照亮了我们求医的道路。"

(本文图片由作者提供)

(原载2017年第4期)

《中华创世神话》连环画创作纪实

韩建刚

"这是梦开始的地方。"一套30册《开天辟地——中华创世神话连环画绘本系列》(以下简称《中华创世神话》)在2017年8月的上海书展首次亮相。书展第一天,作品展就有5 000多位读者参观。该连环画绘本汇聚20多位画家的共同创作,包括当代名家冯远、施大畏、韩书力等,带动了一批青年画家热情参与,在连环画绘画语言、形式等方面都有很大创新,堪称近年来全国规模最大、艺术水平最高的一次连环故事绘本原创活动,有历史厚重感又有鲜明的时代气息。在画家的笔下,一个个远古的神话人物渐渐地"活"了起来。

书展第二天晚上,我去买书和采访。在上海展览中心二楼上海人民美术出版社的摊位上,施大畏等画家绘制的《中华创世神话》30本连环画正平展展地放着,供人翻阅;旁边,没拆封的连环画绘本一层层地叠着。摊位前,读者流连忘返。一个七八岁的小男孩在翻阅《羲娲创世》,旁边,一位背书包的姑娘在看《女娲补天》,一位老先生在读《大禹治水》,都读得津津有味。我买了刚出版的《绝地通天》等13本书,《盘古开天地》等17本书在上海书城首批面世时,我已买过。这天书价打八折,付费后还送了一本《中华创世神话·人

30本中华创世神话连环画

物谱》。

"创世神话连环画销路好吗?"我问。"这套书热卖,已经加印了两次。"年轻的工作人员答道。前几天为看这些书,我曾到上海图书馆去借,却已全部被借完,想看只有买。

2017年10月,在中国编辑学会美术读物编辑专业委员会年会暨第26届"金牛杯"全国优秀美术图书评选中,上海人民美术出版社的《中华创世神话》获金奖。

施大畏:我们都是近70岁的"老炮儿",应当为中华文化传承做点贡献

"任何创新都离不开传统文化的根,根在哪里?神话是民族萌芽时期的创造,蕴藏着祖先对自然和世界的认识、想象。我们构想《中华创世神话》的主旨,是要梳理中华文明的源头。"全国政协委员、上海市文联主席、上海中国画院院长施大畏和同仁们认为,为了更好地表述中华先民创世的故事,可以用连环画这种形式,借此"把中国的连环画往前推一步。我们都是近70岁的'老炮儿',电影里冯小刚最后拿了一把刀,在冰河上往前冲,我感觉那是一种精神。能为中华文化传承做点贡献,那是最有价值的事情。"

创世神话是民族的一种精神象征,也是美术的缘起,文化的渊源。2016年1月,中华创世神话文艺创作与文化传播工程由上海市委宣传部、市文化广播影视管理局组织启动,规划历时3年。该工程将通过创作一批优秀文艺作品梳理中华文明起源,展现中华民族的精气神,为中华民族的伟大复兴事业提供文化源头上的支持。众多画家、学者和作家共同参与此项工作。目前,文学本、学术本已经完成,连环画绘本30本也已全部完成,大型主题绘画已签约70张左右,以大禹治水为题材的电影剧本已创作完成,主题雕塑创作也已全面展开。

2017年5月,首批完成的17本创世神话连环画在动漫之国比利时布鲁塞

尔中国文化中心举办展览。施大畏给展览取名"梦开始的地方","我们讲中国梦,梦在什么地方开始,就在神话里。这里有初心的回归,有童心的发挥,也有对文化的忠诚"。

《中华创世神话》连环画人物谱

展览吸引了许多观众,产生了热烈反响。"神话是极好的文化'走出去'的载体。中华神话蕴含着中华优秀传统文化基因,它可以在世界语境里与西方文化平等对话,向世界系统讲述我们的英雄主义,我们的文化和哲学,这是我们的文化自信。"施大畏说。几年前,当外国朋友看到他创作的《鲧的故事》,询问鲧是什么人物。听了他简要的解释,外国朋友明白了:"这就是你们的普罗米修斯。"

谈起过去一年间的创作历程,施大畏很感慨:"当题材融入心里时,创作就成了一种文化自觉。这一次,老中青联手,在艺术的绘画语言、形式等方面都有了极大创新,希望能给沉寂多年的连环画画坛带来新的风气。"

"说起神话,似乎感觉很遥远。从盘古开天地到大禹治水,人人都知道一点,但往往止于只言片语。相较于西方神话的系统性,中华神话缺少系统梳理,更深层的文化价值没有体现出来,因此在影响力上显得不如西方神话那么广泛。事实上,中华神话内涵极为丰富,极具精神的魅力。"施大畏说。

早在1996年,施大畏就创作了巨幅画作《大禹的故事》。此后几年间,陆续创作了《盘古开天地》《后羿的故事》《鲧的故事》《夸父的故事》《共工的故事》。为中华民族先民的英雄造像,"重述中国古代神话",成了他艺术生涯中的一项重要课题。

施大畏说:"神话的核心是人类的真善美,中国神话和西方神话一样演绎人类的生存、抗争、发展,这是国际性的语言。我们要在世界版图上讲中国起源的故事，要创造出一批无愧于时代、能够传之后世的精品力作。"

赵昌平：创世神话"要做就要做清楚"

绘制《中华创世神话》连环画，有不少作者甘当"幕后英雄"。文学专家组副组长、上海古籍出版社原总编辑赵昌平就是其中一位。为创作"创世神话"工程包括连环画、主题画、雕塑、史诗、电视剧等项目的学术文本，他废寝忘食，常常半夜里爬起来写作。面对浩如烟海的典故和艰涩的人名、地名，反复核对。

十年前，赵昌平就曾和上海美协主席施大畏、著名导演吴贻弓、时任上海市新闻出版局局长孙颙，探讨从文学、美术等角度整理中国创世神话。赵昌平还与学者骆玉明、汪涌豪合作，创作出版了《中华创世纪》。

"中华创世神话很精彩，但散落在各个典籍中，很零碎，不成系统，我一直想把这些神话系统化。"赵昌平说。2016年，"中华创世神话"项目成立，在施大畏和孙颙盛情邀请下，赵昌平接下了这个项目。

赵昌平认为，不能在原有的文本上做简单的切分，而是要下功夫做研究，"要做就要做清楚"。于是他从2016年1月开始写序，到2017年3月才完成学术本，厚厚的一叠，有40多万字。

在将创世神话系统化的过程中，许多问题需要理清头绪。刚开篇就遇到一个大问题：是伏羲女娲开天地还是盘古开天地？在西汉武梁祠画像石里就有伏羲女娲的形象，而盘古神话在中原产生较晚，三国时吴国的徐整在《三五历纪》里才提到。赵昌平研究后认为，盘古神话起源不一定晚。如闻一多先生所考证的，伏羲女娲与盘古可以转化。

一些少数民族神话研究者证实，南方的畲族、苗族等少数民族很早就有盘古传说。赵昌平认为，徐整将盘古神话引入中原文明是有原因的。历史方面，三国时，曹操挟天子以令诸侯，自认是中原正统，刘备自称有皇室血统，只有东吴缺乏统治上的合法性，"所以徐整就引进盘古传说，以证明中华民族始祖神应该是东南民族的盘古"。哲学方面,春秋时老子就提出"道生一,一生二,二生三,三生万物"。伏羲女娲是阴阳观念对应的"二",汉朝的《淮南子》已形成阴阳二神的观念,盘古相应于"二生三"中的"三",三是万物总名,盘古与天地"二"同生又开天辟地,化生万物,这就补足了汉代神话有阴阳二神而无"三"这一万物总名的环节。一、二、三,是万物生成前元气混沌的不同阶段,所以羲娲与盘古在中华各族神话中可并存且相互转化,共同代表着混沌初启,天地开辟,人类始生。"后来这两个观点相搅和,南方传说也有伏羲女娲,中原河南一个靠近南方的地区就尊盘古。可见这两个传说出于一个源头,就是'道生一,一生二,二生三,三生万物'。在这样的背景下,形成中国人关于'开天辟地'的传说,就是两组创世神话,同一起源。"理顺了羲娲和盘古传说的关系,赵昌平才将盘古开天地放在创世神话开篇。

又比如大禹的形象,在神话传说中,有大禹是马、龙、熊、鱼化身等几种说法。"这几种说法是怎样的关系,要有个交代。"经考证,赵昌平发现,矛盾的记载其实体现了部族的演变发展,"《山海经》中提到'黄帝生骆明,骆明生白马,白马是为鲧',鲧就是禹的父亲。这里'生'实际上指的是氏族分化,'骆明'是指黑鬃白马,所以可以确立鲧是黄帝龙族下的白马支族,这里龙、马、鱼在古代神话中能互换"。最特殊的是"熊",这是因为夏族以黄帝为祖先,黄帝到中原后占据了河南新郑一带有熊氏的地盘,建立新都,所以也把自己称为"有熊氏",这样河南一带就产生了大禹化熊的传说。

这些典籍中关于神话人物形象的只言片语,经赵昌平系统搜集,已作为画家创作的学术依据。他还根据自己的研究心得,附上图画的哲学背景、历史背景,帮助画家理解神话含义。

大禹是"创世神话"中的最后一位圣王,赵昌平在大禹治水这一部分投入了很大精力。写作《中华创世纪》时,赵昌平就深入钻研禹贡学,整理出当时的工程组织、工程安排等内容,提出:"大禹治水工程不仅体现出勤劳勇敢、舍己为人的精神,还体现了一种智慧和创造力。大禹治水是一项庞大的水利系统工程,同时也是以水利和生产为基础的社会政治格局的系统设计。"

通过研究,学术文本做成了一部民族融合史、历史文化和精神发展史,揭示了中华民族的一些基本价值观念,为连环画创作夯实了基础。

陈苏:夜以继日写就30本连环画脚本

前不久,笔者采访了中国福利会出版社副总编辑、《中华创世神话》文学专家组成员陈苏。陈苏多年从事少儿出版工作,这次历时近一年,完成了30本连环画脚本的写作工作。除了撰写脚本,她在每本的内容梗概中,还重点提炼出神话故事的意蕴作为导读,以加深中外读者的理解。

当谈起中华创世神话文艺创作工程为何用连环画绘本打头阵时,陈苏说:"这项工程浩大,相对而言,连环画绘本篇幅短小,现确定为每本24至30幅的篇幅,创作时间较快,且是少年儿童喜闻乐见的样式,目标读者比较清晰,也能较为系统地呈现中华创世神话,因此先用这一艺术形式推出来作尝试。"

当问及这套书和以往出版的同类书有何不同时,她说,这也是自己接到任务后思考最多的问题。"以各种形式出版的神话故事并不少见,仅绘本就有多种版本,但大都是一个耳熟能详的故事加上一个浅近直白的道理。既有雷同之感,又比较零散。尤其是少儿读者,对于上古神话的了解,大多是从一些成语故事甚至网络游戏而来,缺乏完整而深入的体悟。"陈苏深感中华民族精神的传承,对于少年儿童的心灵成长、品格塑造乃至价值观的建构,有着非同寻常的意义。她认为,儿童的审美发展过程与人类的"童年"十分相似,儿童对自己从哪里来以及未知的世界充满好奇和想象。对于中华创世神话的重新梳理和演绎,将使读者较为完整地领略中国上古神话之恢弘与生动,引领少儿在阅读中开启民族精神的寻根之旅。

着手写作的过程比预想的艰难,从接受任务到30本连环画绘本完成,历时近一年。首先是艺术形式的确定经过了一个摸索的过程。陈苏经过反复琢磨，初步确定了三条原则：一是体现中华民族的精神特质并具传承性，二是具有故事性和趣味性，三是富有画面感。

那段时间，她的书桌上堆满了《中国古代神话》《中国神话辞典》《山海经》等书，研读最多的还是赵昌平等撰写的《中华创世纪》，越读越感到有一种波澜壮阔的气象和源远流长的气韵贯穿其中。该书以详实的考证和瑰丽的想象，贯通了原本零散的神话片段以及绵延其中的精神，也为连环画绘本的写作奠定了基础。

这套连环画绘本故事短小，却意味深长，较为系统和完整地反映中华先民的认知和感悟，体现出世界上其他民族神话所没有的精神特质。比如自强不息的抗争精神，同样是讲"洪水神话"，在洪水来临时，西方神话记载的是诺亚如何建造方舟逃生，而从女娲补天、伯鲧窃息壤到大禹开山治水，我们的先民选择勇敢面对并顽强地战胜它。比如一心为民的奉献精神，全然不同于西方神话所呈现的叛逆和享乐精神。从盘古开天辟地化身万物开始，女娲抟土造人，为繁衍人类做出贡献；伏羲教民结网，开启了人类的渔猎时代；神农遍尝百草而中毒，给人类留下灿烂的中医药文明；夸父逐日，道渴而死，其手杖却化为邓林以造福后人……这些故事中所体现的勤劳勇敢、不屈不挠的品质，奋发向上、自强不息的意志，崇尚仁义、厚德载物的和谐观念，影响了一代代炎黄子孙的精神面貌。

这次参与创作的全国各地有代表性的画家20多位，陈苏一人与多位画家合作。由于出版时间已定，每位画家都在催着要文本。那时她每天回家，几乎第一件事就是打开电脑写作。有时一个细节，或一个场景，都要反复查阅资料。她写作连环画脚本的同时，赵昌平正在写作学术文本，每完成一个章节，就发到她的邮箱。学术文本中新的考证和辨析，常常成为她写作的依据。比如夸父逐日的故事，关于夸父为何追逐太阳有多种解读，学术文本提及"竞胜自然"一说更具说服力，这也融入了绘本的故事情节中。另外，上古神话所体现的多民族融合，在学术文本中花了不少笔墨，连环画绘本虽篇幅所限,《尧舜禅让》和《鼎定天下》两个故事中还是有所体现。

这套连环画绘本还有一个创新之举是中英双语。英语翻译上古神话难度不小。英译启动以后,译者也经常会提出一些问题。有时陈苏还得根据译文进行调整。遇到难点,她时常和孙颙、赵昌平等学术顾问沟通,即使是神话人物名的译法,他们也费了不少心思。

这套书出版前后,陈苏应邀去中华艺术宫和上海少年儿童图书馆为小读者开设讲座。本以为神话距离现今的孩子毕竟有点遥远,没想到现场座无虚席,孩子们跟着她绘声绘色的讲述一起互动,对于为什么我们是炎黄子孙、仓颉如何造字、女娲补天给了我们什么启示等等,听得津津有味。看着孩子们热烈的神情,她觉得所有的付出都是值得的。

朱新昌:将读者带入奇幻瑰丽的远古时代

连环画《羲娲创世》《绝地天通》绘本作者朱新昌说:"小孩子一看到动画片就被吸引,肯定是有原因的。平时我会看动画,特别是画面效果,比如

朱新昌画的《绝地天通》封面

朱新昌画的《羲娲创世》封面

视觉冲击力、颜色的强烈性、人物的夸张等。"在《绝地天通》里，为了画面效果，出现一些特殊的形状、创作轮廓、光怪陆离的光等，或者通过菱形的线条制造发光的效果。朱新昌表示，这种画法在中国古代画里是没有的，这是从卡通里吸收过来的。

《羲娲创世》一册，体现了他的理性思索。中华先祖伏羲女娲在汉朝壁画上是人头蛇身交尾的形象，在朱新昌的画中则有新变化，有对传统连环画的继承，又体现了时代的特点，画得新颖纯洁。朱新昌说："中华创世神话人物造型应该健康唯美和积极向上，所以我在伏羲女娲造型选择了唯美取向，将人类最美好的一面体现在他们身上，力图让读者看到完美、高大、纯洁的形象。"

"羲娲创世"神话是处在蒙昧状态的远古先民对世界形成、人类起源的美好想象。故事中，在混沌苍茫的天地间，女娲用翠竹和玉片制作了十三管笙簧，吹奏出天地间第一声和谐之音。"这个情节给我的印象很深。画面上我是这样描绘的：女娲虔诚地跪坐在能通天庭的昆仑之巅，吹奏着自制的世界上最早的乐器。美妙的乐声引来山林中的飞鸟，围绕女娲欢乐地飞舞。天上的白云和地下的弱水仿佛被神曲陶醉，刹那间都静止了，静静地享受这美妙的时刻。整个画面用色明艳，意在给人带来远古时代奇幻瑰丽的童话感觉。"

创作前，朱新昌查阅参考了中国绘画史上许多优秀艺术家创造的神话人物造型，再根据自己的理解塑造伏羲女娲形象，希望能给读者带来视觉上的新鲜感。

"作为艺术家，我们要有社会责任感，使自己的作品有突破，要创作精品。"朱新昌这样说。

沈国明：神话要让群众看得懂

听说上海市社科联原党组书记、法学专家沈国明教授参加了中国创世神话创作工程，笔者特地去采访他。

沈国明表示，参加这项工作的人都认识到，这是一项巨大的工程，都有长期作战的思想准备。他说："希腊神话故事成型用了三百年时间，《圣经》故事则用了一千年才完成。中国的创世神话要做到像希腊神话故事那样流传，真的需要几代人作出艰苦的努力。中国古代典籍记载的创世神话，往往一个故事仅数十字，表述不甚明晰，故事没有充分演绎。这项工程还得从最基础的工作做起。孙颙牵头抓的项目《开天辟地——中华创世纪神话文艺创作工程》文稿》，就是一项基础性工作。"沈国明认为，《文稿》对"开辟"的传说，以及法天象地、龙与凤等神话故事做了详细考证，旁征博引，化简为繁，将典籍中的简短文字转化为白话文，形成相对完整的故事，增强了神话的画面感，为艺术家创作提供了方便。

"神话要让群众看得懂、能接受、易传播。美术作品是传承传统文化的有效载体。绘画，以图解形式将神话故事进行形象化表述，故事所传达的核心理念、传统美德和人文精神，容易入心入脑。这项工作领头的施大畏，以及一批美术工作者，有强烈的责任感和使命感，他们对传统文化有感情，而且有艺术功力和学术文化背景，想用中国的创世故事教化青少年，在国际上争取话语权。他们已经推出了一批成果，而且获得了较好评价。但是，这只是刚刚开始。就以创世神话主角造型来说，要真正做到像孙悟空、哪吒那样被广为接受，还有很长的路要走。"沈国明说，"这就意味着，我们这代人注定是过渡之人。如果把这项工程比作造楼，那么，我们这代人就是在做地下的基础层，学术界所做的，更像是在浇筑基础层里的底板。"听沈国明这样娓娓道来，我对上海这项文化工程的前景充满信心，也对他们更有期待。

孙颙：十多年来，我对这个项目的重要意义从未动摇过

30本《中华创世神话》连环画顺利出版，反响热烈。上海市作家协会副主席孙颙回顾当年，感慨万分："在起步阶段，有人曾善意提醒，表现远古

神话故事，看不清摸不着，似在虚无缥缈间，难得很啊。"

孙颙等几位最早的参与者，正是从"难"字上体会到激情和兴奋。"凡是艺术大创作，没有巨大的压力，不现实。当认清了创作项目所蕴含的丰富内涵，压力就化为动力。以文艺创作大项目的标准衡量，大概很少有题材能超越中华创世神话。"孙颙自豪地说。

孙颙是这个项目的文学组组长，他积极协调，组织专家，完成学术文本、连环画文字脚本和散文文本。他说："我的主要体会就是坚持不懈。从十多年前出版赵昌平、骆玉明和汪涌豪三教授的《中华创世纪》一书到现在，我对这个项目的重要意义从来没有动摇过。我和施大畏经常互相鼓励，一定要坚持做到底。因此，领导一年多前号召重视这个项目，我们就能把多年积累的东西贡献出来。"召集会议，精选人员，落实项目，选定题材，布置任务，定时检查，样稿修改，前后衔接，千头万绪，一一落实。好长一段时间孙颙忙得不可开交，每件事都要精心组织，都要花费大量时间。

孙颙说，作为文艺工作者，我们有艺术创造的梦想。中国的艺术源远流长，其精品为全世界博物馆所梦寐以求。但与西方的艺术传统相比，我们富有人文历史意义的大创造，如《清明上河图》一脉，毕竟少了些。今天做中华创世神话，我们追求的是气势宏伟、意蕴深厚和情趣自然，是经典、唯美并对当代民众有强大的吸引力。这些目标不容易达到。西方的神话人物形象，是千百年中通过无数艺术家的努力而逐步实现的。我们要做开路者，知难而上，为中华神话人物家喻户晓迈出坚实步伐。在学术研究的基础上，连环画绘本和大型美术创作，以及其他文艺创作成果，正一一呈现。

中华创世神话不但感动了中国人，也感动了外国人。美国人大卫·查普曼说："我们的神话里，火是上帝赐予的；而在中国的神话里，火是他们钻木取火坚韧不拔摩擦出来的！这就是区别，他们用这样的故事告诫后代，与自然作斗争！""面对滔天洪水，我们在诺亚方舟里躲避，但中国人的神话里，他们的祖先（大禹）战胜了洪水，看吧，仍然是斗争，与灾难作斗争！假如有一座山挡在你的门前，你是选择搬家还是挖隧道？显而易见，搬家是最好的选择。然而在中国的故事里,他们却把山搬开了(愚公移山)!……中国神话里表现的文化核心是两个字:抗争!"大卫概括总结的,正是中国创世神话的精髓:自强不息。

30本"中华创世连环画"顺利完成了,但在创作者眼里,这套书只是铺路者投下的第一块鹅卵石,是老愚公挖山铲下的第一锹土,是"老炮儿"举着大刀在冰河上冲出去的第一步……

(本文图片由作者提供)

(原载2017年第12期)

小家巨变

叶永烈

1998年，在纪念中国共产党十一届三中全会召开20周年之际，我出版了70万字的《邓小平改变中国》。如今，在纪念中共十一届三中全会召开40周年的时候，这本书又在重印之中。当年，我满怀激情写出这部长篇报告文学，是因为对于党的十一届三中全会有着切身的感受，可以说有一种"翻身感"。

我收到了第一笔稿费

在"文革"中，虽然我出版了10本著作，每次出书只是收到出版社寄来的50本样书，并无稿酬。那时候"批判资产阶级法权"，取消了稿费。我"上有老，下有小"，仅靠微薄的工资，赡养母亲以及抚养两个儿子，时常捉襟见肘。

"文革"结束之后，稿酬制度的恢复，使我走出了多年来经济拮据的窘境。记得当时我收到的第一笔稿费，是《化学与农业》一书的增补稿费。

《化学与农业》是一本科普读物，由安徽人民出版社在1963年5月印行初版本。写这本书的时候，我还是北京大学学生。初版本是本小书，6万字。此书于1975年2月再版，扩充到8万字。人民出版社所属农村读物出版社看中这本书，要我扩充至16万字。交稿之后，正遇"文革"结束。这本书的新版本，终于在1977年2月印出，我以为仍然没有稿费。谁知过了一段时间，忽然收到农村读物出版社通知，说是恢复稿费制。由于新版本比第二版增加了8万字，按照当时每千字4元人民币的稿费标准，人民出版社寄来320

元稿费。

当这一大笔稿费寄到时,连银行的员工都轰动了!这笔稿费解决了我家经济上的燃眉之急。我一收到,第一件事就是给两个儿子买了新书包,给妻子买了一套新衣服。

此后,随着我的一大批新著问世,我家在经济上翻了身。

方毅批示给我分了一套房子

1979年6月,我所在的上海科教电影厂通知我,上海市政府特意分配了一套40多平方米建筑面积的两居室新房子给我,以改善我的居住条件。这在当时是很不容易的。

后来我才知道,上海市政府是根据国务院副总理方毅1979年1月6日的

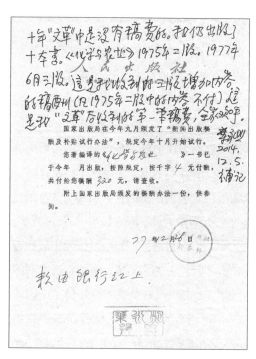

1977年2月26日人民出版社寄给叶永烈的稿费通知。2014年,叶永烈特意在此通知上写了一段"补记"

批示，给我分配新居的。方毅批示说："调查一下，如属实，应同上海商量如何改善叶永烈同志的工作条件。"给我分配新居，便是落实方毅热情批示的"改善……工作条件"。

方毅副总理怎么会知道我的"工作条件"很差呢？那是《光明日报》记者谢军到我家采访之后，曾写了一份内参（后来在1979年2月15日发表于《光明日报》头版），内中写道："他创作条件很差，一家四口人（大孩12岁，小孩8岁）挤在12平方米的矮平房里，一扇小窗，暗淡无光，竹片编墙，夏热冬凉，门口对着一家茶馆，喧闹嘈杂。每年酷暑季节，他就是在这样的斗室里，不顾蚊虫叮咬，坚持挥汗写作。"

由于方毅副总理的关心，我终于告别了那住了15年的12平方米的蜗居小屋。拿到房门钥匙之后，妻先把一本出版不久的《小灵通漫游未来》放进了新居。她说："我们家第一个住进新房子的是'小灵通'！"

《小灵通漫游未来》是我在1961年写的。当时连饭都吃不饱，像这样描写美好未来世界的书理所当然遭到退稿。"文革"中，我被抄家时，《小灵通漫游未来》手稿差一点毁于劫难。1978年在全国科学大会春风吹拂下，这颗被遗弃的种子发芽了，一下子印了300万册，成了超级畅销书。这本书直至今日仍在不断印刷，发行量直逼400万册。

如今我的家不仅拥有私家游泳池，而且拥有50平方米的客厅，与当年的小屋有着天壤之别。

第一次在家里接待外国记者

在中共十一届三中全会之后，实行对外开放，打开了国门。我在上海接待了一批又一批美国、日本、英国等国作家。最初，国门开而家门闭。我当时担任上海市科协常委，谈话总是在科学会堂的外宾接待室里进行，宴请也都是"公宴"。位于上海南昌路的科学会堂原本是法租界的法国总会，典雅而华丽。

应重视改善科普作家的工作条件

光明日报驻上海记者谢军同志在《光明日报》内部刊物《情况反映》上著文,反映了叶永烈同志近几年来从事科普创作的显著成就和在创作中的困难和要求,受到方毅同志和全国科协领导同志的重视。一九七九年元月六日方毅同志批示:"调查一下,如属实,应同上海商量如何改善叶永烈同志的工作条件"。

全国科协付主席裴丽生同志看到方毅同志批示后,立即委派中国科普作协(筹)秘书长王麦林同志到上海了解情况,并同有关单位领导就"改善叶永烈同志工作条件"等问题作了研究,提出了具体建议。

王麦林同志从上海回京后,向裴丽生同志和方毅同志写了书面汇报,三月四日方毅同志又作了第二次批示:"我看要鼓励科普作家,这项工作在世界各国都很重视。"

从方毅同志的两次批示中,我们受到了鼓舞和教育。我们科普作协的根本任务,就是在马列主义毛泽东思想指导下,通过搞好和繁荣科普创作,为社会主义现代化建设服务。要搞好科普创作,首先要我们重视和鼓励科普创作,为科普作家创造和改善工作条件,帮助他们解决从事科普创作中的各种困难。这应当成为我们各级科普作协经常工作中义不容辞的责任。

1979年4月23日,中国科普创作协会的《简讯》中,记述了方毅为改善作者的工作条件,先后两次做了批示

1984年12月,国务院副总理方毅在人民大会堂接见叶永烈

1982年，英国记者房义安要求采访我。按照"惯例"，我请他到上海科学会堂。此人与众不同，他说："何必在办公室谈话？我希望看一看中国作家的家。"我赶紧请示领导，"家门"能否开放？按照领导意图，我在上海和平饭店会见了那位英国记者——双方都"让"了一步，我答应了不在办公室里谈话，他也没有坚持非要上我家不可。

不料，在与他会面之后，他又提出上我家采访。我不得不向领导再次请示。"好吧，就让他上你家。"领导同意了，关照我把家里的内部文件收好，打扫一下，干干净净接待外宾。这样，我的家门头一回对外"开放"。那位英国记者来了。当他拿出录音机时，我在旁边也放了我的录音机——因为第一次在家里接待外宾，万一这位大胡子记者对外乱写报道，我有录音带作证，以免"麻烦"。经历过"文革"苦难的我，不得不多加小心。

后来才知道，那位英国记者非要上我家不可，纯属好奇之心。因为他听我说出过好多书，尤其是《十万个为什么》印了近亿册，很想来我家看个究竟。进门之后他哈哈大笑："我以为你家有私人飞机呢。原来，中国作家的家，也普普通通！"

自从那位英国记者来了之后，我家也就对外开放了。日本作家来了，美国作家来了，联邦德国著名汉学家马汉茂教授和夫人来了，我也都在家里接待并设宴款待。一位日本朋友来过多次，熟了，甚至像老朋友似的，敲敲门就进来了，事先连招呼也不打（那时候我家只有传呼公用电话，没有"宅电"）。

苏联作家博布洛夫也来我家做客

不过，那时候我跟社会主义国家的作家，却一直没有交往。只有捷克的一家杂志刊载了我的小说之后，来过信，说是来华时一定前来拜访，但似乎没有成行。

中苏关系的冰河终于渐渐解冻，就连中央电视台也开始播放俄语教学节目。我和妻掸去《俄汉辞典》《华俄辞典》上的积灰，重温那颤动舌头的"P"。于是，我家迎来了稀客——苏联哈萨克斯坦作家协会的作家博布洛夫·阿里克萨德尔·阿里克萨德洛维奇。

非常准时，下午2时，我家门铃响了。以往来的外宾，不是称先生便是叫小姐，这一回我用俄语说："您好，博布洛夫同志！"他呢，也称我和妻为"同志"。我发觉，跟苏联同行聊天，共同的话题比西方同行更多。谈斯大林的功过，谈赫鲁晓夫的是非……他很有兴趣地翻阅着我的书架上的《戈尔巴乔夫传》以及戈氏《改革与新思维》中译本。

在家里，我们用上海菜招待远方的来客。博布洛夫学着我们的样子，掰开螃蟹，犹犹豫豫地咬了一口，马上笑起来说："味道好极了！"头一回吃上海茭白，他嚼了一小口，眯起眼睛细品，接着又是一阵朗朗大笑。对于地道的上海菜——炒鳝丝，他也在用舌尖细细"研究"一番之后，又"研究"起"鳝"字发音、写法以及是否属于鱼类等一连串问题……吃罢，他若有所思地进行了一番比较："苏联人跟上海人的不同是，苏联人第一道菜是汤，上海人则最后一道菜是汤。不过，这只是个顺序问题，我们的共同点是都爱喝汤！"说完，他又欢快地笑了起来。

这笑声使我想起那位英国记者头一回来我家访问时我们的拘谨、紧张。过去了，过去了。国运盛而家运昌，我小小的家门，是在国门开放的年代里逐渐打开的……

两个儿子都赴美国留学

中国敞开了国门，出国成了潮流，人称"出国潮"。"出国潮"也冲击着我的家。

不知道是谁，把TOEFL译成了带有中国吉祥色彩的"托福"。学好英语，考好"托福"，成为当时中国年轻人前往美国留学的必经之路。很偶然，我的两个儿子都加入了考"托福"的队伍。长子白天在大学里读专业课程，入夜则到夜校进修英语，啃"托福"课本。啃完"托福"，接着又啃"GRE"（美国研究生入学考试）。他买了张美国地图，贴在他的书桌前天天看，对美国的五十个州了若指掌。他开口闭口美国怎么样，虽说那时他还没有去过美国。于是，他在家中得了一个雅号，叫"半个美国人"。

长子大学毕业后，分配到上海一家大型国营企业里工作。那家企业里有许多外国专家，领导得知他的英语很好，就让他担任英语翻译。不过，就在他担任英语翻译的时候，人事科科长调侃地对他说："哦，你是我们厂的第八任英语翻译。前面七任都已经到美国去了，我看你也'兔子尾巴——长不了'，很快也会去美国！"

人事科科长的话没错。经过"托福"考试，我的长子收到了美国一所大学的录取通知书。

那时候，在上海乌鲁木齐路，飘着星条旗的美国驻沪领事馆门前，入夜便排起签证长队。人们躺在锦纶折叠椅上，等待着太阳从东方升起。我的长子也加入了这支队伍。上午8时多，这支队伍开始蠕动。从大门里出来的人，只消看一下脸色，便知道"晴雨"。我的长子板着面孔走了出来，不言而喻，我家的"半个美国人"被美国人拒签了——原因是他虽然被美国大学录取为研究生，但没有获得奖学金。那时候，光是被美国大学录取却没有奖学金，通常是会被拒签的。

好在长子是个很开朗的小伙子。他不在乎，再考"托福"和"GRE"。功夫不负有心人，当他又收到一封美国来信时，忽地欢呼雀跃起来——美国一所大学给了他全额奖学金。果真，当他再度从美国领事馆走出时，脸上挂着笑容。就这样，"半个美国人"终于圆了他的美国梦。

身边的榜样最有力量。老二见哥哥去了美国，也加紧学习英语。两年之后，他也坐上了飞往美国的飞机。

2014年，叶永烈夫妇在南非好望角游览

我和妻子手牵手，游全球

紧接着，1993年11月30日，我和妻子开始第一次美国之行。我刚刚抵达洛杉矶，连东南西北都还没弄清楚，就被美国联邦影视集团电视台接去，在那里接受专访。圣诞节前夕，我和妻从洛杉矶飞往匹兹堡，长子开着他在美国买的二手车，驾车带领我们去他弟弟那里，我们全家终于在美国团聚。

从那以后，我和妻10次去美国，两个儿子都在美国成了家。我和妻"手牵手，游全球"。我游历一个个国家，注重从历史、文化的角度去观察。在我看来，文化是民族的灵魂，历史是人类的脚印。只有以文化和历史这"双筒望远镜"观察世界，才能撩开瑰丽多彩的表象轻纱，深层次地揭示丰富深邃的内涵。我把我的所见、所闻、所记、所思凝聚笔端，写出一部又一部"行走文学"作品。我还拍摄了大量精美的照片,作为书的插图。如今,由上海交通大学出版社出版的"叶永烈看世界"丛书,已达22部。

家庭是社会的细胞。以小见大,我的小家巨变,见证了40年来中国翻天覆地的变化。

(本文图片由作者提供)

(原载2018年第1期)

申领护照：从一年五本到一年数十万本

周海民

改革开放之前，受到当时政治环境的制约，上海市民要申领因私普通出国护照，很难。1978年党的十一届三中全会之后，国门逐渐打开，申领因私普通出国护照也由难变易，由少变多，直至现在几乎是家家有护照，人人可出国，赴海外旅游、求学、工作、交流已成了生活常态。我长期在上海市公安局出入境管理部门工作，并从事护照的研究，亲见亲闻了许多因私普通出国护照申领过程中的故事。

1968年，上海只发放了5本因私普通出国护照

据当年在上海市公安局户政处通行证科工作的老同志回忆，1949年刚解放时，公民因私出国由外事部门管理。到了1958年，这项工作改由公安部门办理。当时，申请因私普通出国护照的手续比较复杂。首先，居民向户口所在地的公安分（县）局申请；然后，公安分（县）局对申请人的政治历史、社会关系、本人表现等情况，进行全面严格审查；最后，由市公安局终审，通过后再下发因私普通出国护照。这种基层受理、逐级审批发证的做法，工作周期比较长，一般需要3个月左右，最长的甚至要半年以后才有结果。

翻开公安出入境档案，可以看到解放初的上海居民申请因私出国人数较少，基本上都是华侨和侨眷，海外无亲属而申领的，属于凤毛麟角。1958年到1978年的20年间，上海仅颁发了5 000多本因私普通出国护照。其中，1966年到1976年的十年"文革"期间，颁发不到2 000本。而1968年，更是

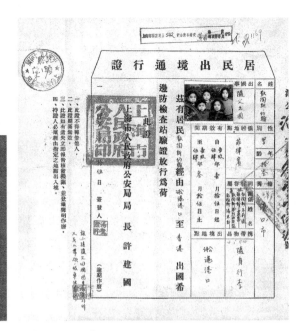

20世纪50年代的护照　　　海外华侨出入境使用过的通行证

少到仅颁发5本。究其原因，因为当年极左思潮盛行，海外没有亲属的人，申请因私普通出国护照，不仅得不到批准，而且还会被扣上"向往资产阶级生活方式"的帽子，受到批判。所以在当时，要想获得一本因私普通出国护照，对大众来说简直就是梦想。

1972年，周总理批准魏老师一家海外团聚

"文革"后期，我国开始与西方国家接触。1972年2月21日，美国总统尼克松访华，受到毛主席、周总理等党和国家领导人欢迎。2月28日，中美发表上海联合公报，宣布两国关系正常化，进入新的历史时期。但是，那时的对外交流，局限于国家之间，民间交往还非常少。因私普通出国护照对一般市民来说，仍然是个陌生名词。

20世纪七八十年代的护照

1972年10月的一天，家居徐汇区天平地区，时年77岁的上海海运学院魏老师，接到在美国的三儿子的跨洋长途电话。儿子告诉父亲，自己将在11月9日前往日本作医学报告，希望能与家人在香港会面。魏老师和儿子已有20多年没见面。他当即表示，一定会带上家人到香港团聚。魏老师的三儿子在激动之余，也不忘问起家中唯一留沪的六弟魏友忠的情况。他得知六弟中学毕业后，被分配到奉贤"五四"农场务农，工作、生活比较艰苦，当即表示，会尽快想办法让六弟来美国读书。魏老师听罢，真是喜出望外。他与妻子连夜商量后，次日早上立即向管段民警提出一家3人出境会亲的申请。但是，魏老师一家的申请，遇到了重重困难。

在魏老师提出申请后的10天里，一家3人的所在工作单位，先后出具了政审意见。公安派出所、区公安局、市公安局等相关部门，依据单位意见，经过层层审核，最终做出了"不批准"的决定。魏老师拿着批复后，非常沮丧，却仍然没有死心。他眼见与儿子海外会面的日期越来越近，心急火燎，连续数次前往公安相关部门，询问是何原因不批准他一家人出境。然而，魏老师得到的却是些模棱两可的说法，使他无法做出有利于自己的解释。他在万般无奈之下，突然想起与周恩来总理的一些往事，心想：也许自己的这件心事，周总理可以帮上忙。于是魏老师给总理写了封信，寄出后却没有等来回复。他猜想，也许是信件投递的处理环节较多，总理没有看到自己的急信。魏老师觉得，只有自己去北京，向公安部接待群众来访部门当面反映情况，才有可能解决这个难题。

那天，在北京公安部，一位中年男警官接待了魏老师，并给他递上一杯热茶。魏老师顿时感到了一阵温暖，原本激动的情绪，慢慢平复了下来。他向警官详细叙述了一家人出境申请受阻的过程，表达了举家海外会亲的迫切愿望，并讲了自己在解放前曾经与周总理是天津南开大学同学。他还说，他在1949年担任上海轮船同业工会董事长时，响应毛主席"南船北调"号召，曾致电毛主席，毛主席回电表示欢迎；1949年2月，亲率4条轮船到天津后，在北京受到叶剑英市长的招待；1961年，他在参与交通部审核《中华人民共和国海上交通法》时，周总理曾请他吃饭……

魏老师的申诉，引起了公安部领导重视。当月27日，两位副部长联名向周总理上报书面请示报告。周总理在请示报告上批示："照所拟办理。请告魏先生夫妇及其子魏友忠，可以来去自由，不加限制。如愿回来参观，仍可携其他子女同回，参观后再去。如愿久驻海外，悉听其便。"公安部立即向上海市"革命委员会"传达周总理批示。之后，魏老师一家人因私出境海外的申请，得到了圆满解决。

周总理的这段批示，终于使魏老师一家人在海外团聚，在社会上引起极大的反响，也让申请因私出国的人员看到了希望。

1977年，邓副总理批准赵小姐去美国结婚

就在魏老师一家人获准因私出境海外的那年的某一天，威海路上的赵小姐家，走进了一对美国来沪探亲访友的母子。老太姓沈，在沪时与赵母是老同学、老朋友。两位老人叙旧时，也不忘介绍自己的子女。沈母对赵母说，自己儿子在美国大学里当副教授，现年30多岁，至今未婚。她透露，儿子不想在美国找金发碧眼的女人做老婆，只想与同宗同祖的华人女子谈恋爱。沈母谦虚地说家底还算殷实，儿子大学教书收入也颇丰，现在可以算是个"钻石王老五"。赵母听了沈母介绍，感觉两家经济条件差距较大，虽然过去也曾经是个企业主，可现在已不如往日了。她介绍女儿说，因为家庭出身所累，女儿受到歧视，中学毕业后无法报考大学，现分配在小商店当营业员。如今女儿已经29岁，还单身一人。

这次平常的家庭会面，竟让两位单身男女一见钟情。两位母亲看在眼

里，喜上心头，都有意促成这桩"好事"。在之后的一段时间里，两位年轻人感情不断升温，不久就举行了订婚仪式。在订婚仪式上，沈先生对未婚妻说，自己一回到美国，马上前往有关部门办理相关证明，然后，让她在上海立即申请赴美，与其完婚。

1974年4月27日，赵小姐接到未婚夫美国来电，知道美国政府已经批准她入境结婚。她在高兴之余，马上向管段民警提出去美结婚的申请。民警听完她的叙述后，将"因私事出国审批表"发给她，要求她看清表格栏目，逐项认真填写。赵小姐拿到表格后，感觉自己前往美国的路，已经成功跨出了第一步。她不敢怠慢，按照民警的要求，先在白纸上打好草稿，然后，再一笔一画字迹工整地填好表格，交给了有关部门。

之后的一个月内，民警先后到她所住里弄居委会和工作单位，进行了调查，最后在表格"本人简历及现实表现"栏目里，填上了"（赵某）在里弄中不与群众接近，在单位里表现一般"的字句。公安派出所领导根据管段民警意见，做出了"经研究，该人本人没发现问题，但家庭和社会关系复杂，单位对其出境也不表态，根据以上情况，拟不同意出境"的意见。因为有了基层公安机关的审批意见，上级审批部门的结论可想而知。9月9日，静安公安分局对赵小姐赴美结婚的申请，给出了"根据情况不去为宜，报核"的处理意见。次年2月2日，上海市公安局治保处做出了"不予发证"的最后裁定。至此，赵小姐经过长达10个月的等待，得到的是难以接受的答复。

好在热恋中的男女青年一往情深。身在美国的沈先生为了能与未婚妻早结秦晋之好，从未停止努力。沈先生多次写信到静安公安分局，表达自己对祖国的热爱，陈述与赵小姐结婚的理由，以争取审批干警同情。1977年1月14日，"四人帮"被粉碎三个多月后，沈先生在信里写道：自己从美国各大报章、电视上，看到祖国各地农工业欣欣向荣，内心感到极其振奋。他表示，国外华侨对此皆额手称庆，自己愿意为宣传祖国的好消息出力。沈先生在信的末尾，亦表示了自己想与未婚妻在美完婚的迫切心情。同样的信，他给北京公安部也寄了一封。

但是，由于当时的中国"左"倾思想尚存，沈先生的请求依然被拒绝。就在赵沈二人感到绝望之际，情况却发生了逆转。原来，邓小平副总理在公安部转呈上来的沈先生来信上作了批示："我意，如无其他政治问题，应予批准。"公安部就此迅速去电上海市公安局，传达了邓小平同志的批示。

邓小平副总理对沈赵涉外婚姻做出批示，看似个案，实际上，偶然中存在必然。当年10月2日，邓小平副总理在接见港澳同胞国庆代表团和香港知名人士利铭泽夫妇时说："中国人多嘛，对愿意出去的人，不要抓得那么紧，继承遗产、娶亲等等都可以出去，回来的也欢迎。对归侨、侨眷的政策也有不少问题，主要是一个政治待遇问题，说什么'海外关系'复杂，不信任。这种说法是反动的。我们现在不是（海外）关系太多，而是太少，这是个好东西，可以打开各方面的关系。'四人帮'胡说'地、富、反、坏、海、侨'，把华侨同'地富反坏'并列，这种错误政策一定要纠正过来。要做大量工作，进行政策教育，全国执行。中央已下了这个决心。"沈先生的请求，正是党中央下决心扭转的问题。虽然沈赵二人在涉外婚姻的道路上走了不少弯路，但是，最终还是搭上了这列顺风车。

1978年后，申领因私普通出国护照排起了"长龙"

党的十一届三中全会召开后，"改革开放"像春风，吹遍祖国大地。随着民间交流增多，人们对因私普通出国护照的要求越来越多，护照的申领发放也逐年增加。

思想解放冲垮了旧的因私出入境管理体制。1983年，公安部成立了专门的出入境管理机构。同年10月1日，上海也升格了出入境管理机构。上海市公安局外国人事务管理科与通行证管理科合并，成立了上海市公安局外国人出入境管理处。1986年2月，全国人大批准的《中华人民共和国公民出境入境管理法》正式公布施行，公民因私出国的权益依法受到了保护。然而，当时因私出国仍然是件不容易的事情。

上海签证中心大楼

1987年，在上海郊区一家卫生院工作的陈女士，申请前往美国定居和工作。她在事后回忆说，那段申请因私普通出国护照的经历，真是有点"不平凡"，可以说是到处碰壁。陈女士说，她先到居住地公安派出所，开出同意本人申请因私普通出国护照的证明，然后，凭此证明前往因私出国管理科的受理"窗口"，申请办理相关手续。陈女士说，她至今还清楚地记得，那个时候，到受理"窗口"申请因私普通出国护照的人非常多，不仅排成"长龙"等候时间很长，而且需要提供各种类型的材料，缺一不可。陈女士感慨地说，为了拿到这本因私普通出国护照，自己是从郊区到市区，来来回回地差不多跑了10多次。

进入1988年，上海出现了越来越多年轻人申请前往日本自费"就读语言"的热潮。上海《解放日报》记者专门深入现场，观察了解，撰写了《巴拉巴拉东渡》的大特写。不少年轻人就是读了这篇报道后，开始了去日本自费"就读语言"的行动。当年1月2日上午，位于河南中路280号的因私出国管理科的受理"窗口"前，等候接待的申请队伍绵延不断，一直排到福州路，足有数百米之长。一些出入境中介"黄牛"竟然从中嗅到"商机"，混迹其间，兜售自印的"出入境政策""出入境手续""出入境消息"等小广告谋利。当年暑期，天气十分炎热，中午排队等候接待的申请人仍然不少。一个体弱的女学生，由于经不起烈日的长时间暴晒，竟然晕倒在地。

民警在为市民办理因私出国护照

停电后，民警挥汗为市民办理出国护照

随着中国与世界的接触、交流进一步加深，因私普通出国护照开始为人们所熟悉。据统计，1986年，上海市居民申请因私出国人次首破"万"数大关；1987年，达到2万多人；1988年更是飙升至6万多人。但是，申请人数剧增与接待场地狭小，形成极大反差。1990年，公安部在全国范围内开展"争创出入境文明'窗口'"活动，要求基层出入境接待室延长受理时间，努力缩短办证周期。对此，因私出国受理"窗口"从方便申请人申请着手，几乎每天都要加班到晚上9点多钟。

1990年6月，上海进入高温时期。当月12日下午4时许，沪东供电所突然通知因私出国受理"窗口"："明天，你们这里要停电一天。"也许他们疏忽了，或者根本就不知道，这个貌不惊人的接待室，是全市20个区（县）申请因私普通出国护照人员的汇集点。这里每天门庭若市，人头攒动，进出人员高峰时可以达到数百人。

一旦停电，受理"窗口"里的工作设备无法运转，接待工作将被迫停顿。但是，如果明天申请人大热天请了假，路途遥遥赶来了怎么办？面对这个无法回避的问题，受理"窗口"当即采取三条措施：一是立刻书写受理停止1天的《安民告示》，张贴路口"通告栏"，向社会公示；二是立即写出新闻稿，借助《解放日报》等媒体，传播消息；三是对明天来访的、特别是有急事的申请人，努力克服客观困难，尽力受理每一件申请。

尽管如此，事先不知情和一些担心情况变化的申请人，获悉消息后反而急匆匆地来赶"末班车"，不断地涌到受理"窗口"前。

一早，受理"窗口"的门还没有打开，一位带着小孩的郑女士，请求民警小陈给予紧急接待。她拿出一封澳洲来信，眼泪汪汪，哽咽着对受理民警小陈说："这可怎么办啊！"原来，郑女士的丈夫3个月前自费前往澳大利亚，一边学习，一边打工，不幸工伤，手臂骨折，韧带断裂，住进了当地医院。郑某丈夫的同学寄特快信件给她，要求马上前去护理。民警小陈听罢，连忙搬来凳子让郑女士坐下，安慰她不要着急，并且立即受理此项紧急申请。10分钟内，小陈民警核清了郑女士的情况，破例给她的申请予以急办。郑女士填完《因私普通出国护照申请表》后，擦干眼泪，感激地对民警小陈说："你就是当代的马天明！"

9点整，因私出国受理"窗口"正式对外接待。汪小姐与瑞典丈夫一起走到民警小俞面前。她说，他们已于6月初领取了结婚证明，并且在和平饭店定下了14日的结婚宴席。汪小姐说，丈夫在沪已经逗留近半个月，因为公务，后天必须离境回国，特别是他已经与瑞典驻沪领事馆约好，明天给其办理定居签证，所以今天一同前来，要求给予申请照顾。民警小俞明白，眼前的男女是中外通婚人员，情况特殊，于是拿出红色紧急标签，为汪小姐急办手续。当汪小姐拿到盼望已久的因私普通出国护照时，非常高兴，其瑞典丈夫也用生硬的中国话，一再发出邀请说："警官先生，您就是我的贵宾！您明天晚上，无论如何请到和平饭店，参加我们的婚礼，一定要来！"

当受理"窗口"墙壁上的挂钟指向17点半的时候,一辆"的士"在接待室大门口戛然停下。车子还未停稳,一名女青年立即跳了下来,连奔带跑地冲向受理"窗口"。面对受理民警小张,这位女青年直喘粗气,话也说不清了。后脚跟进来的女青年的父亲,连忙向民警解释道:"我女儿是前年去德国柏林大学自费留学的,5月底回国探亲,今天回德国。不料,在虹桥国际机场办理出境手续时,被边防警察拦住,说是没有办妥出境手续,不得出国。尽管女儿再三解释,也没有一点用处。无奈之下,只能改签晚上机票,叫了'的士'赶来补办手续。"受理民警小张仔细查看了丁某因私普通出国护照上的德国入境签证,核验了她往返德国和中国的联程飞机票,觉得无误后,亲自为她补办了出境手续。等到这件急办申请完毕,海关大钟敲响了18下。

停电的一天结束了。因私出国受理室的统计表上,记录着这样几行数字:1990年6月13日,参加接待的干警10人,借来汽灯2只,点燃蜡烛2根,接待来访318人,办理急件31起,受到表扬24人次。

2002年,上海率先试行"公民按需申领护照"

跨入21世纪,"改革开放"政策进一步落实,公安部开始酝酿实行大幅度的出入境改革。2002年9月,我陪同单位"一把手"前往公安部出入境管理局,汇报上海的出入境管理工作情况。公安部出入境管理局领导听后,充分肯定了上海市公安局出入境管理局取得的工作成绩,并且有意让上海在全国范围内,先行试点"公民按需申领护照"工作。

10月2日,是上海试行"公民按需申领护照"新措施的第一天。早晨8点,离办公时间

最新电子版因私护照

还有半小时,昆山路1号"签证中心"大楼门外,已经出现一条等候"按需申领护照"的"长龙"。

当第一个办完"按需申领护照"申请手续的学生小陈离开受理"窗口"后,上海电视台《综合新闻》栏目记者,及时上前采访了他。这位个子高高、戴着眼镜的年轻人兴奋地说,自己是本市一所知名大学计算机专业的大四本科生,看到宿舍同学先后拿到国外大学的入学通知书,自己也想大学毕业后去国外留学深造。目前,自己还处在申请国外大学的阶段,本来还没有想到申请因私出国护照,后来听同学说10月份上海将实行"公民按需申领护照"新措施,所以过了"国庆"节后,自己就马上过来了。小陈感慨地说,让他万万没有想到的是,实行申领护照新措施后,申请起来竟然如此方便:只要本人户口簿和身份证,无须再提交其他任何证明。小陈高兴地说,能够成为实行这项新措施后拿到因私普通出国护照的第一人,他感到非常的荣幸。

排在"公民按需申领护照"长长队伍里的,比较显眼的是一对上了年纪的老夫妇。两位老人高兴地告诉记者,他俩加起来的岁数已超过140岁。他们的共同爱好是旅游,在差不多游遍祖国大好河山后,也一直想着能够出国旅游。但是,在20世纪50年代,他们没有海外关系,不能申请因私普通出国护照;到了60年代的"文革"时期,又不敢提出出国申请;"改革开放"后,他们寻思着跨出国门看看,又受到申请因私普通出国护照和外国入境签证的种种限制,至今未能如愿。近两年,听说国家开放了组团出国旅游政策,他俩藏在心底的出国旅游念头又开始强烈了起来。前两天从电视上看到上海将推出"公民按需申领护照"新措施后,今天特地乘着这股改革东风,第一时间赶来申请。

时光飞逝,斗转星移。随着"改革开放"政策逐步深化,国门越开越大,上海公安出入境管理部门在"公民按需申领护照"新措施的基础上,不断简化申请手续。目前,上海居民用身份证,外地居民凭上海市居住证和身份证,就可以前往受理"窗口",申请办理电子版的因私普通出国护照。今天，因私普通出国护照已经成为人们证明身份的一个必备符号。上海居民因私出国基本上可以做到想走就走，出国旅行与国内旅游一样，已是一件极为普通的事情了。

（本文图片由作者提供）

（原载2018年第2期）

后记

去年，我在编辑《文化名人笔下的上海风情》(《上海滩》丛书之一）时曾在"后记"中写道："《上海滩》杂志自1987年1月创办以来，得到了上海乃至全国众多文化名人的大力支持。他们在给我们出主意、提建议的同时，还不吝赐稿。"其实，他们还经常建议我们将《上海滩》三十余年来发表的近3 000万字珍贵史料、1万多幅稀有图片，分门别类，编成一整套《上海滩》丛书，陆续出版，既可以方便不同兴趣的读者阅读和收藏，更能为上海史研究工作提供比较系统和完整的史料。其中，邓伟志先生最为热心。邓先生是著名社会学家、上海大学社会学系教授，还是《上海滩》杂志的老作者、老朋友。他不仅提建议，而且还以实际行动来推动这项工作。

记得那是在2017年金秋时节，一天上午，邓先生给我打来电话，高兴地告诉我，上海大学出版社愿意和《上海滩》编辑部合作出版《上海滩》丛书。我一听，觉得这是件大好事，便立即向上海通志馆吴一峻副馆长做了汇报。吴副馆长在征得上级领导同意后，立即要我与邓先生敲定此事。

不久，上海大学出版社就派了责任编辑陈强先生来联系，经过多次商谈，确定了2018年先推出《上海滩》丛书中这一套四本，分别为：《申江赤魂——中国共产党诞生地纪事》《海上潮涌——纪念上海改革开放40周年》《楼藏风云——上海老洋房往事》《年味乡愁——上海滩民俗记趣》，每本图书文字均在20万字左右，四本书共计80余万字，四本书共收数百幅珍贵历史图片。

为了顺利完成这套丛书的出版工作，《上海滩》编辑部的同仁都积极行动起来，有的为取书名而献智出力，有的为搜集、复印文章而大量查阅《上海滩》合订本,有的为确保丛书质量而提供所收文章的电子版,省去了大量的打印和校对时间,配合出版社完成了《上海滩》丛书出版的各项准备工作。因此,《上海滩》丛书的顺利问世,是《上海滩》杂志全体同仁共同努力的结果。

在此,我们还要感谢上海大学出版社的领导,正是他们的合作出版计划和大力推动才有了这套《上海滩》丛书的出版;期间,责任编辑陈强先生的辛勤劳动和一丝不苟的工作态度,给我们留下了深刻的印象。

当然,我们最想感谢的还是热情的牵线人邓伟志先生。

葛昆元 《上海滩》杂志原执行副主编

2018年3月